山东省上市公司研究报告
（2022）

孙国茂　主编

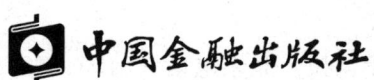

责任编辑：赵晨子
责任校对：潘　洁
责任印制：程　颖

图书在版编目（CIP）数据

山东省上市公司研究报告.2022/孙国茂主编.—北京：中国金融出版社，2022.11
ISBN 978-7-5220-1767-9

Ⅰ.①山…　Ⅱ.①孙…　Ⅲ.①上市公司—研究报告—山东—2022　Ⅳ.①F279.246

中国版本图书馆 CIP 数据核字（2022）第 171626 号

山东省上市公司研究报告（2022）
SHANDONGSHENG SHANGSHI GONGSI YANJIU BAOGAO（2022）

出版　中国金融出版社
发行
社址　北京市丰台区益泽路 2 号
市场开发部　（010）66024766，63805472，63439533（传真）
网 上 书 店　www.cfph.cn
　　　　　　（010）66024766，63372837（传真）
读者服务部　（010）66070833，62568380
邮编　100071
经销　新华书店
印刷　保利达印务有限公司
尺寸　185 毫米×260 毫米
印张　15.75
字数　300 千
版次　2022 年 11 月第 1 版
印次　2022 年 11 月第 1 次印刷
定价　80.00 元
ISBN 978-7-5220-1767-9
如出现印装错误本社负责调换　联系电话（010）63263947

《山东省上市公司研究报告（2022）》学术委员会成员

主任委员　胡汝银

委　　员（以姓氏汉语拼音为序）

　　　　曹凤岐　北京大学
　　　　郭田勇　中央财经大学
　　　　贺　强　中央财经大学
　　　　胡汝银　上海证券交易所
　　　　胡俞越　北京工商大学
　　　　黄运成　中国证监会
　　　　李正强　对外经济贸易大学
　　　　卢新生　同济大学
　　　　马险峰　中证研究院
　　　　孙国茂　青岛大学　山东工商学院
　　　　吴晓求　中国人民大学
　　　　张跃文　中国社科院金融研究所
　　　　郑文明　中国上市公司市值管理中心
　　　　周忠高　海德智库

《山东省上市公司研究报告（2022）》编写组成员

课题组负责人：孙国茂

课题组成员：孙国茂　李宗超　刘　坤　王倩怡　白建磊　魏震昊
　　　　　　宋　爽　李　猛　孙同岩　吴奉刚

发挥中国上市公司引领作用，
助力国家战略实施和高质量发展
（代序）

中国上市公司协会党委书记、执行副会长　柳　磊

习近平总书记在中央政治局第三十八次集体学习时强调，更好发挥资本市场功能，为各类资本发展释放出更大空间。近年来，我国多层次资本市场体系不断健全，科创板、创业板试点注册制相继成功落地，新三板改革深化、北京证券交易所设立，大大提升了资本市场对优秀公司的吸引力。2022年前9个月，304家公司IPO上市，合计募集资金超4000亿元，IPO和再融资规模达到1.137万亿元，市场功能得到较好发挥。A股纳入国际知名指数的比重不断提升。外资连续多年保持净流入，我国资本市场国际吸引力和竞争力明显增强。在各国经济持续疲软、地缘政治危机和疫情反复等因素的影响以及全球实体经济可持续发展和金融市场稳定运行面临着巨大挑战的外部环境下，我国资本市场经受住了严峻考验，市场韧性提高，运行平稳，为稳定宏观经济大盘和社会预期发挥了重要作用。

一、上市公司是资本市场基石，是经济高质量发展的微观基础

《国务院关于提高上市公司质量的意见》提出，提高上市公司质量是推动资本市场健康发展的内在要求，是新时代加快完善社会主义市场经济体制的重要内容。中国上市公司协会半年报统计显示，上市公司已经成为我国实体经济的"基本盘"。2022年上半年，4825家公司实现营业收入34.54万亿元，同比增长9.24%，远高于同期GDP增速，实现净利润3.25万亿元，体现了上市公司群体强劲的竞争力及发展韧性。上市公司结构不断优化，截至2022年6月末，战略性新兴行业上市公司超过2200家，研发投入占全国企业研发费用的一半以上，作为经济转型发展"领跑者"的角色凸显。上市公

司再融资渠道更加通畅，并购重组加快公司做优做强，实施股权激励、员工持股、股份回购的公司数量显著增加，崇法守信、规范透明、开放包容的良好资本市场生态环境正在逐步形成。与此同时，上市公司治理更加规范，持续增强规范运作的内生动力，不断提升投资者关系管理水平。2022年，超过95%的上市公司召开2021年年报业绩说明会，约1/3公司披露了独立ESG或社会责任报告，日益成为践行现代企业制度、回报社会的示范样板。过去10年上市公司现金分红累计超过10万亿元，推动经济发展成果更多惠及人民群众，与投资者共享高质量发展成果。

二、上市公司引领企业科技创新和数字化转型

党的十八大以来，习近平总书记围绕科技创新提出了一系列重要论断，推进资本市场服务创新驱动新发展理念，亲自擘画了资本市场改革的宏伟蓝图，提出成立上海证券交易所科创板和北京证券交易所，为加快企业科技创新、建设世界科技强国提供了理论指引和行动指南。在科创属性、研发水平等成为衡量公司发展质量的新标杆的大背景下，上市公司应不断提升创新能力。根据国家统计局和科技部发布的《2021年全国科技经费投入统计公报》，2021年全国R&D经费投入为27956.3亿元，R&D经费投入强度为2.44%，在全部R&D经费中来自企业的投入占比为76.9%。中国上市公司协会统计数据和Wind数据显示，2021年，沪深两市4603家上市公司中有4244家上市公司披露年度研发投入情况，研发费用总计为11732.33亿元，占全国R&D经费的42.11%，占全国企业R&D经费投入的54.57%；研发费用营业收入占比为2.22%。而10年前的2012年，我国上市公司累计研发投入为0.22万亿元，营业收入占比仅为0.92%。

与此同时，随着互联网、大数据、云计算、人工智能和区块链等数字技术应用的不断加速，数字化已日益融入经济社会发展的各领域和全过程。数字产业化和产业数字化催生的企业数字化转型正在成为重组全球要素资源、重塑全球经济结构、改变全球竞争格局的关键力量。2021年12月，国务院《"十四五"数字经济发展规划》提出，到2025年，数字经济迈向全面扩展期，数字经济核心产业增加值占GDP的比重达到10%，数字化创新引领发展能力大幅提升，智能化水平明显增强，数字技术与实体经济融合取得显著

成效，数字经济治理体系更加完善，我国数字经济竞争力和影响力稳步提升。中国上市公司协会按照国家统计局发布的《数字经济分类》对所有上市公司进行了分类，并组织开展上市公司数字化转型调研。结果显示，很多优秀的上市公司已经开始了数字化转型的探索和实践，并且取得了非常好的效果。76%的调查公司认为，业务是开展数字化转型主要的推动力，转型的重点突破口应聚焦在数据资产的深度价值挖掘和跨产业链协同，智能制造、智慧能源和智慧交通是重要的转型场景。中国上市公司协会已成立上市公司信息与数字化专业委员会，推出了"上市公司数字化服务平台"，下一步将不断整合数字化领域的优质资源，搭建上市公司网络安全与信息化、数字化转型交流平台，为上市公司数字化转型提供服务；为政府部门、监管部门和相关机构提供上市公司数字化转型数据与相关信息；同时还将基于平台，宣传和推广上市公司网络安全与信息化、数字化转型的成功经验和优秀案例；逐步开展上市公司信息化、数字化相关研究和数字化转型人才培训，提高上市公司数字化人才队伍专业水平和数字化转型业务能力。

三、上市公司积极践行 ESG 理念，助力实现"双碳"目标

党的十八届五中全会提出"五大发展理念"以来，环境、社会和治理（ESG）已成为评价上市公司可持续发展和长期投资价值的重要衡量维度。从国际经验看，企业实现可持续发展，既是提高上市公司质量的努力方向和工作目标，也是 ESG 理念在企业微观层面的具体反映。因此，越来越多的投资机构以及 MSCI 等国际评级机构把 ESG 作为上市公司可持续发展及长期投资价值的评价依据。《中国上市公司 ESG 发展白皮书》显示，从 2009 年到 2021 年，披露 ESG 相关报告的 A 股上市公司从 371 家增至 1112 家，ESG 信息披露的主性动逐年上升。这说明，上市公司对 ESG 理念的认识不断加强。一是环境保护意识增强。尤其是国家提出"双碳"目标后，越来越多的上市公司秉持"人与自然和谐共存"的理念，走可持续发展路线，逐步提升碳效率。2021 年半年报显示，共有 843 家公司为减排采取措施并取得实效。二是 ESG 管理意识增强。上市公司不断完善内部制度体系和管理架构，加强董事会 ESG 有效参与。央企上市公司发挥了示范作用，约两成央企上市公司设立了 ESG 相关专门委员会，超过五成明确了 ESG 工作主管部门，超过六成公司

参加了ESG相关培训，部分公司建立评价考核机制，加强ESG管理。三是社会责任意识增强。上市公司积极履行救灾助困、公益事业、精准扶贫和乡村振兴等社会责任。2018—2020年，上市公司投入扶贫资金超过2000亿元。

为贯彻落实国家"双碳战略"，推动提高上市公司质量，中国上市公司协会将从实践层面引导更多上市公司树立和践行ESG可持续发展理念。在推动上市公司可持续高质量发展过程中，构建有利于上市公司践行ESG生态圈，有效推进ESG相关工作。一是组织"监管面对面"活动，搭建上市公司与监管机构对话平台，推进上市公司ESG信息披露等相关工作。二是举办上市公司ESG论坛，发布"上市公司ESG最佳实践榜单"，通过榜单宣传优秀上市公司ESG工作成果，激励促进上市公司ESG工作发展。三是搭建上市公司ESG工作专业化服务平台，建立上市公司、机构投资者及相关机构之间常态化的互动交流机制。四是研究发布《上市公司ESG分行业信息披露指引》，为上市公司编写ESG相关报告提供参考。五是开展上市公司ESG培训，持续推动上市公司ESG工作的完善。

四、进一步加强对上市公司研究

习近平总书记说："要加强新的时代条件下资本理论研究。"由于曾经在山东辖区工作的缘故，多年来我一直关注山东社会经济发展，关注山东关于资本市场的研究成果。山东是我国经济大省，2021年GDP达到8.3万亿元，位居全国第三；2021年山东在三个交易所上市公司269家，占全国的5.73%。"十三五"期间，山东实施新旧动能转换成效显著，2021年全省"四新"经济增加值占比为31.7%，"四新"经济投资占比达到51.2%。高新技术产业产值占规模以上工业产值的比重为46.8%。目前，山东正在实施科技型企业梯次培育行动计划，推动创新要素向企业集聚，科创型企业队伍群体不断扩大。在全省3.16万户规模以上制造业企业中，全国专精特新"小巨人"362家，省级专精特新企业5777家，"小巨人"企业757家；累计培育国家级制造业单项冠军企业145家，省级单项冠军企业788家；科技领军企业、高新技术企业、科技型中小企业总数分别达到200家、2.3万家、3.2万家。这些数据表明，通过加快培育科创企业提高上市公司质量，正在使山东成为吸引投资者的"价值洼地"。而在我看来，无论是从区域经济发展水平、结构特征上看,还是从资本市场发展历程上看,山东堪称我国的一个典型代表。国务院《关于支持山东深化新旧动能转换,推动绿色低碳高质量发展的意见》明确要求山东探索企业科技创新模式,在全国率先实现绿色低碳高质量发展。国务院强调:"强化企业创新主体地位,鼓励企业特别是国有企业加大研发投入力度,建立研发投入增长机制和研发准备金制度。"从这个意义上说,对山东全省上市公司进行系统性研究,具有很强的现实意义和示范效应。

读者即将看到的《山东省上市公司研究报告(2022)》是迄今为止国内唯一对省域上市公司进行深入、全面研究的年度研究报告。青岛大学经济学院教授、博士生导师孙国茂和他的研究团队,多年来坚持对区域资本市场和上市公司研究,连续9年出版《山东省上市公司研究报告》,这是一项令人钦佩的工作。我注意到这本报告与国内同类研究成果明显不同,不是仅就上市公司的某个方面或某些指标进行研究,而是将上市公司置于国家战略和区域经济发展的背景下进行研究。报告除了分析上市公司经营绩效、市值管理绩效外,还研究了上市公司在营业收入、税收贡献、研发投入等各个方面对区域经济发展的贡献;通过与发达省份上市公司的比较,找出山东存在的问题并提出相关建议。我注意到,今年的报告专门增加了一章,对上市公司数字化转型进行分析。坦率地说,从行业自律监管的角度,我希望有更多关心中国资本市场发展的专家学者,参与到资本市场服务国家创新驱动战略的研究中,参与到上市公司高质量发展服务共同富裕的研究中,在学术研究上践行习近平总书记说的"把论文写在祖国大地"。

由衷期待《山东省上市公司研究报告》越编越好,也由衷期待孙国茂教授研究团队取得更多的研究成果。

目　　录

第1章　山东经济发展与金融运行情况 …………………………………… 1
1.1　山东经济回顾与发展概况 ……………………………………………… 2
1.1.1　"十三五"经济建设取得重大成就 ………………………………… 2
1.1.2　"十四五"经济实现良好开局 ……………………………………… 4
1.2　山东金融业回顾与发展概况 …………………………………………… 8
1.2.1　"十三五"时期发展情况 …………………………………………… 8
1.2.2　金融运行稳中求新 ………………………………………………… 11
1.3　山东资本市场发展概况 ………………………………………………… 15
1.3.1　职能部门积极发挥服务作用 ……………………………………… 15
1.3.2　山东资本市场运行稳中向好 ……………………………………… 16
1.3.3　新三板市场表现 …………………………………………………… 30
1.4　四省份上市公司比较分析 ……………………………………………… 31
1.4.1　上市公司数量比较 ………………………………………………… 31
1.4.2　上市公司市值比较 ………………………………………………… 33
1.4.3　证券化率比较 ……………………………………………………… 34
1.4.4　上市公司研发费用比较 …………………………………………… 35
1.4.5　税收贡献比较 ……………………………………………………… 36
1.4.6　GDP贡献比较 ……………………………………………………… 37

第2章　山东上市公司经营绩效分析 ……………………………………… 38
2.1　山东上市公司概况 ……………………………………………………… 39
2.1.1　证券化率进一步提高 ……………………………………………… 39
2.1.2　上市公司数量 ……………………………………………………… 39
2.1.3　企业研发能力不断增强 …………………………………………… 40
2.1.4　新上市公司行业分布 ……………………………………………… 41

2.1.5 上市公司呈现净流出状态 … 43
2.2 山东上市公司经营绩效分析 … 43
　2.2.1 营业收入情况分析 … 44
　2.2.2 利润总额对比分析 … 46
　2.2.3 销售利润率分析 … 48
　2.2.4 ROE 分析 … 49
　2.2.5 ROA 分析 … 52
　2.2.6 总资产分析 … 54
　2.2.7 净资产分析 … 56
　2.2.8 资产负债率分析 … 58
　2.2.9 经营性现金流量分析 … 60
　2.2.10 流动比率与速动比率分析 … 61
2.3 四省上市公司经营绩效比较分析 … 63
　2.3.1 总资产分析 … 64
　2.3.2 净资产分析 … 65
　2.3.3 营业收入分析 … 65
　2.3.4 净利润分析 … 67
　2.3.5 ROA 和 ROE 分析 … 67
2.4 进入上市公司 500 强中的山东公司 … 68
2.5 最佳（差）经营绩效管理上市公司 … 70

第 3 章 山东上市公司市值管理比较与分析 … 74
3.1 不同行业上市公司经营绩效与市值管理 … 74
　3.1.1 山东上市公司业绩韧性较强 … 75
　3.1.2 山东上市公司总市值大幅提升 … 76
　3.1.3 化工行业上市公司总市值占比持续提升 … 77
3.2 不同城市上市公司经营绩效与市值管理 … 79
　3.2.1 各省市上市公司分布情况 … 80
　3.2.2 各省市上市公司比较 … 82
　3.2.3 各城市上市公司经营绩效 … 86
3.3 不同性质上市公司经营绩效及市值管理 … 88
　3.3.1 山东不同性质上市公司市值表现 … 89

3.3.2　山东不同性质上市公司经营绩效 …………………………………… 91
　　3.3.3　四省国有、非国有上市公司经营绩效对比 ………………………… 92
　　3.3.4　四省不同所有制上市公司市值对比 ………………………………… 94

第4章　山东上市公司经济发展贡献研究 ………………………………………… 96
4.1　上市公司GDP贡献 ……………………………………………………………… 97
　　4.1.1　全国上市公司 …………………………………………………………… 97
　　4.1.2　山东上市公司 …………………………………………………………… 98
　　4.1.3　四省上市公司对比 ……………………………………………………… 101
4.2　上市公司税收贡献 ……………………………………………………………… 102
　　4.2.1　全国上市公司税费分析 ………………………………………………… 102
　　4.2.2　山东上市公司税费分析 ………………………………………………… 106
　　4.2.3　四省上市公司税收贡献比较 …………………………………………… 110
4.3　上市公司研发投入情况 ………………………………………………………… 113
　　4.3.1　全国上市公司研发投入 ………………………………………………… 113
　　4.3.2　山东上市公司研发投入 ………………………………………………… 116
　　4.3.3　四省上市公司科研投入 ………………………………………………… 121

第5章　典型上市公司经营绩效分析 ……………………………………………… 128
5.1　中国上市公司500强中的山东公司 …………………………………………… 128
5.2　科创板上市公司 ………………………………………………………………… 130
　　5.2.1　科创板上市公司整体表现 ……………………………………………… 130
　　5.2.2　山东科创板公司表现 …………………………………………………… 132
5.3　山东最优经营绩效上市公司 …………………………………………………… 134
　　5.3.1　2021年绩优上市公司 …………………………………………………… 134
　　5.3.2　历年最优经营绩效上市公司分析 ……………………………………… 137
5.4　最差经营绩效上市公司分析 …………………………………………………… 142
　　5.4.1　2021年最差经营绩效上市公司 ………………………………………… 142
　　5.4.2　历年最差经营绩效上市公司分析 ……………………………………… 144
5.5　典型上市公司经营绩效变动分析 ……………………………………………… 148
　　5.5.1　2013—2021年典型公司行业分布情况 ………………………………… 148
　　5.5.2　行业背景下典型公司经营绩效变动分析 ……………………………… 150

第6章 山东上市公司数字经济研究 ·································· 156

6.1 山东数字经济发展和企业数字化转型的环境分析 ············· 157
6.1.1 "十三五"以来我国数字经济发展情况 ················· 157
6.1.2 山东数字经济概况 ······························· 160

6.2 山东上市公司数字经济发展概况 ····················· 162
6.2.1 数字产业化和产业数字化 ························· 162
6.2.2 山东产业数字化上市公司 ························· 163
6.2.3 山东数字产业化上市公司 ························· 164

6.3 山东数字经济核心产业上市公司分析 ··················· 166
6.3.1 募集资金情况 ································· 166
6.3.2 经营情况分析 ································· 168
6.3.3 资产规模分析 ································· 171
6.3.4 资产收益率 ··································· 173

6.4 山东数字经济核心产业创新能力分析 ··················· 175
6.4.1 科研费用 ····································· 175
6.4.2 研发费用占比 ································· 176
6.4.3 科研人员数量 ································· 178
6.4.4 研发人员投入强度 ····························· 179

第7章 山东上市公司治理研究 ··································· 182

7.1 山东上市公司股权结构与内部控制现状分析 ············· 182
7.1.1 上市公司股权结构现状分析 ······················· 183
7.1.2 上市公司内部控制现状分析 ······················· 188

7.2 信息披露违法违规问题 ····························· 194
7.2.1 上市公司信息披露不真实、不准确、不完整 ············· 196
7.2.2 上市公司信息披露不及时 ························· 196
7.2.3 上市公司信息披露不公平 ························· 196
7.2.4 公司高管信息披露问题 ··························· 197

第8章 上市公司重大资产重组及风险警示案例 ······················ 198

8.1 证监会召开的上市公司重组会议减少 ··················· 199
8.2 上市公司并购重组情况 ····························· 199
8.3 资产重组成功案例 ································· 200

8.3.1	盈康生命战略调整	200
8.3.2	山东黄金强制收购卡帝诺公司	202
8.3.3	山东钢铁为并入宝武钢铁做准备	204
8.3.4	康跃科技谋求转型	205
8.3.5	大业股份购并胜通钢帘线	205

8.4 资产重组失败案例 ... 206

- 8.4.1 山东金泰重组失败 ... 206
- 8.4.2 汇金通放弃收购重庆江电 ... 207
- 8.4.3 龙大美食转让中和盛杰失败 ... 208
- 8.4.4 鲁信创投全资子公司终止向控股股东转让股份 ... 208
- 8.4.5 如意集团终止重大资产重组 ... 209

附表 ... 210

参考文献 ... 226

后记 ... 232

第 1 章　山东经济发展与金融运行情况

2021 年是中国共产党成立 100 周年，在党和国家历史上具有里程碑意义。党的十九届六中全会通过的《中共中央关于党的百年奋斗重大成就和历史经验的决议》全面总结了党的百年奋斗重大成就和历史经验，对实现第二个百年奋斗目标作出分两个阶段推进的战略安排。各地区按照党中央、国务院决策部署，坚持稳中求进工作总基调，贯彻新发展理念，加快构建新发展格局，全面深化改革开放，坚持创新驱动发展，推动高质量发展，GDP 突破 110 万亿元，实现了"十四五"良好开局。我国经济发展和疫情防控保持全球领先水平，国家战略科技力量加快壮大，产业链韧性得到提升，改革开放向纵深推进，民生保障有力有效，生态文明建设持续推进。

"十四五"时期是山东加快新旧动能转换、推动高质量发展的关键五年。自 2018 年山东实施新旧动能转换以来，山东坚持腾笼换鸟、凤凰涅槃，四年期间，全省经济运行逆势而上，高质量发展积厚成势："四新"经济增加值年均增速超过 20%；圆满完成能耗"双控"任务；"十强"产业占全省地区生产总值比重稳定在 50% 以上。2021 年，山东经济运行稳中向好，实现 GDP 达 8.31 万亿元，同比增长 8.3%；金融市场稳健运行，社会融资规模突破 17 万亿元，达到 17.24 万亿元，同比增长 13.17%，社会融资规模增速与名义经济增速保持基本匹配；全省股票、债券两项直接融资合计 8957.48 亿元，同比增长 14.86%；全省金融业增加值达到 4938.59 亿元，比上年增加 416.29 亿元，金融业增加值占 GDP 比重达到 5.94%[①]，金融业作为国民经济支柱产业的地位进一步巩固。

山东继续深化金融改革，推动金融业向着高质量发展。2021 年，经国务院同意，中国人民银行等八部门联合印发了《山东省济南市建设科创金融改革试验区总体方案》，济南成为全国首个科创金融改革试验区。创设区域金融改革试验区是推动金融供给侧结构性改革和需求侧管理的重要手段，有助于形成主题鲜明、特色各异、错位发展的生动局面，为实现经济金融协同贯通、共生共荣提供强大动力。山东资本市场运行稳中向好，企业上市和直接融资成效显著，既有"量"的增加，也有

---

① 数据引自山东省地方金融监管局，由于统计口径不同，与 Wind 存在差异。http://www.scio.gov.cn/xwfbh/gssxwfbh/xwfbh/shandong/Document/1719647/1719647.htm。

"质"的提升，服务实体经济质效不断提升。2021年上市企业数量创历史新高，25家企业A股首发上市，为历史最好水平；募集资金210.73亿元，创近十年新高。全年近百家企业在交易所市场和新三板市场实现股票融资547.86亿元，同比增长22.33%，股票市场服务企业的深度和广度不断提升。上市公司更加善于利用再融资、并购重组、股权激励、分拆上市等工具，进行资本运作。全年再融资23家次，募集资金324.23亿元；并购重组127家次，涉及资产金额830.15亿元。[①] 在资本市场内外部环境复杂多变的情况下，辖区资本市场风险总体较为平稳，上市公司股票质押、公司债券、私募基金等重点领域的存量风险有序出清，增量风险大幅减少，风险持续收敛。

1.1 山东经济回顾与发展概况

1.1.1 "十三五"经济建设取得重大成就

"十三五"时期是山东发展不平凡的五年。习近平总书记三次来山东考察，多次发表重要讲话、作出重要指示和批示，为山东发展把舵领航、指引方向。全省上下始终牢记总书记的嘱托，坚持新发展理念，深化供给侧结构性改革，聚焦"走在前列、全面开创"，实施八大发展战略[②]，保障和改善民生，经济文化强省建设取得新的重大成就，全省经济发展提质增效明显，全面步入高质量发展轨道。

1. 综合实力显著增强

"十三五"时期，山东国民生产总值连续突破6万亿元和7万亿元大关，2020年达到7.31万亿元，居全国第3位，人均生产总值超过1万美元。三次产业结构优化调整为7.3:39.1:53.6，服务业对经济增长的贡献率提高到55.1%。累计实现城镇新增就业647万人，登记失业率控制在4%以内。一般公共预算收入6560亿元，比2015年增长18.6%。规模以上工业增加值增长31%，社会消费品零售总额增长43.6%。居民人均可支配收入达32886元，年均增速高于经济增速，发展质量效益明显提升。

2. 新旧动能转换强势突破

坚定不移"腾笼换鸟、凤凰涅槃"，山东新旧动能转换综合试验区建设深入推进，落后动能加速淘汰，压减钢铁产能占全国的12%，万元GDP能耗下降18.4%。

---

① 数据引自山东省地方金融监管局，由于统计口径不同，与Wind存在差异。http://www.scio.gov.cn/xwfbh/gssxwfbh/xwfbh/shandong/Document/1719647/1719647.htm.

② 2020年11月，山东省人民政府办公厅印发关于支持八大发展战略的财政政策，其中提到了八大发展战略：新旧动能转换、乡村振兴、海洋强省、三大攻坚战、军民融合、打造对外开放新高地、区域协调发展以及重大基础设施建设。

传统动能提档升级，实施 500 万元以上工业技改项目 6.7 万个，一批重大工程支撑强劲。"十强"① 现代优势产业加快培育，裕龙岛炼化一体化、山东重工绿色智造产业城、浪潮云装备产业创新中心等一批引领性支柱性重大工程落地建设，"四新"② 经济增加值占比 5 年提高了 10 个百分点，达到 30.2%。高新技术企业突破 1.4 万家，是 2015 年的 3.5 倍，高技术制造业增加值年均增长 10%，高新技术产业产值占规模以上工业总产值比重达到 45.1%，比 2015 年提高 12.6 个百分点。新动能不断壮大，一批关键核心技术实现突破，高等技术研究院、产业技术研究院、能源研究院等新型研发机构设立运营，"蓝鲸 2 号""蛟龙号"等国之重器世界领先，区域创新能力居全国第 6 位。数字经济规模增长 40% 以上，实体经济根基更加巩固，发展基础更加坚实。

3. 改革开放纵深突破

实施九大改革攻坚行动，纵深推进"放管服"改革，省级权力事项压减 59%。全面推开"一网受理、一链办理、一网通办"，国企、财税、开发区等重点领域和关键环节改革加快推进，一流营商环境建设成效突出，市场主体达到 1185.8 万户，比 2015 年增长 91.8%。深度参与共建"一带一路"，中国（山东）自由贸易试验区、中国—上合组织地方经贸合作示范区获批建设，推动创建中日韩地方经贸合作示范区。新设外商投资企业超过 1 万家，实际利用外资超过 650 亿美元。上合组织青岛峰会、儒商大会、国际友城合作发展大会等重大国际性活动成功举办，向世界展示了开放包容、充满活力的新山东。

4. 生态环境明显改善

"绿水青山就是金山银山"的发展理念更加深入人心，集中打好八场标志性重大战役，开展污染源头防治"四减四增"三年行动，全面完成煤炭消费总量压减任务，推行河长制、湖长制、湾长制、林长制，深入推进长岛海洋生态文明综合试验区、泰山区域山水林田湖草生态保护修复、黄河三角洲湿地生态系统保护治理工程建设。全省万元地区生产总值能耗比 2015 年累计下降 19%，$PM_{2.5}$ 浓度下降 37%，优良天数比例提高 14.2 个百分点，国控断面地表水达到或好于Ⅲ类水体比例为 73.5%，劣Ⅴ类水体、设区市建成区黑臭水体全部消除，近岸海域水质优良面积比例达到 94.1%，森林覆盖率预计达到 20% 以上，新增水土流失治理面积 6782 平方公里，"蓝天白云、繁星闪烁"成为人民群众幸福生活的重要组成部分。③

---

① 2018 年 1 月，《山东新旧动能转换综合试验区建设总体方案》获国务院审批通过，其中提出"十强产业"，具体内容参考 http://www.gov.cn/xinwen/2018-01/17/content_5257607.html。

② 2018 年山东省政府工作报告正式提出"四新""四化"，"四新"即新技术、新产业、新业态、新模式，"四化"即产业智慧化、智慧产业化、跨界融合化、品牌高端化。

③ 数据源自《山东省国民经济和社会发展第十四个五年规划和 2035 年远景目标纲要》，网址 http://www.shandong.gov.cn/art/2021/4/25/art_107861_111956.html。

5. 基础设施全面跃升

"四横五纵"综合运输大通道加快贯通,济青高铁、鲁南高铁等相继通车,省内高铁成环运行,通车里程达到2110公里。城市轨道交通通车里程达到339公里,济南、青岛进入地铁时代。高速公路通车里程达到7473公里,提前一年实现"县县通高速"。沿海港口货物吞吐量达到16.9亿吨,居全国第2位。青岛胶东国际机场、济南遥墙国际机场二期等工程加快推进。"三交两直"特高压输电格局建成,接纳省外来电能力达到3500万千瓦。新能源和可再生能源发电装机量达到4791.2万千瓦,是2015年末的4.3倍。实施水安全保障工程,黄水东调、引黄济青改扩建等工程相继建成,骨干水网总长度达到1459公里,供水保障和防洪减灾能力显著增强。获批创建国家工业互联网示范区,建成开通5G基站5.1万个,居全国第4位,实现16市主城区全覆盖。①

1.1.2 "十四五"经济实现良好开局

1. GDP再上新台阶

2021年,山东贯彻新发展理念,主动服务和融入新发展格局,统筹疫情防控和经济社会发展,全面深化改革开放,以创新驱动高质量发展,各方面实现"十四五"良好开局。山东的经济发展在结构、质量、动力、活力等方面发生了趋势性、关键性变化,经济发展稳中向好、进中提质态势更加稳固,高质量发展之路越来越轻、快、实。全年实现GDP达83095.9亿元,同比增长8.3%(见图1-1)。②其中,"四新"经济投资占全省总投资的51.2%。105个雁阵形产业集群规模突破5.7万亿元,智能家电、轨道交通装备入围国家先进制造业集群,高端医疗器械等4个产业集群纳入国家创新型产业集群试点,培育认定首批12个省级战略性新兴产业集群。济南8英寸高功率半导体顺利通线。全面推行链长制,绘制九大产业领域、42条产业链图谱,确定112家链主企业,推动成立35家产业链共同体,产业链韧性进一步增强。传统产业加快升级,实施500万元以上技改项目1.2万个,建设省级工业互联网平台115个,成立"上云用云"企业超过35万家。

2. 重点领域改革向纵深推进

贯彻党中央、国务院部署,为全面落实《国企改革三年行动方案(2020—2022年)》,山东国企改革扎实推进,三年整体任务完成占比超90%,省属国有企业通过混改引入社会资本289亿元,省属国有企业控股上市公司45家,资产证券化率超60%。农村改革稳步推进,全省流转承包地面积超过4400万亩,占家庭承包经营耕地面积的46%;农村集体产权制度改革成果巩固提升,8.6万个村集体经济组织与

---

① 数据源自《山东省国民经济和社会发展第十四个五年规划和2035年远景目标纲要》,网址 http://www.shandong.gov.cn/art/2021/4/25/art_107861_111956.html。
② 数据源自山东省统计局,网址 http://tjj.shandong.gov.cn/art/2022/3/2/art_6196_10294366.html。

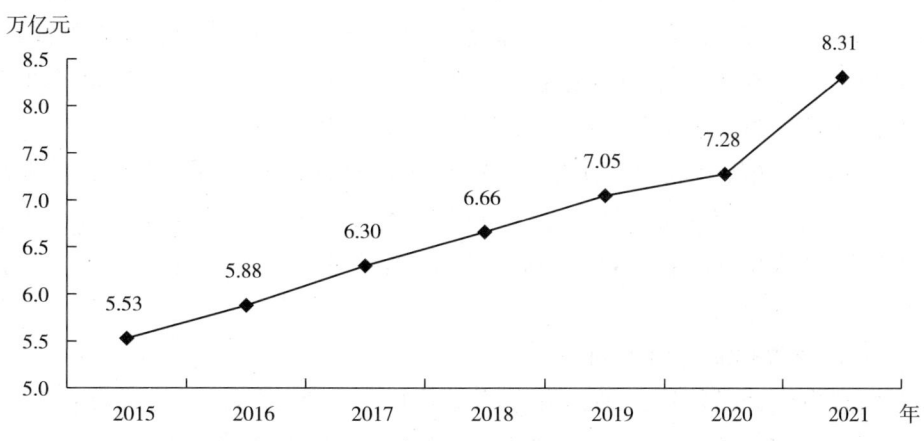

图 1-1 山东省 GDP 统计（2015—2021 年）
（资料来源：国家统计局、山东省亚太资本市场研究院）

村党组织、村民委员会同步换届，累计发放农村集体资产股权质押贷款超过 9 亿元。医药卫生体制改革不断深化，常态化、制度化推进药品和医用耗材集中带量采购，大幅减轻群众就医用药负担。山东省第二批（鲁晋联盟）药品省级集采和第二批（鲁晋冀豫）医用耗材省级集采分别平均降价 45.8% 和 70.8%，已累计为全省节约医药费 134.7 亿元。深入推进医保支付方式改革，在全国率先实现按疾病诊断相关分组（DRG）付费和按病种分值付费（DIP）改革区域全覆盖。扎实推进预算管理改革，出台深化预算管理制度改革实施方案，全面推行综合预算、零基预算、刚性预算、绩效预算、透明预算、可持续预算"六个预算"改革。建设山东省级新区。2021 年以来，山东省发展改革委先后印发《德州天衢新区发展规划》《菏泽鲁西新区发展规划》《烟台黄渤海新区发展规划》《临沂沂河新区发展规划》，新区作为承担重大发展改革任务的综合性平台，是实施区域重大战略、区域协调发展战略的重要抓手。

3. 营商环境持续优化

2021 年 4 月，山东省人民政府印发《关于山东省优化营商环境创新突破行动实施方案的通知》（鲁政发〔2021〕6 号），提出"推动营商环境评价 18 项指标在 2020 年基础上实现较大突破，全省营商环境整体走在全国前列，济南市、青岛市在副省级城市中走在全国前列，淄博市、烟台市、济宁市等参加国评城市走在同类城市前列，其他城市主动寻求对标，努力实现追赶超越"的工作目标。实践中，山东以"一次办好"改革为主线，以营商环境创新突破行动、政务服务"双全双百"工程为抓手，统筹推进简政放权、放管结合、优化服务，深化营商环境、资源要素等领域改革，不断激发发展的动力和活力，各项改革攻坚工作跑出"加速度"。

在具体行动上，实施优化营商环境创新突破行动，推动企业全生命周期服务集成改革，营商环境建设整体水平位列全国第一方阵。大力推进"双全双百"工程，创新推出70项"一链办理"主题集成服务，办事环节、申请材料、办理时限较之前均压减70%以上。全省依申请政务服务事项可网办率达90%以上，2767个事项实现全程无人工干预"秒批秒办"。开展电子证照应用专项行动，超过300类电子证照实现"亮证即用"。迭代升级"爱山东"App，接入服务事项超过两万项，注册用户突破7000万户。市场活力不断释放，年末实有各类市场主体1328.0万户，比上年增长12.0%。实有民营经济市场主体数量增长12.1%。新登记市场主体235.6万户，增长6.4%。

4. 工业企业盈利能力出现回升

根据山东省统计局数据，2021年山东规模以上工业实现营业收入突破10万亿元大关，达到102271.5亿元，比上年增长18.0%，两年平均增长9.9%；实现利润总额5268.8亿元，比上年增长20.9%，两年平均增长20.2%（见图1-2）。① 从趋势看，山东工业企业盈利能力开始走出低谷，向着好的方向发展。

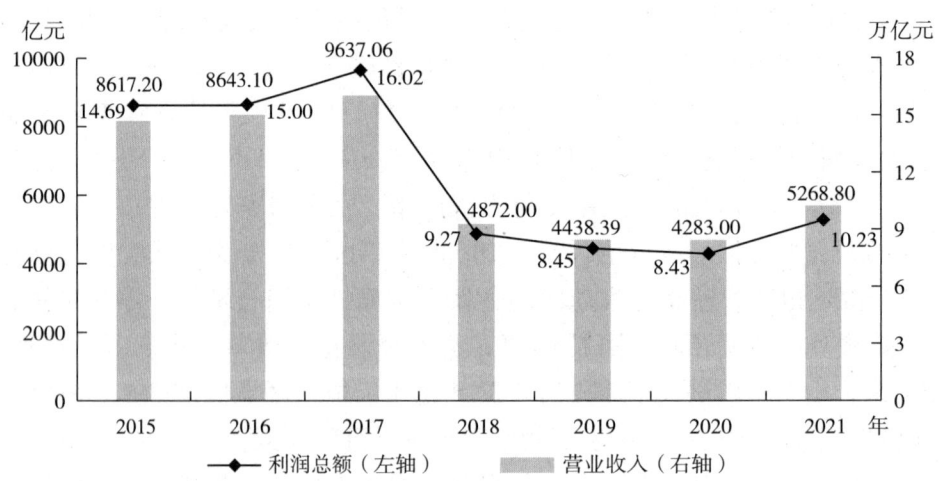

注：图中2015—2019年"营业收入"是指主营业务收入；2017年、2019年数据是根据当年山东省国民经济和社会发展统计公报中的数据计算而来。

图1-2 山东省规模以上工业企业营业收入和利润总额统计（2015—2021年）

（资料来源：山东省工业和信息化厅、山东省统计局、山东省亚太资本市场研究院）

2021年山东过半行业利润保持高速增长，原材料行业支撑作用尤为明显。在41个工业大类行业中，有23个行业利润增速在两位数以上，占比为56.1%。在大宗商品价格上涨带动下，上游采矿、原材料制造业利润较上年分别增长190.6%、75.1%，均明显高于规模以上工业平均水平。煤炭和原油价格年内涨幅较大、高位运行时间较长，带动煤炭行业利润增长23.2%，油气开采行业由上年亏损157.8亿

---

① 数据源自山东省统计局，网址 https://baijiahao.baidu.com/s?id=1725723155788972348&wfr=spider&for=pc。

元转为盈利 7.2 亿元。炼油、化工、钢铁、有色金属和建材等原材料制造业利润分别增长 57.8%、151.4%、13.8%、80.1% 和 10.7%，合计上拉规模以上工业利润增长 25.5 个百分点，是拉动作用最强的行业板块。

工业企业盈利能力稳步提升，资金紧张压力有所缓解。2021 年，在大宗商品价格上涨、海运费翻倍等严峻考验下，得益于国家"六稳""六保"等宏观政策措施，特别是四批高质量发展"政策包"持续发力，工业企业单位成本费用水平总体降低，经营压力有所缓解，盈利能力有所改善。全年规模以上工业企业每百元营业收入中的成本费用为 94.2 元，比上年下降 0.2 元。规模以上工业企业营业收入利润率为 5.2%，比上年提高 0.1 个百分点。企业产成品、应收账款周转加快，流动资金使用效率提升，资金紧张压力有所减轻。2021 年末，规模以上工业企业产成品存货周转天数为 19.2 天，比上年末减少 1.8 天；应收账款平均回收期为 42.8 天，比上年末减少 4.4 天。

产业升级加快推进，工业领域新动能带动力明显增强。随着新旧动能转换的持续推进，高端化工、新能源新材料、新一代信息技术制造等新动能效益稳步提升。2021 年，实现营业收入分别增长 38.6%、24.8% 和 20.4%，两年平均分别增长 17.9%、21.0% 和 18.6%，年均增幅分别高于规模以上工业 8.0 个、11.1 个和 8.7 个百分点；利润分别增长 100.5%、49.2% 和 6.9%，两年平均分别增长 62.7%、39.2% 和 36.9%，年均增幅分别高于规模以上工业 42.5 个、19.0 个和 16.7 个百分点。

助企纾困政策持续发力，民营工业企业经营效率稳步改善。在保供稳价、减税降费等各项帮扶政策措施共同作用下，民营工业企业经营状况稳中向好。2021 年，实现利润增长 17.9%，两年平均增长 24.3%，年均增幅高于规模以上工业 4.1 个百分点。① 2021 年末，规模以上民营工业企业产成品存货周转天数和应收账款平均回收期分别为 20.9 天和 43.5 天，分别比上年减少 1.8 天和 4.0 天。

5. 践行碳达峰碳中和战略

作为碳排放全国最大的省份，2021 年山东坚决遏制"两高"项目盲目发展，落实五个减量替代，摸清底数、清单管理、分类施策、强化监督，确保党中央决策部署落到实处。有序推进碳达峰碳中和，统筹谋划"立"和"破"，积极探索"试"，推动经济社会发展全面绿色转型。持续深化改革，打好改革组合拳，用改革的方法倒逼新旧动能转换。支持济南、青岛、烟台、潍坊 4 个国家低碳城市试点，制定支持绿色低碳发展的配套政策，加快建立绿色低碳循环发展的经济体系。打造一批具有典型示范作用的低碳城市、低碳社区和低碳工业园区试点，探索适合山东的低碳发展模式。同时，强化宣传引导，动员广大人民群众积极参与，营造

---

① 数据来源：https://baijiahao.baidu.com/s?id=1725723155788972348&wfr=spider&for=pc。

"人人皆知、人人支持、人人推动"遏制"两高"项目发展、加快新旧动能转换的浓厚氛围。

2021年山东可再生能源发电装机容量为5849.2万千瓦,占电力装机容量的33.7%,比上年提高5.1个百分点;光伏、生物质发电装机容量居全国首位。细颗粒物($PM_{2.5}$)平均浓度为39μg/m³,比上年改善15.2%;环境空气质量综合指数为4.38,比上年改善10.1%;优良天数平均比例为71.1%,比上年改善2.3个百分点;重污染天数平均仅3.6天,比上年改善六成。国控地表水考核断面(按153个计算)优良水体比例达到75.2%,比上年改善13.1个百分点,提升比例全国最高;近岸海域水质优良面积比例达92.3%,比上年改善0.8个百分点。省控以上48条入海河流全部达到或优于四类。

1.2 山东金融业回顾与发展概况

1.2.1 "十三五"时期发展情况

"十三五"期间,山东金融业总体规模不断扩大。2015年,山东省金融业增加值为3130.6亿元,占当年GDP的5.66%;截至2020年末,全省金融业增加值达到4567.4亿元,"十三五"期间年均增长7.85%,金融业增加值占GDP比重达到6.27%,比"十三五"初期提高了0.61个百分点。金融供给侧结构性改革成效明显,金融业服务实体经济、服务乡村振兴的作用和金融业作为全省国民经济支柱产业的地位进一步提升。[①]

1. 主要金融指标增势良好

存贷款保持较快增长。2020年末,全省本外币存贷款余额分别达到118349.4亿元和97880.6亿元,分别是2015年末的1.54倍和1.66倍。直接融资规模持续扩大。2020年,全省新增直接融资额为7798.7亿元,是2015年的1.68倍。保险"稳定器"和"助推器"作用有效发挥。2020年,全省实现保费收入3482.5亿元,居全国第3位,是2015年的1.95倍;保险赔付支出1036.5亿元,承担各类风险责任248.23万亿元;保险深度、密度达到4.76%、3430.11元/人,比2015年分别提高1.92个百分点、1614.71元/人。农业保险、责任保险等涉及重点民生的保险业务加快发展。2020年末,全省保险资金直接投资余额达到4021.8亿元。表1-1列出了"十三五"期间山东省主要金融指标增长情况。

---

① 本节数据来自《山东省"十四五"金融业发展规划》,网址 http://dfjrjgj.shandong.gov.cn/articles/ch05584/202108/d5a66290-d332-46a6-bd68-59e059143de9.shtml。

表 1-1　"十三五"期间山东省主要金融指标增长情况　　　单位：亿元

主要指标	2015 年	2020 年	年均增长
金融业增加值	3130.6	4567.4	7.85%
金融业增加值占地区生产总值比重（%）	5	6.2	—
本外币存款余额	76795.5	118349.4	9.03%
本外币贷款余额	59063.3	97880.6	10.63%
上市公司（家）	252	334	5.80%
新三板挂牌企业（家）	336	508	8.62%
区域股权市场挂牌企业（家）	929	6787	48.84%
保费收入	1787.6	3482.5	14.27%

注：由于统计口径不同，山东省地方金融监管局、山东省统计局统计的上市公司数据与 Wind 存在差异。

资料来源：山东省金融监管局、山东省统计局、山东省亚太资本市场研究院。

2. 重点领域和薄弱环节支持力度加大

"十三五"期间，山东围绕"八大发展战略""九大改革攻坚""十强产业集群"等重点任务，紧盯小微企业、"三农"等薄弱环节，综合运用首贷培植、无还本续贷、应急转贷、银税互动、应收账款融资、纾困基金等措施手段，大力提升金融服务效力效能。2020 年末，全省新旧动能转换"十强"产业贷款余额达到 8979.36 亿元，按可比口径较 2018 年末增长 14.67%；全省小微企业、涉农贷款余额分别是 2015 年末的 1.47 倍和 1.27 倍。统筹疫情防控和经济社会发展，全省金融系统聚焦"六保""六稳""三促"，精准定向，持续发力，2020 年，全省银行机构为 258 家全国疫情防控重点保障企业发放贷款 64.6 亿元，实际贷款成本仅为 1.25%；向 1268 家重点工业企业新发放贷款 6260.36 亿元；向 2555 家稳外贸基本盘重点企业新发放贷款 6248.47 亿元；向 1119 家稳外资基本盘企业新发放贷款 1867.69 亿元；累计发放企业出口订单融资封闭运行贷款 62.94 亿元。

3. 金融服务机构日益健全

银行业机构稳定增长，2020 年末达到 331 家，网点数量达到 15519 个，城市商业银行、农村商业银行、村镇银行分别达到 14 家、110 家和 126 家。农村信用社银行化改革全面完成，县域农村金融服务体系更加完善。新设住房储蓄银行 1 家、民营银行 1 家、财务公司 4 家、金融租赁公司 3 家。证券基金期货业机构取得新突破，新增 1 家期货公司，公募基金实现零的突破。2020 年末，全省有 2 家证券公司法人机构、124 家证券公司分公司、572 家证券营业部，1 家公募基金管理公司，4 家期货公司法人机构、95 家期货营业部。保险业机构持续扩容，2020 年末，全省有保险公司法人机构 5 家，各级保险分支机构 7586 家。鲁证期货、山东国际信托、青岛银行、青岛农商银行、中泰证券、威海市商业银行等一批法人金融机构先后上市。地方金融组织快速发展，2020 年末，全省有小额贷款公司 371 家，民间融资机构 343 家，融资担保公司 319 家，初步形成以银行、证券、保险、信托为主体，多种金融业态共生并存的现代金融组织体系（见表 1-2）。

表1-2 "十三五"末全省地方金融机构和组织数量　　　　　单位：家

类型	数量	类型	数量
全国股份制商业银行	1	公募基金管理公司	1
城商行	14	期货公司法人机构	4
农商行	110	期货公司分公司	65
村镇银行	126	期货营业部	95
民营银行	1	保险公司法人机构	5
信托公司	2	驻鲁保险公司	96
财务公司	20	保险专业中介法人机构	150
消费金融公司	1	小额贷款公司	371
汽车金融公司	1	民间融资机构	343
金融租赁公司	3	融资担保公司	319
农村资金互助社	1	开展信用互助业务试点的农民专业合作社	210
证券公司法人机构	2	具有金融属性的地方交易场所	21
证券分公司	24	地方资产管理公司	3
证券营业部	572	典当企业	241

资料来源：山东省地方金融监管局、山东省银保监局、山东省证监局、山东省亚太资本市场研究院。

4. 防范化解金融风险成果显著

坚持高位推动、多方协同。山东省政府成立由省长任组长的山东省金融稳定发展领导小组，统筹指导和推动全省重大金融风险防范化解工作。建立企业金融风险、互联网金融、P2P网贷平台、恒丰银行改革重组等工作专班，形成了部门协同、上下联动的良好机制。坚持关口前移、早快严实。早识别、早预警、早发现、早处置，按照市场化、法治化原则，标本兼治，分类施策，精准拆弹，守牢金融安全底线。坚持目标引领、问题导向。恒丰银行改革重组取得重大进展，剥离不良、引进战投、股改上市"三步走"稳步推进，成为以市场化方式化解金融风险的成功案例。企业流动性风险化解卓有成效，不良贷款处置工作持续推进，打击恶意逃废金融债务、非法集资及网络借贷风险处置工作稳妥有效，2019年、2020年连续两年获全国防范和处置非法集资平安建设考评一档。积极推进"金安工程"建设，将风险多发领域109万家机构和企业纳入监测范围，形成常态化预警机制。

5. 金融改革开放创新深入推进

山东将现代金融产业列入新旧动能转换"十强"产业，出台多项政策予以重点扶持培育。一是制度变革有新跃迁。颁布了我国首部地方金融监管法规《山东省地方金融条例》，出台服务实体经济防控金融风险深化金融改革的相关措施，为全省金融改革发展稳定工作明确了方向、廓清了思路。二是金融开放合作不断深化。中国（山东）自贸试验区（以下简称山东自贸试验区）、上海合作组织成员国地方经贸合作示范区（以下简称上合示范区）先后获批建设，与之配套的金融合作更加深入，合格境内有限合伙人（QDLP）、合格境外有限合伙人（QFLP）等金融对外开放措施加速落地。三是金融创新发展日趋活跃。济南市在科创金融、青岛市在财富管理、烟台市在基金服务等领域开展先行探索,临沂市普惠金融服务乡村振兴改革试验区成功获批,成为全国此类第一个改革试验区。

1.2.2 金融运行稳中求新

1. 金融运行平稳健康

2021年,山东金融部门聚焦金融工作三大任务①,突出金融供给与需求管理双向协同发力,统筹抓好金融改革发展稳定工作,为经济高质量发展提供了有力支撑。

2021年,金融运行整体呈现新亮点。山东社会融资规模突破17万亿元,达到17.24万亿元,同比增长13.17%,高于全国2.87个百分点,连续3年高于全国平均水平,社会融资规模增速与名义经济增速保持基本匹配。全省本外币存贷款余额分别突破13万亿元、11万亿元,分别为13.05万亿元、11.10万亿元,同比分别增长10.25%、13.44%。其中,涉农贷款余额为32361.1亿元,增长9.4%,增加3081.4亿元;小微企业贷款余额为19751.4亿元,增长15.5%,增加2681.6亿元,其中普惠小微贷款余额为11069.8亿元,增长35.4%,增加2893.3亿元。绿色贷款余额为7979.2亿元,增长48.7%,增加2600.6亿元。全省新增上市公司37家,创近十年新高,上市公司总数达到371家。② 其中,新增沪深证券交易所上市公司33家;北京证券交易所(以下简称北交所)累计上市公司达7家,居于全国第4位。全省股票、债券两项直接融资合计8957.48亿元,同比增长14.86%。全省保险业累计为经济社会发展提供风险保障340.43万亿元,同比增长38.58%;赔付支出1140.31亿元,同比增长14.04%。全省金融业增加值接近5000亿元,达到4938.59亿元,比上年增加416.29亿元(见图1-3),金融业作为国民经济支柱产业的地位进一步巩固。

2021年,金融业增加值占GDP比重出现下降。金融业增加值占GDP比重下降,说明在疫情防控措施下脱虚向实、金融支持实体企业复工复产起到一定的成效,2021年,山东金融业增加值为4938.6亿元,占全省GDP的5.94%,较2020年降低0.27个百分点。横向比较来看,尽管长期看山东金融业增加值占GDP比重不断提升,但与广东、浙江、江苏相比依然较低,也低于全国水平。2021年,这一比重比全国、广东、浙江和江苏分别低2.03个、2.95个、2.44个和1.94个百分点(见图1-4)。而同一时期,全国工业增加值占GDP的比重为32.58%,山东这一比例为32.79%,虽从全国范围来看山东属于工业大省,但与工业强省相比山东还存在一定差距。

---

① 2017年召开的全国金融工作会议上提出了金融工作的三大任务和四条原则。三大任务是指服务实体经济、防控金融风险、深化金融改革;四条原则是指回归本源、优化结构、强化监管、市场导向。

② 数据来自山东省地方金融监管局。

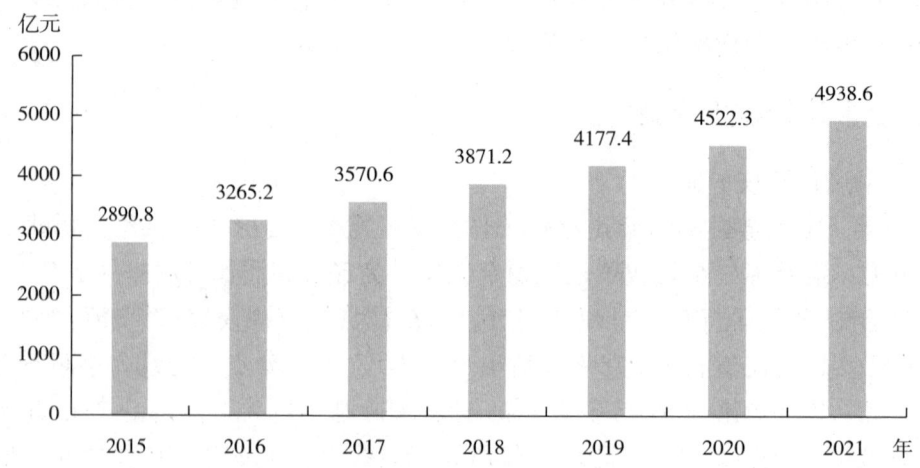

图 1-3　山东省金融业增加值统计（2015—2021 年）

（资料来源：国家统计局、山东省亚太资本市场研究院）

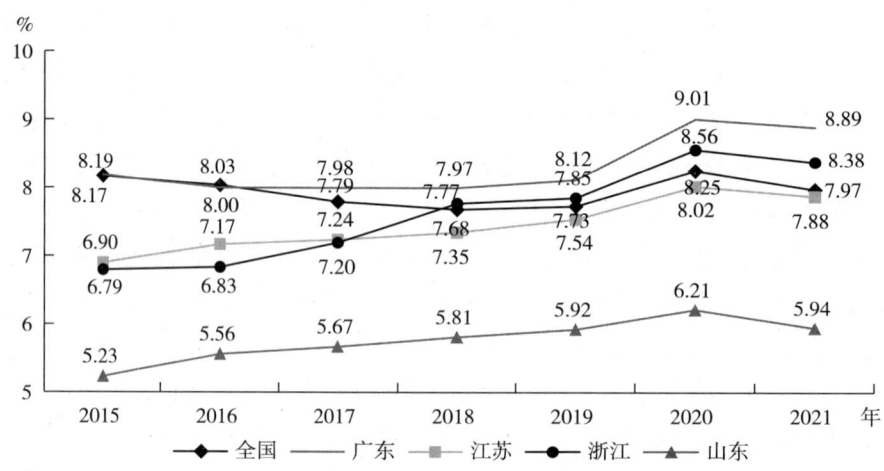

图 1-4　全国及四省金融业增加值与 GDP 比重（2015—2021 年）

（资料来源：国家统计局、山东省亚太资本市场研究院）

2. 金融资源配置效率提升①

金融服务小微企业成果明显提升。两项直达实体经济的货币政策工具②精准定向，首贷培植、银税互动、无还本续贷、应急转贷、应收账款融资等政策措施持续发力。截至 2021 年末，山东普惠小微贷款余额为 11064 亿元，同比增长 35.4%，比人民币各项贷款增速高出 21.9 个百分点；12 月末，小型、微型企业贷款加权平均利

---

① 本节资料源自 2021 年山东省金融运行情况新闻发布会，山东省地方金融监管局副局长李坤道的讲话内容，网址 http：//www.scio.gov.cn/xwfbh/gssxwfbh/xwfbh/shandong/Document/1719647/1719647.htm.

② 两项政策工具是指普惠小微企业贷款延期还本付息政策和信用贷款支持计划。

率同比分别下降10个基点、8个基点。

金融助推动能转换成效明显增强。发挥政策集成和部门协同效应，金融资源配置精准性、有效性持续提升。加强政策扶持和服务创新，引导金融资源更多流向绿色、科创、制造业等领域。2021年，全省规模以上制造业增加值同比增长10.1%，投向制造业的中长期贷款同比增长26.1%。截至2021年末，全省绿色贷款余额为7979.2亿元，同比增长48.7%。在新增37家上市公司中，代表新动能、高科技的上市公司占比超过七成，这充分体现了山东省经济转型和动能转换的成效。

金融支持乡村振兴力度明显加大。联合十部门印发《金融支持乡村产业振兴指导意见》。财政金融政策融合支持乡村振兴战略制度试点范围扩大至52个县（市、区）。截至2021年末，全省涉农贷款余额为32361.09亿元，同比增长9.4%；农业保险实现保费收入56.43亿元，同比增长27.96%。山东省农商行系统支农主力军作用进一步发挥，本外币涉农贷款余额为8620.15亿元，较年初增长591.43亿元。省农担公司主要指标均居全国省级农担机构首位，全年新增担保额530亿元，同比增长1.04倍。县域数字化金融项目累计为162.33万户涉农主体发放贷款近1800亿元。围绕金融支持黄河流域生态保护和高质量发展、海洋强省、军民融合等重大发展战略，研究推出一系列政策措施，政策聚合和资源集聚效应持续显现，政策红利进一步释放。

3. 金融改革取得新成效

区域金融改革力度加大。全国首个科创金融改革试验区落户济南。2021年11月，经国务院同意，中国人民银行等八部门批复《山东省济南市建设科创金融改革试验区总体方案》，这是全国首个以科创金融为主题的金改试验区。总体目标是，争取用5年左右时间，试验区基本形成体系健全、结构合理、服务高效、配套完善、保障有力的科创金融服务体系，建立完善覆盖科技创新全周期的金融生态链，科技创新支持山东新旧动能转换取得重大突破，形成一批可复制、可推广的经验。2020年，经国务院同意，由中国人民银行等六部门联合印发方案批准成立的临沂市普惠金融服务乡村振兴改革试验区，是全国唯一一个金融服务乡村振兴领域的试验区，承担着为全省全国探索金融服务乡村振兴路径的重任。2021年，试验区建设全面展开，在推动农村金融服务下沉、健全完善抵押担保体系、创新丰富金融产品、搭建金融信息综合服务平台等方面积极探索路径机制，取得阶段性重要成果。青岛市财富管理中心建设成效明显，在机构引进、产品创新、市场开放、人才汇聚等方面成果突出，最新一期全球金融中心排名中，青岛市居于第38位，较2020年同期提升9个位次。威海市争创国家级绿色金融改革创新试验区工作有序推进。

金融辅导力度加大。把金融辅导作为金融供给侧结构性改革与需求侧管理的链接纽带，健全分层管理、需求对接、评价评估等工作机制，开展金融辅导扩面攻坚行动，优化升级金融辅导服务载体，金融辅导服务质效明显提升。截至2021年末，为28768家企业解决融资需求6933.68亿元，其中，民营、中小微企业占比80%以上。与金融辅导体系相衔接，在16个市的16个园区、21个乡镇创新开展"金融管家"试点，济南平阴、临沂郯城等初步形成各具特色的服务模式。

机构引进培育和金融开放力度加大。2021年6月，恒丰银行理财子公司获批筹建，7月山东港信期货开业运营，12月山东省信用增进公司完成组建。2021年7月，国家金融业密码应用研究中心、绿色金融研究院在济南揭牌成立，2家区域性股权市场均获批中国证监会区块链建设试点。省内首单可持续挂钩债券、碳中和债券落地济南，省内首批合格境内有限合伙人（QDLP）试点基金落户青岛，济南、青岛和烟台三个自贸片区均已设立合格境外有限合伙人（QFLP）企业。

金融营商环境建设力度加大。深化金融领域"放管服"改革，强化地方金融领域法治建设，制定加强地方金融组织事中事后监管的政策措施，修订地方金融监管系统行政处罚自由裁量基准，在全国率先开展小额贷款公司统一借款票据相关监管工作。山东省综合金融服务平台暨地方征信平台上线运营，金融领域数字化应用和政务数据共享共用实现突破，为改善金融服务提供了有力支撑。建立完善金融领域考核评价体系，制定实施银行机构服务实体经济评价办法，将普惠金融、推动上市、风险防控等指标纳入各市高质量发展综合绩效考核；整合金融人才引育留用政策，出台《齐鲁金融人才工程选拔管理办法》，引导金融机构更好地服务全省经济社会发展。

4. 金融风险防控能力进一步提升

一是不良贷款余额和不良贷款率连续三年"双降"。持续加强大企业流动性、地方法人机构及债券兑付等重点领域金融风险防控工作，加大不良贷款压降力度。2021年末，全省不良贷款余额为1489.75亿元，比年初减少496.43亿元；不良贷款率为1.34%，比年初下降0.69个百分点。二是各类非法金融活动得到有效遏制。组织开展打击恶意逃废金融债务、互联网金融整治等专项行动，保持对非法集资严打高压态势。山东省非法集资刑事立案数和涉及金额数持续下降，连续两年在全国防范和处置非法集资平安建设考评中位列一档，得分满分。三是"金安工程"监测预警作用进一步凸显。持续深化"金安工程"建设，"金安工程"建成全国首个金融领域集五大风险监测预警为一体的金融风险防控监测大数据平台，对金融风险监测实行"关口前移、源头防控"，监测企业扩展到210万余家，向有关方面推送预警及关注信息5000余条。

5. 保险业服务经济社会水平持续提高

山东保险业保持平稳增长态势，为企业发展、乡村振兴以及人们生活健康提供了保障。随着保险业监管水平不断提高，保险业也将实现高质量发展，助力山东海洋强省和乡村振兴等重大举措，为实现新旧动能转换奠定基础。

首先，行业整体保障能力增强。2021年，全省保险业累计为经济社会发展提供风险保障340.43万亿元，同比增长38.58%，赔付支出1140.31亿元，同比增长

14.04%，进一步发挥了"稳定器"和"减震器"作用。其次，推动行业高质量发展的能力增强。自车险综合改革以来，行业成本管控更加理性，车险"高费低赔"问题得到扭转。2021年全省车险综合赔付率达77.81%，优于全国5.42个百分点，车险综合费用率降至22.67%，优于全国5.83个百分点。最后，服务民生力度加大。辖区大病保险合同期末有效承保人数为8590.41万人，累计补偿金额为40.22亿元，经大病保险报销后，患者实际赔付比提升约11.7个百分点；"一城一策"的城市定制型医疗保险已在全省各地市全面推开，罕见病帮扶机制初步建立。

截至2021年末，山东辖区（不含青岛，下同）保险业资产总额为7549.58亿元，同比增长13.25%。实现原保险保费收入（不含正在风险处置机构）为2816.49亿元，同比下跌5.22%（见图1-5）。① 其中，财产险公司原保险保费收入为786.7亿元，占比27.93%；人身险公司原保险保费收入为2029.8亿元，占比72.07%。承担各类风险责任金额为293.4万亿元，增长36.4%。赔付支出977.9亿元。农业保险保费收入为52.7亿元，增长27.7%，为1479.2万户（次）农户提供1371.6亿元的风险保障。

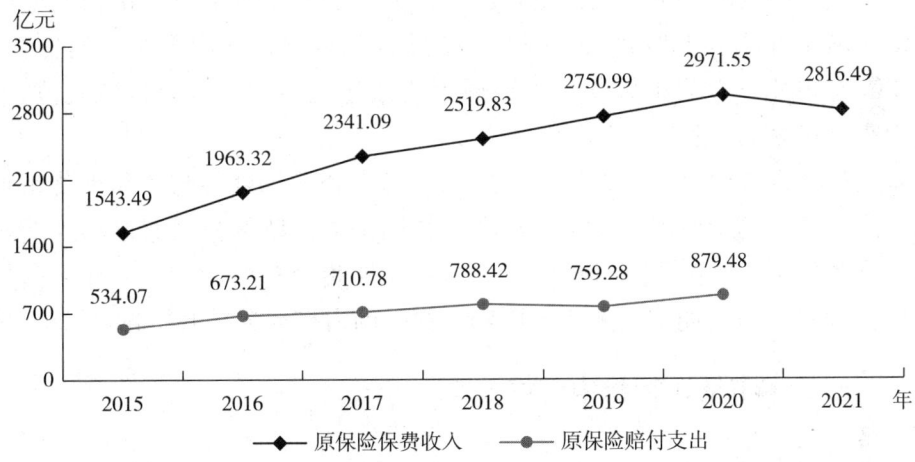

图1-5 山东省保险保费与保险赔付统计（2015—2021年）

（资料来源：国家统计局、山东银保监局、山东省亚太资本市场研究院）

1.3 山东资本市场发展概况

1.3.1 职能部门积极发挥服务作用

在稳增长总基调下，企业上市和直接融资的外部环境向好。根据有关政策导向

---

① 此处计算数据与山东银保监局公布的上涨数据存在很大差距。2020年和2021年官方数据可参考：http://www.cbirc.gov.cn/branch/shandong/view/pages/common/ItemDetail.html?docId=969475&itemId=1281，http://www.cbirc.gov.cn/branch/shandong/view/pages/common/ItemDetail.html?docId=1036559&itemId=1281.

和山东资本市场实际情况，山东证监局在四个方面加大"稳增长"工作力度。

一是推动企业境内外上市。会同有关部门把握好相关政策机遇，有针对性地加强宣传培训，在保证质量的基础上提高辅导验收效率，重点支持"硬科技"企业登陆科创板、创业板，推动"专精特新"企业在北交所上市，进一步提高资本市场对科技创新、制造业、中小企业等重点领域的服务效果。同时，组织开展境外上市专题培训，督促证券公司提高境外上市融资服务能力。

二是引导企业用好多种融资工具。联合沪深交易所加强政策宣传，引导企业合理使用创新融资工具，提高融资多样性、有效性。会同发展改革委等单位推动一批企业拿出优质资产参与基础设施公募 REITs 试点，盘活存量资产，形成投资良性循环。鼓励证券公司积极创设企业债券融资支持工具，为民营企业债券融资提供信用保护。

三是发挥上市公司示范引领作用。坚持分类监管理念，支持优质上市公司通过再融资、并购重组做优做强，推动重点领域领军上市公司联合上中下游、产学研力量，带动中小企业协同发展。支持有条件的市县区政府积极打造以上市公司为"链主"的产业链、供应链集群，用好上市公司研发平台，围绕上市公司做大供应链金融，带动区域主导产业发展壮大。同时，继续加强监管，开展公司治理专项行动，严厉打击资金占用、违规担保、财务造假等违法违规行为，着力打造规范、诚信、稳健的山东上市公司品牌。

四是更好地发挥期货市场作用。支持引导各类企业深度参与商品期货市场，应对大宗商品价格波动，促进企业稳健经营。鼓励证券、期货公司通过场外期权等多种工具，为各类企业提供风险管理服务。加强与期货交易所的沟通协作，指导期货经营机构扩大"保险+期货"业务范围和规模，助力打造乡村振兴齐鲁样板。①

1.3.2 山东资本市场运行稳中向好

1. 上市企业数量

2021 年，我国资本市场深化改革持续推进。2021 年 4 月 6 日，深市主板与中小板正式合并成"深主板"；9 月 3 日，北交所注册成立；11 月 15 日，北交所正式开市交易。随着注册制的推进，股票市场作为直接融资的主渠道全面发力。2021 年，山东资本市场业绩提升明显，全年 IPO 上市企业数量达 36 家②，创下年度 IPO 历史新高。截至 2021 年末，上市公司数量达 269 家（见图 1-6），比 2020 年增加 40 家③，总市值突破 4 万亿元。Wind 数据显示，山东 IPO 审核申报企业数量达 96 家④，创近年来新高，尤其是以新兴产业为代表的企业在资本市场崭露头角，资本市场逐

---

① 资料参考 2021 年山东省金融运行情况新闻发布会上山东证监局副局长张兆兵的讲话介绍，网址 http://www.scio.gov.cn/xwfbh/gssxwfbh/xwfbh/shandong/Document/1719647/1719647.htm.
② 以上市日期为准，此处与山东省地方金融监管局公布的数据存在差异。
③ 数据包含北交所上市公司。
④ Wind 数据查询时间为 2022 年 5 月 24 日。

渐成为带动山东经济转型的新动能。2021年全国上市公司数量共计4693家①，山东上市公司数量居全国各省市第6位，排在广东、浙江、江苏之后。尽管近几年山东上市公司数量增速提升显著，但横向比较来看，同GDP一样也呈现出"标兵渐远，追兵渐进"的状况。尤其近几年随着我国中西部地区基础设施的不断完善，安徽、福建、四川等中西部省份异军突起，在人工智能、新能源汽车、智能制造、生物制药、碳中和等领域优势越发明显，并已呈现出规模效应，一批科技型企业正在加速成长，未来将逐鹿资本市场，这将进一步缩小与山东的差距。

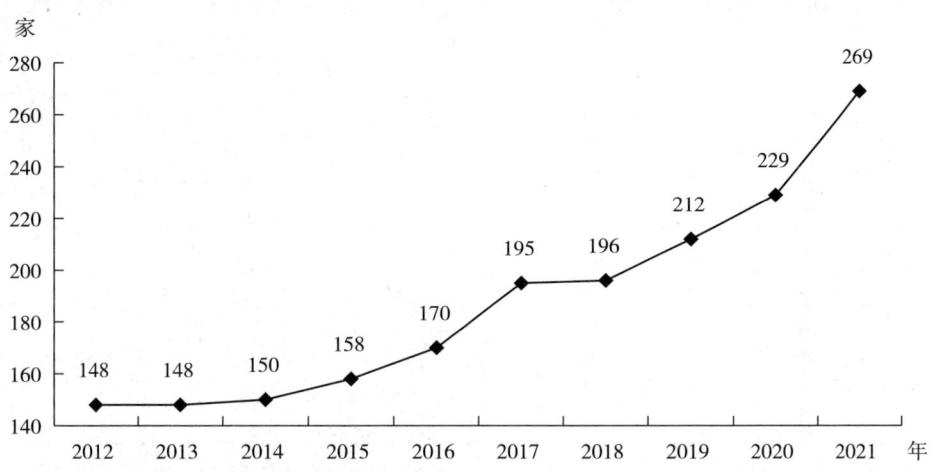

图1-6　山东省上市公司数量统计（2012—2021年）

（资料来源：Wind、山东省亚太资本市场研究院）

早在2019年初，山东省政府确定了设立由省政府分管领导任组长的山东省推动企业上市专项工作小组，上市专项工作小组确定了上市倍增目标。近3年来，山东聚焦上市公司量质齐升，积极实施企业上市"倍增计划""县域突破工程"，2021年平度、汶上、青州等8个县级行政区实现沪深上市公司零突破（见表1-3）。济南、淄博两个城市实现区县上市公司全覆盖。

表1-3　2021年山东实现上市公司零突破的区县

上市日期	股票代码	股票名称	板块	城市	县区	备注
1月11日	003033.SZ	征和工业	主板	青岛	平度	平度首家A股上市公司
4月13日	688663.SH	新风光	科创板	济宁	汶上	汶上首家A股上市公司
6月23日	001207.SZ	联科科技	主板	潍坊	青州	青州首家A股上市公司
9月15日	600955.SH	维远股份	主板	东营	利津	利津首家A股上市公司
10月21日	001219.SZ	青岛食品	主板	青岛	李沧	李沧首家A股上市公司
11月10日	301149.SZ	隆华新材	创业板	淄博	高青	实现淄博区县全覆盖
11月11日	301188.SZ	力诺特玻	创业板	济南	商河	实现济南区县全覆盖
11月15日	830839.BJ	万通液压	北交所	日照	五莲	五莲首家A股上市公司

资料来源：Wind、山东省亚太资本市场研究院。

---

① Wind数据查询时间为2022年5月3日。

青岛、济南和烟台作为实施新旧动能转换引领山东经济增长的"三核",积聚了大量上市公司。青岛、烟台和济南上市公司数量居全省前三名,分别为 58 家、45 家、43 家,合计 146 家,占全省上市公司数量的 54.28%(见图 1-7)。自 2019 年以来,三个城市上市公司数量出现明显增幅,青岛 2020 年上市公司数量超越连续多年稳居全省第一的烟台,2021 年上市公司数量快速增加,一年就比烟台市多出 13 家上市公司,已大幅领先省内其他城市。从 2019 年开始,省会济南上市公司数量开启高速增长模式,与烟台的差距由 2019 年的 11 家缩减至 2021 年的 2 家(见图 1-8)。从 2021 年上市公司辅导数量看,2022 年济南上市公司数量有望超越烟台。

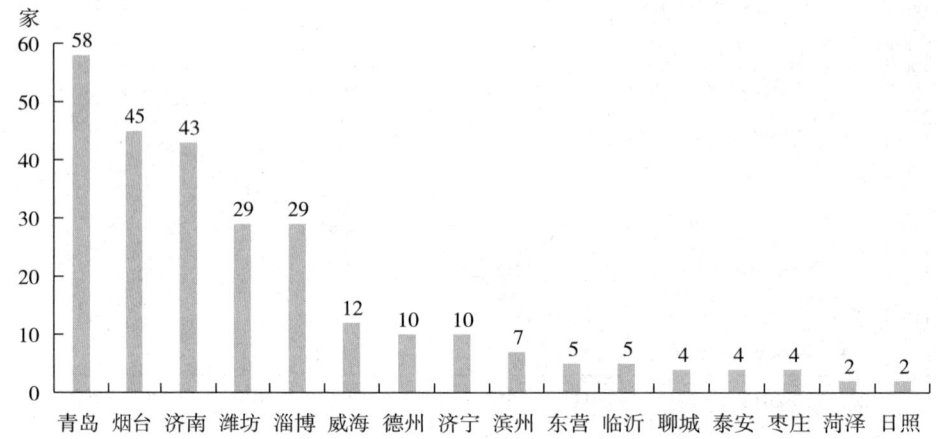

图 1-7　2021 年山东各城市上市公司数量

(资料来源:Wind、山东省亚太资本市场研究院)

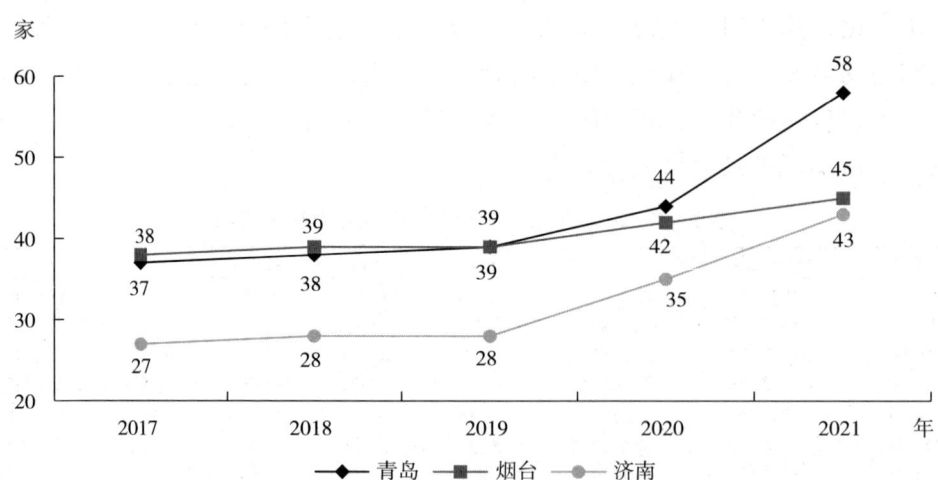

图 1-8　青岛、烟台和济南上市公司数量(2017—2021 年)

(资料来源:Wind、山东省亚太资本市场研究院)

随着山东实施新旧动能转化的深入推动,《数字山东发展规划（2018—2022 年)》《山东省传统产业智能化技术改造三年行动计划（2020—2022 年)》等政策的实施，山东在培育发展新兴产业的同时，也注重"老产业、旧动能"的改造提升，通过工业化与数字化的深度融合，推动传统产业升级换代。化工、机械设备、采掘、纺织服装等传统产业向着高端化、智能化、低碳化、服务化转型发展，向着产业链、价值链的中高端集中，向着质量效益型转变。一批新的上市公司继续在传统行业中涌现。2021 年，根据申万一级行业标准，全省化工行业新增上市公司 9 家①，2020 年新增 5 家，均居行业第 1 位。截至 2021 年末，山东化工行业上市公司 53 家，稳居行业之首。山东省是化工大省，自 1992 年化工产值首次超过江苏之后，山东化工经济总量连续 29 年位居全国榜首，形成了七大板块产业体系，重点化工产品产量位居全国前列。山东还是制造业大省，机械设备、医药生物等企业众多，2020 年、2021 年在抗击新冠肺炎疫情中，山东抗疫物资供应全国，彰显制造业优势。2021 年末，机械设备和医药生物行业中上市公司数量分别为 35 家和 26 家，数量位居各行业前列（见图 1 - 9)。

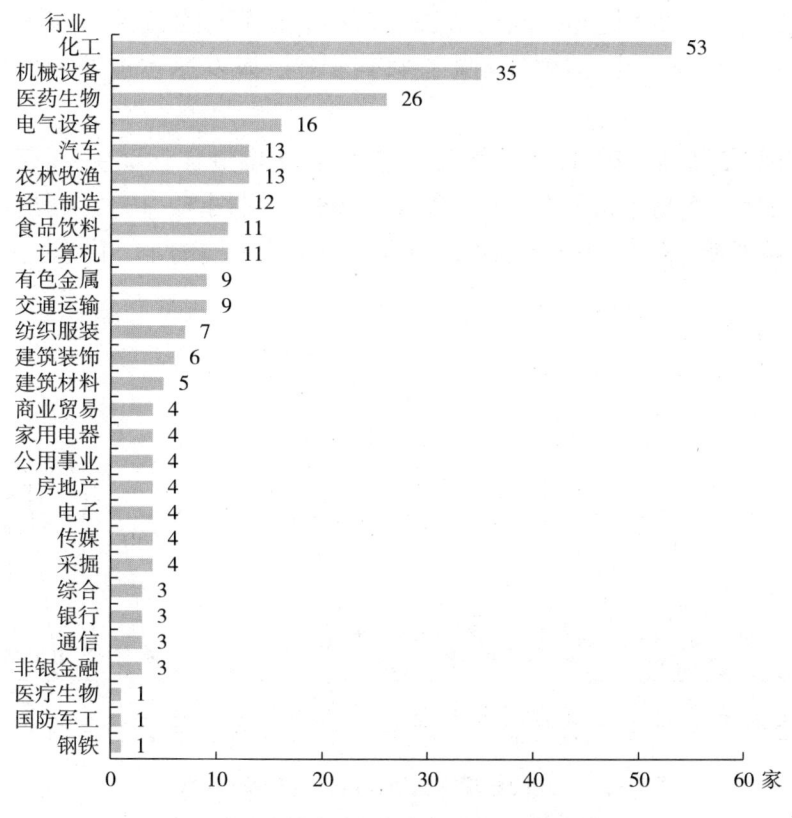

图 1 - 9　2021 年山东上市公司行业数量分布

（资料来源：Wind、山东省亚太资本市场研究院)

---

① 2021 年，山东登陆北交所的 3 家上市公司分别为智新电子、汉鑫科技和齐鲁华信，按照申万一级行业分类，本书把这 3 家公司分别划分为电子、计算机和化工行业。

2. 融资规模

（1）全省资本市场整体融资情况

随着注册制的推进和北交所开市，资本市场作为直接融资渠道进一步放开。2021年，山东辖区95家企业在交易所市场和新三板市场实现股票融资547.86亿元，同比增长22.33%，股票市场服务企业的深度和广度不断提升。此外，私募股权机构和创业投资机构积极投早、投小、投科技，较好地发挥了支持创新创业的优势。截至2021年末，辖区私募机构投资项目1484个，在投本金1308.59亿元。债券融资方面，2021年辖区企业在交易所市场发行公司债券（含ABS）募集资金2463.78亿元，在2020年大幅增长的基础上基本保持了稳定。截至2021年末，辖区公司债券（含ABS）余额为6555.79亿元，债券融资作为直接融资的主要方式，较好地起到了缓解"融资难、融资贵"的作用。①

（2）IPO融资

根据Wind数据，以公司上市日为标准，2021年山东70家上市公司在资本市场股权融资额为695.50亿元，同比增长9.59%，融资额居于全国第8位，占全国股权融资额的3.83%，山东融资额除了少于东部沿海发达省市外，也少于新疆和湖南。

IPO融资额创新高。2021年山东36家IPO企业融资额达274.44亿元，居全国第6位，比历史上次高年份的2010年高出7.60%（见图1-10），创出历史新高。②2021年全国科创板上市公司IPO融资额最高，与全国不同的是，山东上市公司IPO

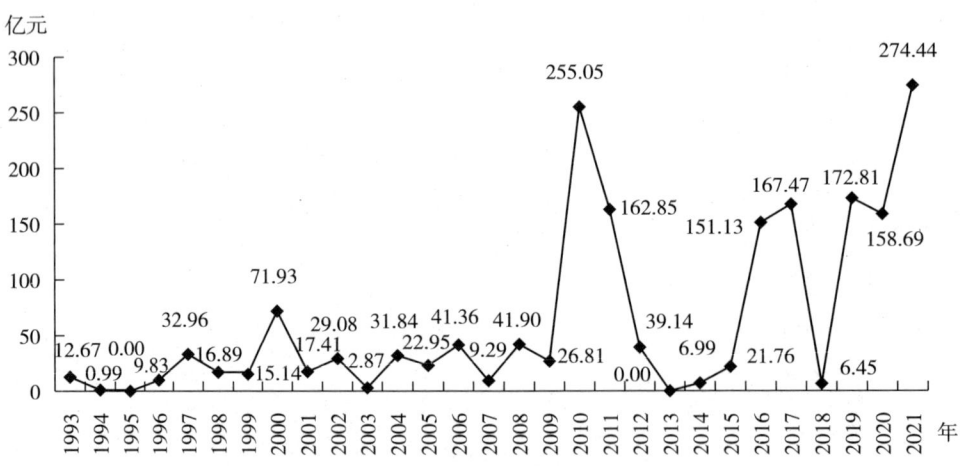

图1-10 山东省IPO融资额统计（1993—2021年）

（资料来源：Wind、山东省亚太资本市场研究院）

---

① 本小节数据源自山东证监局，由于统计口径不同与Wind数据存在差异，参考网址 http://www.scio.gov.cn/xwfbh/gssxwfbh/xwfbh/shandong/Document/1719647/1719647.htm。

② 以2022年3月10日导出的Wind数据为准，不考虑迁入迁出、并购重组因素。

融资主要集中在主板,融资额达到 132.72 亿元,几乎占到 2021 年全省 IPO 融资额的一半(见图 1-11)。全省 IPO 融资额最高的是维远股份(600955.SH),首发融资 40.65 亿元,是一家位于东营的石油化工企业。济南、青岛成为山东资本市场的增长极,两市融资额大幅领先于其他城市,两市融资额分别为 70.23 亿元、63.71 亿元(见图 1-12)。传统行业化工业是山东 IPO 融资额最大的行业,其融资额高达 107.87 亿元,占全行业的 39.34%(见图 1-13)。山东传统企业在资本市场的强力发势,折射出山东产业转型的成绩所在,印证了山东新旧动能转换和高质量发展的稳步起势。

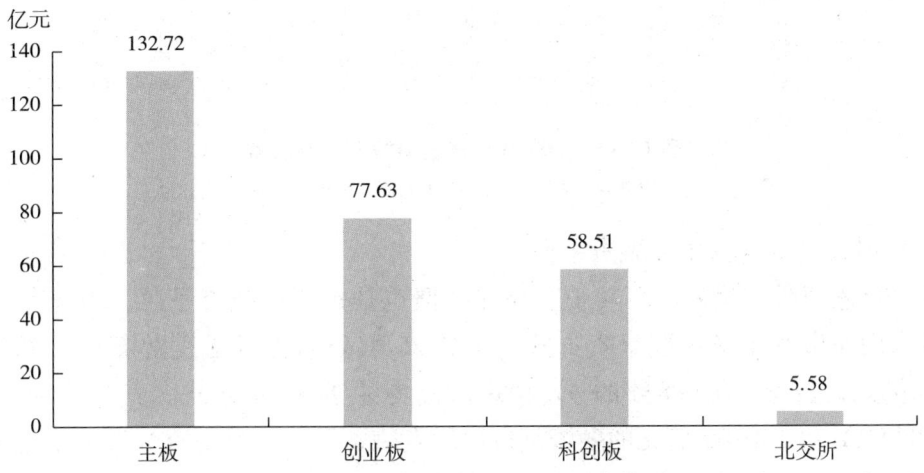

图 1-11　2021 年山东省 IPO 板块融资额

(资料来源:Wind、山东省亚太资本市场研究院)

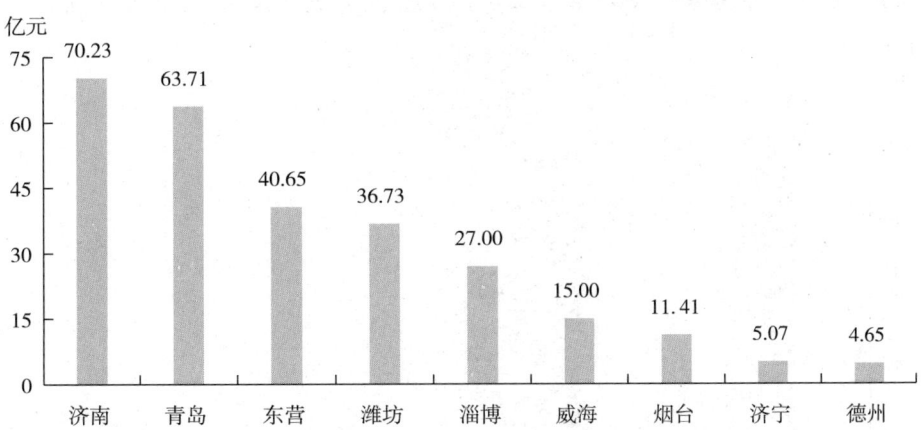

图 1-12　2021 年山东省各城市 IPO 融资额

(资料来源:Wind、山东省亚太资本市场研究院)

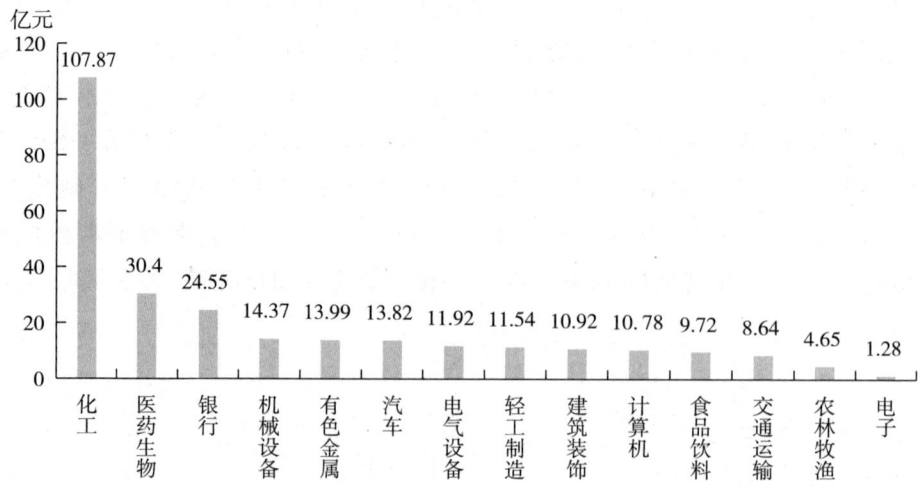

图 1-13　2021 年山东省 IPO 行业融资额

（资料来源：Wind、山东省亚太资本市场研究院）

(3) 增发融资成为主要融资手段

除 IPO 融资外，增发、可转债、可交换债也是重要的融资手段。2021 年，增发融资成为山东资本市场主要融资方式。全省 25 家公司通过增发融资方式募集资金 343.56 亿元，占全年融资额的 49.40%，成为主要融资方式。其中，潍柴动力（000338.SZ）以 130.00 亿元的融资额位居增发融资首位，募集资金将用于燃料电池产业链建设、高端发动机等项目以及补充流动资金。此外，5 家公司通过发行可交换债共计融资 42.90 亿元，其中，歌尔股份（002241.SZ）母公司歌尔集团以 25.00 亿元的融资额位居首位。4 家公司以发行可转债的方式募集资金 34.59 亿元（见图 1-14），其中，森麒麟（002984.SZ）以 21.99 亿元的融资额位居首位。

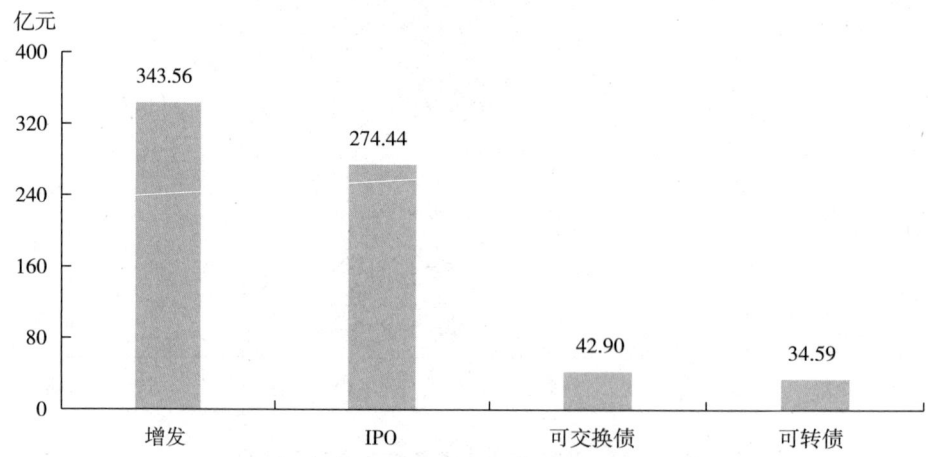

图 1-14　2021 年山东省股权融资方式及融资额

（资料来源：Wind、山东省亚太资本市场研究院）

3. 上市公司市场表现

（1）山东指数整体涨幅居中

2021年，我国实现国内生产总值114.37万亿元，同比增长8.1%。受经济快速增长影响，我国三大股票指数全年收红。上证综指上涨4.80%，深证成指上涨2.67%，创业板指数上涨12.02%。其中，上证综指和深证成指创出两项历史纪录。第一，上证综指时隔28年出现年K线3连阳。深证成指打破成立以来年K线2连阳的纪录，首次实现年K线3连阳。第二，上证综指和深证成指均创出历史最小振幅。上证综指全年振幅只有12.06%，深证成指振幅为21.01%，均是历史上最小的年振幅。

根据Wind国证区域指数，2021年全国31个省区市股票市场指数中有27个省区市股票市场指数为增长，仅有吉林、广东、黑龙江和广西四省区股票市场指数全年涨幅为负，分别下跌7.63%、4.10%、1.07%和0.38%。山东指数涨幅为14.66%，居全国31个省区市第19位（见表1-4）。全省全年股价涨幅实现翻倍的股票共有17只，其中，联创股份（300343.SZ）以488.93%的涨幅居首位，而冠中生态（300948.SZ）以48.59%的跌幅成为年度下跌幅度最大的股票。山东指数年度振幅为22.39%，全国居第24位。

表1-4 2021年全国各省份股票指数年度涨跌幅及振幅　　　单位：%

序号	证券简称	涨跌幅	振幅
1	西藏指数	66.39	101.01
2	宁夏指数	53.25	59.41
3	青海指数	46.05	76.71
4	天津指数	36.01	48.41
5	山西指数	32.21	62.19
6	江西指数	29.93	60.63
7	云南指数	27.77	58.32
8	内蒙古指数	26.69	43.52
9	新疆指数	24.15	60.55
10	甘肃指数	22.37	47.30
11	海南指数	21.14	33.55
12	福建指数	20.51	32.49
13	陕西指数	20.27	43.98
14	河北指数	18.61	39.90
15	湖北指数	17.00	26.60
16	浙江指数	16.58	22.53
17	安徽指数	16.39	26.28
18	辽宁指数	16.15	26.23

续表

序号	证券简称	涨跌幅	振幅
19	山东指数	14.66	22.39
20	四川指数	8.54	31.85
21	重庆指数	7.29	28.31
22	贵州指数	7.14	45.82
23	上海指数	6.90	15.81
24	河南指数	5.92	29.02
25	江苏指数	5.65	20.14
26	北京指数	4.59	11.46
27	湖南指数	2.92	21.57
28	广西指数	-0.38	19.60
29	黑龙江指数	-1.07	20.50
30	广东指数	-4.10	17.69
31	吉林指数	-7.63	23.74

资料来源：Wind、山东省亚太资本市场研究院。

（2）成交规模创历史新高

2021年，虽然沪深两市主要股指振幅小，但成交额却创出历史纪录。全年沪深两市（包括A股和B股）成交额为257.25万亿元，超过史上最高年度2015年总成交额的253.65万亿元，创出新纪录。[①] 2021年不仅创出历史最高成交额纪录，还创下了有史以来持续时间最长的成交额破万亿元纪录。自2014年12月5日历史首次沪深两市成交额破万亿元开始，迄今股票市场只发生过10次成交额连续10个（含）交易日以上破万亿元的情形，其中2015年和2020年均为3次，2021年出现4次。同成交额一样，2021年沪深两市成交量也创下历史新高。全年沪深两市成交18.68万亿股，超过历史上2015年的17.02万亿股。成交规模数据显示，2021年股市交易非常活跃。

2021年，山东板块成交额居全国第6位。全年共计成交13.39万亿元，高于此前2015年的10.55亿元，创历史新高；全年成交9613.97亿股，高于此前2020年的8746.24亿股（见图1-15）。创业板实行注册制之后，其涨跌幅限制从10%调整为20%。创业板涨跌幅限制的放宽，让价格有充足的空间来反映股票市场的信息。从换手率来看，创业板整体高于主板，加上新上市因素影响，冠中生态（300948.SZ）、德固特（300950.SZ）、漱玉平民（301017.SZ）3只2021年上市新股年换手率均超过30倍，居全省前三位。2021年，受煤炭、铁矿石价格上涨影响，南山铝业（600219.SH）、山东钢铁（600022.SH）、新潮能源（600777.SH）成交量位居全省

[①] Wind数据导出时间为2022年1月6日。

前三名,分别成交 5.01 亿手、4.29 亿手、3.93 亿手,远高于全省其他股票。2021年山东共有 35 家公司股票成交额突破千亿元,35 只股票合计成交额达 75808.50 亿元,占全省的 56.61%。歌尔股份(002241.SZ)以 7804.31 亿元的成交额居全省首位。

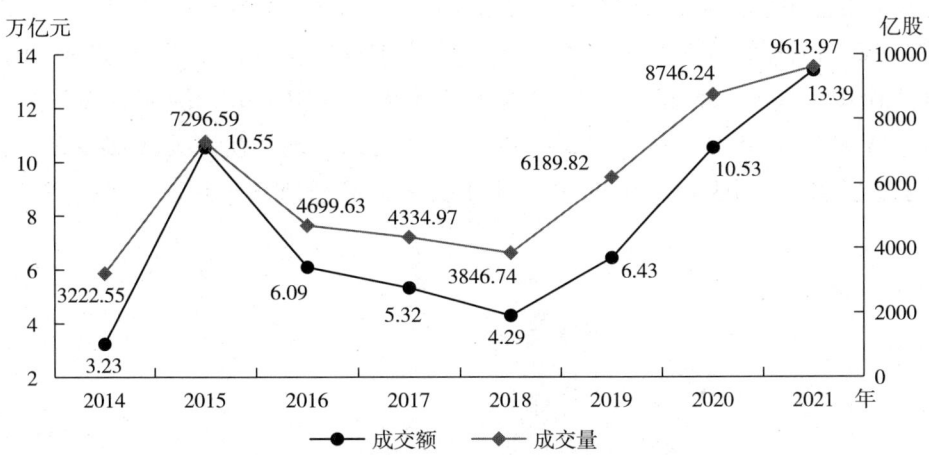

图 1-15 山东省证券市场成交规模统计(2014—2021 年)

(资料来源:Wind、山东省亚太资本市场研究院)

(3)市值再上新台阶

随着股票市场的增值、上市公司数量和股本的扩张,股票市场市值也在逐年提升。Wind 数据显示,截至 2021 年末,沪深两市总市值达 99.11 万亿元,比上年末新增 12.10 万亿元,同比增长 13.91%。按照申万一级行业(2021)标准,年末银行业以 9.33 万亿元的市值位居 32 个行业之首,其次是电力设备和医药生物行业,市值分别为 8.44 万亿元和 8.33 万亿元。山东以 4.12 万亿元的市值居全国第 6 位。

截至 2021 年末,山东上市公司中万华化学(600309.SH)、海尔智家(600690.SH)等 6 家上市公司市值均超过千亿元,其中,万华化学(600309.SH)以 3171.14 亿元的市值位居首位。此外,有 36 家上市公司市值低于 25 亿元,中鲁 B(200992.SZ)和建邦科技(837242.BJ)市值低于 10 亿元。与 2020 年末相比,市值翻倍的上市公司共有 19 家,其中,联创股份(300343.SZ)市值同比增长 484.56%,位居全省之首。86 家上市公司市值同比出现下跌,其中,英科医疗(300677.SZ)市值同比下跌 46.29%。

(4)ESG 评级整体偏低

ESG(Environment,Social and Governance)是指环境、社会和公司治理的理念,这种理念已经成为现在国际趋势,成为世界一流企业的标配,90% 的标普 500 公司都发布 ESG 报告。虽然我国 A 股上市公司没有强制披露 ESG 报告的要求,但独立披露 ESG 报告的公司越来越多。根据 Wind 数据统计,截至 2022 年 4 月 30 日,2022 年已有1410家A股上市公司披露独立ESG报告，占全部A股公司数的29%，较2021年增长22.5%。越来越多的上市公司把ESG融入了发展战略，披露ESG报告终将成为趋势。

根据Wind华证ESG评级，在2021年全国4697家上市公司中，剔除169家新上市和北交所上市公司后，共有4528家上市公司给予了ESG评级。其中，评级为BBB级共计1777家，占比为39.24%；评级为A级的共计1133家，占比为25.02%。山东269家上市公司中，共有255家上市公司给予了评级。其中，BBB级共计117家，占比45.88%；A级共计54家，占比为21.18%。对比可以发现，在评级A级及以上，山东明显低于全国水平（见图1-16），山东上市公司ESG管理水平须进一步提高。

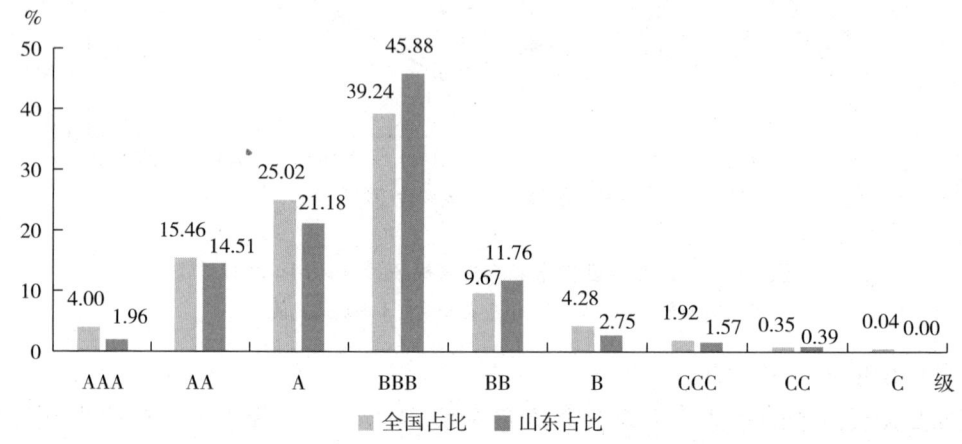

图1-16 2021年全国与山东省上市公司ESG评级占比对比

（资料来源：Wind、山东省亚太资本市场研究院）

（5）迁入迁出更为频繁

2020年以来，国有企业混合所有制改革进入加速落地期，诸多上市公司大股东为解决流动性问题，与此同时，为促进上市公司主营业务发展，引进更多的战略性资源，选择引入国资。山东国资抓住机会频频出手，落实山东版"腾笼换鸟"政策，引入或控股、参股多家上市公司，成为山东国资实施新旧动能转化的一部分。

江苏聚集了众多新能源、新材料、信息技术、高端装备等产业的上市公司，属于山东重点发展的"十强产业"领域，因此，江苏上市公司成为山东国资收购的重点。2021年10月21日，恒润股份（603985.SH）发布公告，公司控股股东变更为济宁城投控股集团有限公司；11月18日，江化微（603078.SH）发布公告，公司控股股东变更为淄博星恒途松控股有限公司；11月26日，常铝股份（002160.SZ）发布公告，公司实际控制人变更为齐鲁财金投资集团有限公司。此前，2020年7月，天晟新材（300169.SZ）控股股东变更为青岛融海国投资产管理有限公司。此外，淄博匠图恒松控股有限公司控股山西上市公司东杰智能（300486.SZ），山东铁路投资控股集团有限公司控股河北上市公司博深股份（002282.SZ）。

从上市公司注册地址变更情况来看，2021年上市公司迁入迁出山东各有1家。2021年10月30日，荣丰控股（000668.SZ）发布公告，公司注册地址由上海变更为青岛；12月11日，浙文互联（600986.SH）发布公告，公司注册地址由山东东营变更为浙江杭州。此前2020年，上市公司迁出山东1家，迁入山东3家，退市1家。随着产业链的升级重构，山东上市公司的迁入迁出将更加频繁，也将成为常态（见表1-5）。

表1-5 山东省上市公司的迁入迁出情况（2011—2021年）

年份	股票代码	变更前名称	变更后名称	方向	注册地址变更
2011	000639.SZ	金德发展	西王食品	迁入	湖南株洲→山东滨州
2012	000498.SZ	丹东化纤	山东路桥	迁入	辽宁丹东→山东济南
2013	000409.SZ	泰复实业	山东地矿	迁入	安徽蚌埠→山东济南
2014	600698.SH	济南轻骑	湖南天雁	迁出	山东济南→湖南衡阳
2015	600882.SH	华联矿业	广泽股份	迁出	山东淄博→上海奉贤区
2016	600532.SH	宏达矿业	宏达矿业	迁出	山东泰安→上海宝山区
2017	000617.SZ	石油济柴	中油资本	迁出	山东济南→新疆克拉玛依
2018	002359.SZ	北讯集团	北讯集团	迁出	山东滨州→广东深圳
2019	002217.SZ	合力泰	合力泰	迁出	山东淄博→福建莆田
2020	002072.SZ	凯瑞德	凯瑞德	迁出	山东德州→湖北荆州
2020	002323.SZ	雅百特	雅百特	迁入	江苏盐城→山东枣庄
2020	601218.SH	玉龙股份	玉龙股份	迁入	江苏无锡→山东济南
2020	300143.SZ	盈康生命	盈康生命	迁入	广东东莞→山东青岛
2021	000668.SZ	荣丰控股	荣丰控股	迁入	上海自贸区→山东青岛
2021	600986.SH	科达股份	浙文互联	迁出	山东东营→浙江杭州

资料来源：Wind、山东省亚太资本市场研究院。

4. 证券化率

证券化率指的是一国各类证券总市值与该国国内生产总值的比率。一国或地区的证券化率越高，意味着证券市场在该国或地区的经济体系中越重要。证券化率在短期内具有不稳定性。由于证券化率与股票市值相关，股票市值又与股票价格相关，而股票的价格水平短期内波动性较大，所以短期内证券化率的提高，与股价水平的上涨有密切关系，并不一定表明证券市场在国民经济中地位的提高。

2021年，上证综指上涨4.80%，深证成指上涨2.67%，创业板指数上涨12.02%，再加上IPO常态化和股权融资的增加，年末证券化率高于上年。2021年，沪深两市总市值达99.11万亿元，全国证券化率为86.66%，比上年提高3.29个百分点，也是自2015年以来最高点（见图1-17）。同全国证券化率走势一样，2021年山东IPO创新高，尤其是齐鲁银行（601665.SH）、威高骨科（688161.SH）和维远股份（600955.SH）3家公司，有力地提升了2021年山东上市公司市值。2021年末山东上市公司市值4.12万亿元，证券化率为49.85%，比上年提高2.88个百分点，已连续3年实现增长（见图1-17）。但和全国相比，山东证券化率无论是实际数据还是增速，均落后于全国水平。

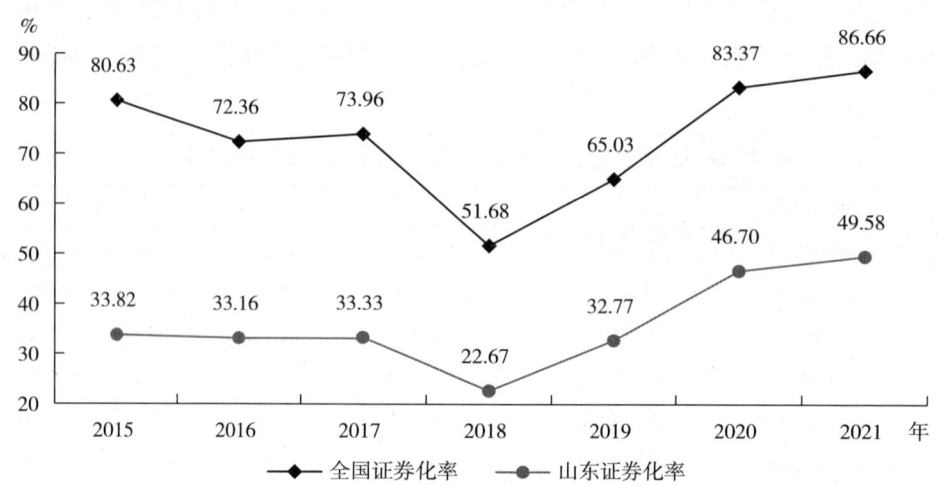

图1-17 全国与山东省证券化率统计（2015—2021年）

（资料来源：国家统计局、Wind、山东省亚太资本市场研究院）

5. 上市公司财务及经营表现

（1）资产规模

2021年末，山东269家上市公司总资产合计为52508.23亿元，同比增长13.04%，平均每家上市公司195.20亿元。10家上市公司总资产均超过千亿元，合计29090.67亿元，占全省的55.40%，其中，青岛银行（002948.SZ）、齐鲁银行（601665.SH）和青农商行（002958.SZ）位列前三，分别为5222.50亿元、4334.14亿元和4304.38亿元。2020年和2021年新上市的这3家银行机构弥补了山东上市银行机构的空白，也有效提升了山东上市公司总资产的水平。与之相反，全省也有26家上市公司总资产均不足10亿元，其中，*ST园城（600766.SH）和*ST金泰（600385.SH）总资产仅超过1亿元。从中可以看出，山东上市公司中资产规模差距十分明显。

净资产方面，2021年末全省上市公司净资产合计17605.40亿元，同比增长13.37%，平均净资产为65.45亿元/家。与总资产相对应，净资产超过500亿元的上市公司共计5家，合计4257.94亿元，占全省的24.19%，其中，潍柴动力（000338.SZ）以1029.62亿元位居首位，也是全省唯一净资产过千亿元的上市公司，同时还是山东上市公司历史上首家净资产过千亿元的上市公司。[①] 55家上市公司净资产不足10亿

---

① 2016年中油资本并购山东上市公司石油济柴，年末净资产为1205.77亿元，2017年由山东迁往新疆。本报告依据最新数据不再把中油资本归为山东上市公司。

元，其中，*ST 山航 B（200152.SZ）更是资不抵债，年末净资产 -9.18 亿元。山航 2021 年年报数据显示，全年实现营收 125.15 亿元，同比增长 18.8%，净亏损 18.14 亿元，两年共计亏损 42 亿元。虽然实现一定程度的减亏，但是，新冠肺炎疫情后连续两年亏损，山航净资产已为负值，这也意味着山航陷入资不抵债的困境。2022 年 6 月，中国国航（601111.SH）发布公告，正在筹划取得山航集团的控制权，进而取得山航股份的控制权。需要说明的是，该事项处于商议阶段。

（2）盈利能力

2021 年，山东 269 家上市公司实现营业收入合计 25759.15 亿元，同比增长 13.51%，平均每家上市公司 95.76 亿元。海尔智家（600690.SH）、潍柴动力（000338.SZ）等 6 家上市公司营业收入超过千亿元，合计达到 9439.06 亿元，占全省的比例为 36.64%。民生控股（000416.SZ）、*ST 金泰（600385.SH）等 4 家上市公司营业收入均不足 1 亿元，其中，民生控股（000416.SZ）更是不足千万元，位居全省最末。2021 年新上市的 36 家公司实现营业收入 945.38 亿元，剔除这 36 家新增上市公司后，剩下 233 家上市公司营业收入同比增长 12.81%。2021 年，登陆北交所的 6 家上市公司实现营业收入合计 22.04 亿元，同比增长 12.28%。

净利润方面，全省上市公司实现净利润 1895.18 亿元，同比增长 33.92%，平均净利润 7.05 亿元/家，上市公司盈利能力进一步提升。万华化学（600309.SH）、兖矿能源（600188.SH）、海尔智家（600690.SH）和潍柴动力（000338.SZ）4 家公司实现净利润超过百亿元，合计 683.85 亿元，占全省的比例为 36.08%。102 家上市公司净利润不足 1 亿元，其中包括 37 家亏损公司。受新冠肺炎疫情和能源原材料上涨影响，ST 东洋（002086.SZ）、*ST 山航 B（200152.SZ）和华电国际（600027.SH）均出现大于 10 亿元的亏损。6 家北交所上市公司实现净利润 2.66 亿元，同比下跌 1.12%。

此外，与净利润相比，企业经营活动产生的现金流量净额更能反映企业的真实经营成果。如果企业经营活动产生的现金流量净额长期低于营业利润，则说明企业利润质量低，即利润集中在可支配的资产上。2021 年，山东上市公司经营活动产生的现金流量净额合计 2943.59 亿元，同比下降 16.31%；实现营业利润合计 2302.78 亿元，同比增长 31.91%。企业经营活动产生的现金流量净额减少，而营业利润增长，说明在新冠肺炎疫情影响下，山东上市公司盈利质量不高，或存在应收账款增加、举债赊销等问题。

从整体上看，作为山东宏观经济里面活力十足的微观主体，上市公司在 2021 年的表现可圈可点。营业收入和净利润都出现了非常明显的增长，这和受到疫情冲击的 2020 年上市公司的业绩相比，取得了非常大的进步，也表现出山东省经济韧性和经济恢复强劲的程度。

（3）ROA 和 ROE

总资产收益率（Return on Assets，ROA），是用来衡量每单位资产创造多少净利润的指标。净资产收益率（Return on Equity，ROE），是公司净利润除以净资产得到的百分比率，该指标反映股东权益的收益水平，用于衡量公司运用自有资本的效率。指标值越高，说明投资带来的收益越高。该指标体现了自有资本获得净收益的能力。ROA 和 ROE 都是用于衡量企业运营能力的财务指标，其最大、最本质的区别取决于二者在债权测算及财务杠杆运用上有所区别。

2021 年，山东上市公司 ROA 为 3.61%，比上年提高 0.56 个百分点；ROE 为 10.76%，比上年提高 1.65 个百分点。ROE 增速明显快于 ROA 增速，说明山东上市股东或投资者对企业发展持有信心，加大了投资力度。ROA 和 ROE 的提升，显示山东上市公司出现资产规模和资产收益水平量价齐升的格局。

1.3.3 新三板市场表现

1. 经营及财务状况

Wind 数据显示，2021 年山东新三板市场挂牌企业共计 410 家[①]，比上年减少 96 家。其中，创新层共计 71 家，基础层 339 家，国有及集体企业 33 家。

根据 Wind 数据，共有 319 家新三板挂牌企业显示出 2021 年末市值数据，这 300 余家挂牌企业市值合计 984.41 亿元，平均市值为 3.09 亿元/家。其中，有 19 家公司市值超过 10 亿元，合计 377.19 亿元，占总市值的 38.32%。有 122 家公司市值超过 2 亿元，合计 839.92 亿元。显示公布总资产数据的公司共有 391 家，合计 986.51 亿元，平均 2.52 亿元/家；391 家公司净资产合计 455.83 亿元，平均 1.17 亿元/家，其中 5 家公司净资产为负值，出现资不抵债。73 家公司净资产超过 2 亿元，2 家公司净资产超过 10 亿元。2021 年，391 家公司实现营业收入 880.38 亿元，平均 2.25 亿元/家，105 家公司实现营业收入超过 2 亿元，17 家公司实现营业收入超过 10 亿元。391 家公司实现净利润 38.10 亿元，平均 974.49 万元/家，其中 298 家公司实现盈利（包括净利润为零的公司），有 44 家公司净利润超过 3000 万元。332 家（包括 10 家研发费用为零的公司）公司披露了研发费用情况，合计 34.70 亿元，平均 1048.24 万元/家。410 家公司员工总人数合计 85260 人，平均每家公司员工为 208 人，其中 119 家公司员工人数超过 200 人。

2. 上市潜力分析

近年来，民营企业成为公司上市主力军，新三板挂牌企业作为广大中小企业的代表，分析新三板民营挂牌企业可以看出该地区公司上市潜力。在不考虑新三板公司股权是否合理且不存在纠纷、财务是否健康、高管是否支持上市等外在因素，报告仅考虑上述财务指标情况下是否存在上市潜力。根据北交所发布《北京证券交易所关于上市规则、交易规则和会员管理规则公开征求意见的通知》，起草了《北京证

---

① Wind 数据导出时间为 2022 年 6 月 7 日。根据全国中小企业股份转让系统《2021 年市场统计快报》公布的数据显示，山东新三板市场挂牌企业为 434 家。为分析财务及经营状况，报告采用 Wind 数据。

券交易所股票上市规则（试行）（征求意见稿）》、《北京证券交易所交易规则（试行）（征求意见稿）》和《北京证券交易所会员管理规则（试行）（征求意见稿）》等业务规则，发行人申请公开发行并上市，市值及财务指标应当至少符合下列标准中的一项：（1）预计市值不低于 2 亿元，最近两年净利润均不低于 1500 万元且加权平均净资产收益率平均不低于 8%，或者最近一年净利润不低于 2500 万元且加权平均净资产收益率不低于 8%；（2）预计市值不低于 4 亿元，最近两年营业收入平均不低于 1 亿元，且最近一年营业收入增长率不低于 30%，最近一年经营活动产生的现金流量净额为正；（3）预计市值不低于 8 亿元，最近一年营业收入不低于 2 亿元，最近两年研发投入合计占最近两年营业收入合计比例不低于 8%；（4）预计市值不低于 15 亿元，最近两年研发投入合计不低于 5000 万元。根据 2021 年年报数据，在 377 家新三板民营挂牌企业中，满足标准（1）的有 43 家挂牌企业，占样本数量的比例为 11.41%。满足标准（2）的共有 8 家挂牌企业，占比 2.12%。满足标准（3）和标准（4）的公司更是少之又少。根据山东统计局数据，截至 2020 年末，山东规模以上工业企业数量为 29628 家，规模以上中型工业企业为 2772 家。可以看出，如果上述新三板民营挂牌企业代表山东民营企业平均水平，那么，能满足上市条件的公司数量非常少，能满足科创板、创业板上市标准的公司更是寥寥无几，山东后续上市企业堪忧。

1.4 四省份上市公司比较分析

1.4.1 上市公司数量比较

山东与广东、江苏、浙江相比，上市公司数量已出现明显差距，2021 年末分别比上述三省相差 493 家、302 家、337 家（见图 1-18）。广东、浙江、江苏分别是山东的 2.83 倍、2.25 倍、2.12 倍。这种差距的明显扩大始于我国加入 WTO，尤其是 2005 年之后，广东、江苏、浙江三省积极融入国际市场，发展制造业，随着互联网加速发展，三省加大培育本省新兴产业，涌现出一批高新技术企业，这些公司纷纷登陆资本市场，扩大企业实力，增强产业竞争力。显然，山东在这一时期融入国际市场能力显弱，培育出的新兴产业企业、新商业模式企业数量偏少，导致上市公司后备力量不及上述三省。从 2021 年 IPO 数量上看，随着注册制的逐步实施和北交所的开始交易，广东、江苏和浙江三省年度 IPO 数量已达到百家的数量级，而山东尚未突破 50 家（见表 1-6）。从上市公司增量看，2000 年末，广东上市公司 108 家，浙江 61 家，江苏 56 家，山东 53 家，此时山东与浙江、江苏差距尚不是太明显；2010 年末，山东与三省的差距在扩大；2021 年末，广东、江苏和浙江上市公司已是山东上市公司数量的 2~3 倍（见图 1-18）。

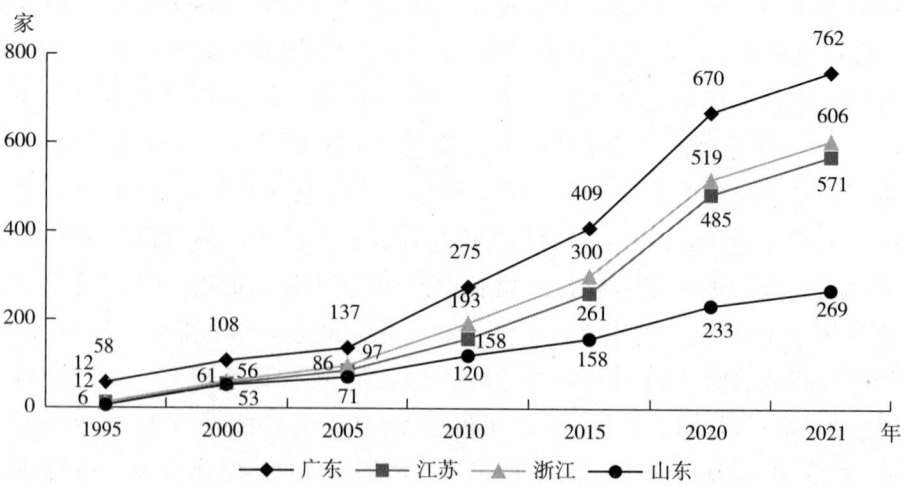

注：数据源自 Wind，导出时间为 2022 年 1 月 6 日。数据按照当日导出数据中各省每年上市公司数量累计加总计算而来。由于存在迁入迁出、并购重组、退市等因素，与 IPO 加总数据存在不同。数据由山东省亚太资本市场研究院整理。

图 1-18　四省上市公司数量统计（1995—2021 年）

表 1-6　四省 IPO 数量统计（1990—2021 年）　　　　　　　　单位：家

年份	广东	江苏	浙江	山东
1990	1	0	0	0
1991	4	0	0	0
1992	10	0	0	0
1993	19	4	5	4
1994	22	5	5	2
1995	4	1	0	1
1996	12	10	7	15
1997	17	10	12	8
1998	8	2	4	6
1999	2	8	6	4
2000	10	9	9	9
2001	8	6	2	4
2002	4	6	5	7
2003	5	12	7	1
2004	12	6	18	6
2005	2	3	3	2
2006	10	9	9	8
2007	25	12	20	5
2008	14	8	11	8
2009	24	9	11	3
2010	69	40	45	25

续表

年份	广东	江苏	浙江	山东
2011	46	46	38	19
2012	30	21	19	8
2013	1	0	1	0
2014	23	18	17	2
2015	38	23	33	8
2016	49	41	28	12
2017	98	65	87	25
2018	18	20	16	1
2019	34	31	25	16
2020	62	67	64	21
2021	92	86	87	36

资料来源：Wind、山东省亚太资本市场研究院。

1.4.2 上市公司市值比较

从证券市场发展来看，根据 Wind 数据①，2000 年末广东上市公司市值为 5861.12 亿元，江苏为 2104.44 亿元，浙江为 2135.98 亿元，山东为 2262.06 亿元。彼时由于上市公司中有一些大型国有上市公司，山东在总市值指标上对比江苏、浙江两省具有优势。经过此后几年的发展，截至 2005 年末，山东上市公司市值对比江苏、浙江两省依然存在优势。但是截至 2010 年末，随着江苏、浙江 IPO 数量的不断增加，山东与江苏、浙江两省相比上市公司市值开始出现差距。截至 2021 年末，山东上市公司市值与三省差距已迅速扩大至 1～4 倍（见图 1-19）。市值出现差距，除山东上市公司数量偏少外，省内银行金融机构和非银金融机构上市数量较少也是重要影响因素。截至 2021 年末，广东上市非银机构数量为 11 家，上市银行数量为 2 家，分别为平安银行（000001.SZ）和招商银行（600036.SH），虽然数量较少，但每家银行资产规模都力压山东全部上市公司；江苏上市银行数量为 9 家，非银金融机构为 6 家；浙江上市银行数量为 4 家，非银金融机构为 8 家；山东上市银行和非银金融机构均为 3 家。金融机构是证券市场的重要参与者，是稳定市场的中流砥柱，也是支持实体经济发展和乡村振兴建设的重要力量。

山东省会济南作为全国唯一的新旧动能转换先行区，济南市定位于"打造在全国具有重要影响力的产业金融中心"，推动产融一体化发展。在区域金融中心建设方面，济南金融体系在日趋完善，但金融市场发展仍有待提高，具有很大的提升空间。同时，济南还应凝聚全省金融力量，打造产业金融中心，为加快建设国家中心城市贡献金融力量。

---

① Wind 数据导出时间为 2022 年 2 月 24 日。

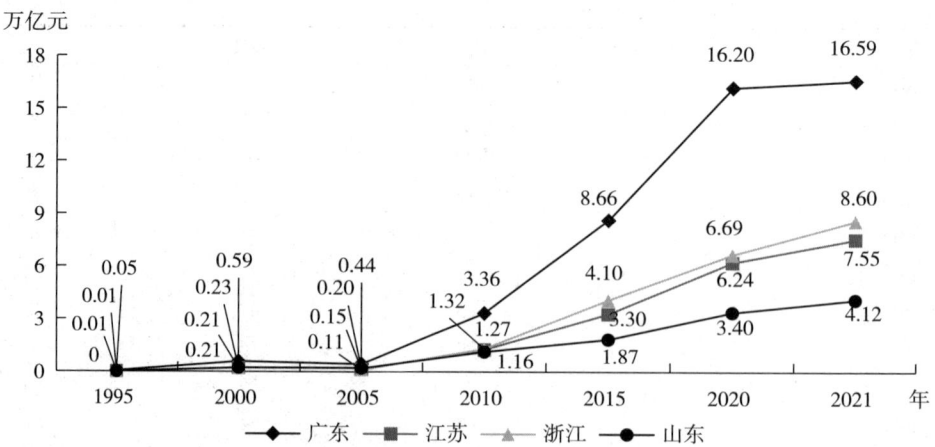

图 1 - 19　四省上市公司市值统计（1995—2021 年）

（资料来源：Wind、山东省亚太资本市场研究院）

1.4.3　证券化率比较

证券化率不仅反映了资本市场发展水平，在某种程度上也反映了一国或地区的经济发展质量。证券化率往往与一国或地区单位 GDP 金融贡献率成正比例，证券化率高的地区其金融贡献往往也较大。2021 年末，全国证券化率为 86.66%，四省中广东、浙江远高于全国水平，大幅低于三省，也低于全国水平。2021 年山东证券化率为 49.58%，比广东、浙江、江苏分别低 83.7 个、67.43 个、15.28 个百分点（见图 1 - 20）。证券化率指标反映了资本市场已经成为山东经济发展中明显的短板。习近平总书记说：去产能、去库存、去杠杆、降成本、补短板五大任务是供给侧结构

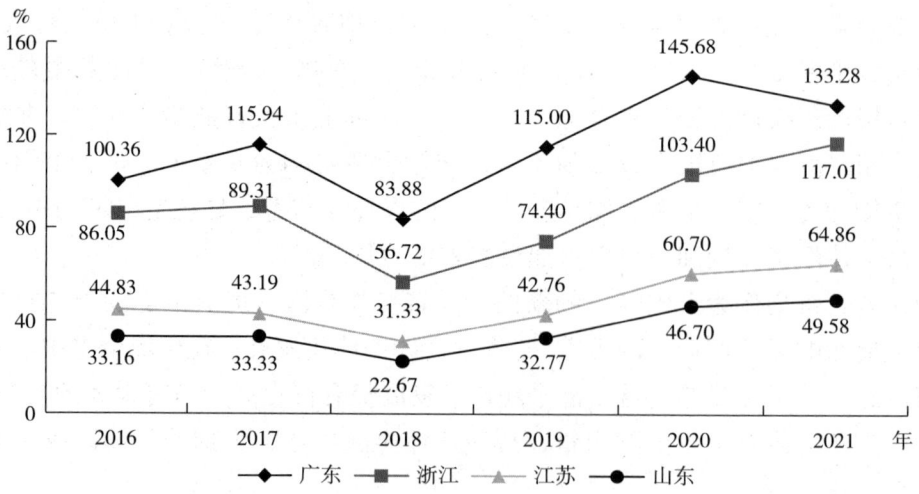

图 1 - 20　四省证券化率统计（2016—2021 年）

（资料来源：Wind、山东省亚太资本市场研究院）

性改革的重点和关键。山东如果不能弥补资本市场发展的短板，必将制约区域经济发展。如何将山东实体经济优势转化为资本优势是山东面临的一大课题。

1.4.4 上市公司研发费用比较

为了加大对企业研发活动的支持，2018年4月25日召开的国务院常务会议决定，取消企业委托境外研发费用不得加计扣除的限制，允许符合条件的委托境外研发费用加计扣除，财政部、国家税务总局、科技部据此制发了《关于企业委托境外研究开发费用税前加计扣除有关政策问题的通知》（财税〔2018〕64号），明确了相关政策口径。2018年11月，财政部、国家税务总局、科技部联合发布《关于提高研究开发费用税前加计扣除比例的通知》（财税〔2018〕99号），进一步激励企业加大研发投入，为企业减税降负。由于研发费用统计范围和统计标准发生变化，因此，报告在统计研发费用时采用了2018年之后的数据。根据协会发布的《中国上市公司2021年年报经营业绩快报》，2021年，上市公司研发投入持续增加，非金融类上市公司研发投入金额合计约1.31万亿元，同比增长23.53%。其中，1573家公司研发投入占比超过5%，1719家公司研发投入总额超亿元；研发强度排在前三位的行业分别是教育，科学研究和技术服务业，信息传输、软件和信息技术服务业。

随着我国对科技的进一步重视，近年来四省上市公司研发投入呈现逐年递增趋势。但由于上市公司数量及上市公司结构的不同，四省上市公司研发费用差距较大，其中，广东研发费用遥遥领先。山东上市公司研发费用与广东、江苏、浙江三省存在一定差距。截至2021年末，广东、浙江、江苏上市公司研发费用分别是山东的3.15倍、1.65倍、1.25倍（见图1-21）。根据国家统计局公布的数据①，2020年广东、浙江、江苏、山东R&D（研究与试验发展）经费分别为3479.9亿元、1859.9亿元、3005.9亿元、1681.9亿元，当年四省上市公司研发费用占各省R&D经费的47.92%、43.84%、21.24%、30.80%。可见，在上市公司研发费用与本省R&D经费对比中，山东落后于广东和浙江，优于江苏。经济发展的优势能够更好地支持科技的发展，进而吸引更多科技人才和专业人才的加入，根据Wind数据，截至2021年末，山东上市公司研发人员数量为148019人，而广东、浙江、江苏均突破20万人，三省上市公司研发人员数量分别是山东的3.71倍、1.79倍、1.49倍。随着近年来各地政府出台的系列人才优惠新政，未来人才争夺战将更加激烈。这些数据或许可以解释为什么近年来山东省上市公司数量上，与其他省市差距越来越大，也可以解释为什么近年来山东省申请科创板上市的企业、独角兽企业的数量大幅落后于其他省市。

---

① 数据来源：http://www.stats.gov.cn/tjsj/tjgb/rdpcgb/qgkjjftrtjgb/202109/t20210922_1822388.html.

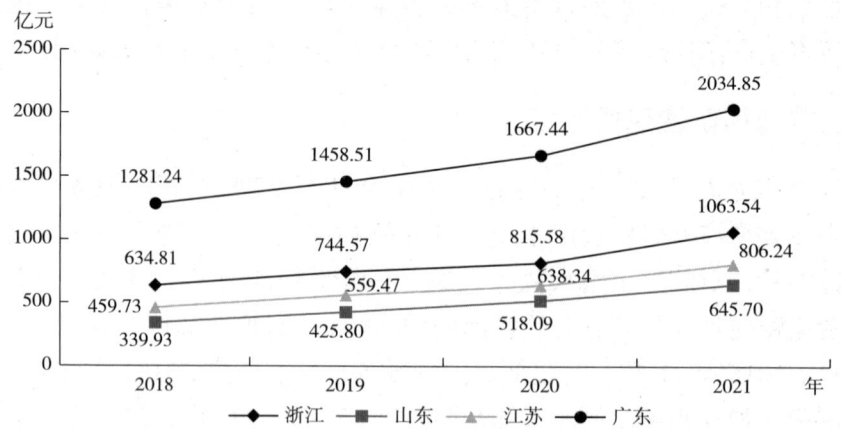

图1-21 四省上市公司研发费用比较（2018—2021年）

（资料来源：Wind、山东省亚太资本市场研究院）

1.4.5 税收贡献比较

目前，山东财政收入已进入平台期，"十三五"期间，山东一般公共预算收入与支出的比例呈现下滑趋势，比其他三省平均水平低10个百分点左右，且财政收入缺口呈加大趋势。财政收入本质上是经济运行质量的反映。山东财政收入增长缓慢和单位GDP财政收入贡献低的原因，与全省广大企业尤其是大型企业的经营情况密不可分。上市公司已成为山东省重要税源之一，其发展好坏对全省税费贡献至关重要。

根据中国上市公司协会发布的《中国上市公司2021年年报经营业绩快报》，2021年，我国上市公司缴纳税费金额合计约为4.04万亿元，占全国税收总收入的23.41%。截至2021年末，山东上市公司支付的各项税费合计1177.91亿元，同比增长21.63%。从横向比较来看，广东、浙江、江苏上市公司支付的税费分别是山东的4.94倍、1.55倍、1.37倍（见图1-22）。

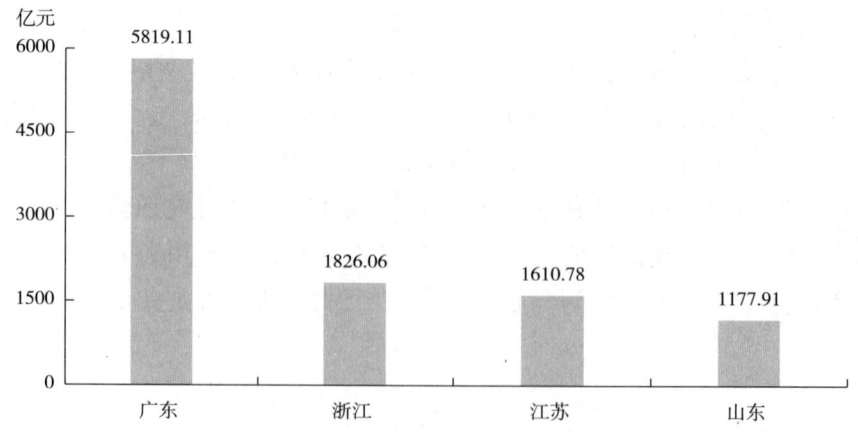

图1-22 2021年四省上市公司支付税费统计

（资料来源：Wind、山东省亚太资本市场研究院）

1.4.6 GDP 贡献比较

2020 年国务院印发的《关于进一步提高上市公司质量的意见》提出，我国上市公司数量显著增长、质量持续提升，在促进国民经济发展中的作用日益凸显。不论是资本市场发展的历史，还是我国改革开放以来经济发展的历史都充分表明，一个地区的上市公司数量和生产规模不仅反映了该区域企业整体发展水平，也决定了该地区的经济发展质量。本书把上市公司营业收入/GDP 这一指标定义为上市公司 GDP 贡献，用来衡量上市公司对本地区的经济发展的作用。

2016—2021 年，山东与三省相比仅对江苏存在一定优势。2016 年，山东上市公司营业收入/GDP 比例为 21.26%，比广东、浙江分别低 36.65 个、15.53 个百分点。2021 年，山东与广东、浙江的差距分别扩大至 40.65 个、27.05 个百分点（见图 1-23）。上市公司营业收入/GDP 不仅反映了山东企业的整体发展状况，也反映了上市公司对本地区的经济贡献，从某种程度上看，这一指标对于判断一个地区经济发展质量来说越来越重要。更重要的是，营业收入意味着对税收的贡献，税收贡献决定着财政收入贡献，从这一点来讲，山东培育上市公司发展已经到了刻不容缓的地步。

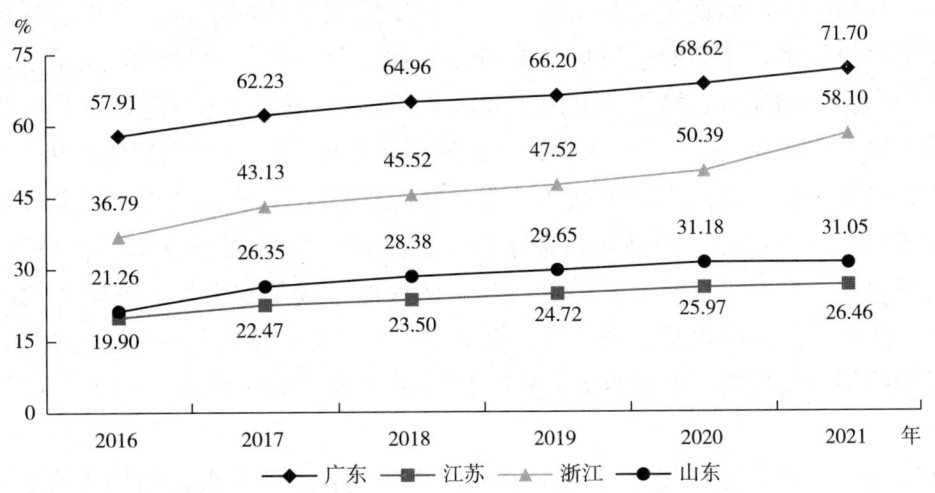

图 1-23 四省上市公司营业收入/GDP 比较（2016—2021 年）

（资料来源：Wind、山东省亚太资本市场研究院）

第 2 章　山东上市公司经营绩效分析

对于中国资本市场而言，2021 年是抓改革、防风险、强监管、促稳定的一年，资本市场实现了"十四五"良好开局。2020 年 12 月，中央经济工作会议明确了 2021 年的八大工作任务，提出："要健全金融机构治理，促进资本市场健康发展，提高上市公司质量，打击各种逃废债行为。"2021 年 4 月 6 日，深交所主板和中小板正式合并。两板合并后，深市主板上市公司数占 A 股的 35%。深市自此开启主板与创业板各有侧重、相互补充的发展格局，市场结构更简洁、特色更鲜明、定位更清晰，更好地为处在不同发展阶段、不同类型的企业提供服务。4 月 19 日，中国第五个期货交易所——广州期货交易所成立，根据中国证监会的定位，广州期货交易所立足服务实体经济、服务绿色发展，秉持创新型、市场化、国际化的发展定位，对完善我国资本市场体系、助力粤港澳大湾区和国家"一带一路"建设、服务经济高质量发展具有重要意义。11 月 15 日，北交所正式开市，81 只股票集体亮相。12 月 8 日，中央经济工作会议提出"全面实行股票发行注册制"，会议指出，要抓好要素市场化配置综合改革试点，全面实行股票发行注册制，完成国企改革三年行动任务，稳步推进电网、铁路等自然垄断行业改革。调动地方改革积极性，鼓励各地因地制宜、主动改革。扩大高水平对外开放，推动制度型开放，落实好外资企业国民待遇，吸引更多跨国公司投资，推动重大外资项目加快落地。推动共建"一带一路"高质量发展。

2021 年，中国资本市场也取得了一系列改革成果。全年市场新增上市公司 524 家，年末上市公司数量增长至 4682 家，总市值达 96.53 万亿元，规模稳居全球第二，其中，上海、深圳、北京证券交易所上市公司数量分别为 2031 家、2569 家和 82 家。上市公司共实现营业总收入 64.97 万亿元，占全年 GDP 的 56.81%；营业总收入同比增长 19.81%，远高于当年 GDP 增速；非金融类公司实现营业总收入 54.90 万亿元，同比增长 22.63%。约八成公司实现收入增长，四成公司收入连续三年持续增长。此外，上市公司海外收入同比提高 18.03%。数据显示，上市公司经济增长"动力源"的作用持续强化，作为实体经济"基本盘"地位更加巩固。

2021 年，山东资本市场同样是异彩纷呈。全年新增 A 股上市公司 40 家，比 2020 年 IPO 数量（17 家）增加 23 家，新增 A 股上市公司数量创近 10 年新高，上市公司总数达到 269 家，上市公司总市值超过 4 万亿元。从上市板别来看，2021 年全省新增的 40 家 A 股上市公司中有 11 家在沪深主板上市，8 家在科创板上市，14 家在创业板上市，7 家在北交所上市。在区域分布上，2021 年青岛、济南新增上市公司最多，分别为 13 家和 8 家，此外，淄博 6 家，潍坊 5 家，烟台 3 家，威海、日照、济宁、东营、德州各 1 家，2022 年有望再迎上市丰收年。

2.1 山东上市公司概况

2.1.1 证券化率进一步提高

一个地区证券化率水平由两大因素决定：一是当年的地区生产总值，这反映了地区经济发展体量的大小与程度高低；二是上市公司总市值，体现了地区资本市场发展的规模和水平。2021 年，山东省 GDP 为 8.31 万亿元，同比增长 8.3%，相较上年 3.6% 的增速有大幅提升，上市公司总市值达 41232.32 亿元，相较于年总市值 34094.11 亿元增长了 20.94%，证券化率为 49.85%，较上年 46.51% 有小幅增长。

通常，提高证券化率可以从增加上市公司的数量、提高上市公司市值以及改善上市公司经营业绩等几个方面着力。近年来，山东省聚焦金融工作三大任务，突出金融供给与需求管理双向协同发力，统筹抓好金融改革发展稳定工作，为经济高质量发展提供了有力支撑。全省金融运行整体呈现"四个新"：一是金融供给总量实现新跨越。全年全省社会融资规模突破 17 万亿元，达到 17.24 万亿元，同比增长 13.17%，高于全国 2.87 个百分点，连续 3 年高于全国平均水平。二是资源配置效力实现新提升，金融助推动能转换成效明显增强，金融服务小微企业成果明显提升，金融支持乡村振兴力度明显加大。三是地方金融改革实现新突破，全国首个科创金融改革试验区落户济南，青岛金融中心城市排名居第 38 位，位次持续提升。四是金融风险防控取得新成效，不良贷款余额和不良贷款率连续三年"双降"。正是近年来坚定有力的金融变革，使得山东省资本市场经济持续高质量发展。

2.1.2 上市公司数量

截至 2021 年末，山东沪深两市上市公司共计 269 家（见图 2-1），相较 2020 年的 229 家数量提升明显，排在广东（781 家）、浙江（620 家）、江苏（593 家）、北京（431 家）、上海（393 家）后，居第 6 位，位次与上年持平。如果从上市公司数量看，显然山东资本市场水平与经济地位不匹配，亟待提升资本市场在全国份额。如果与东部其他沿海省份相比，山东资本市场发展存在的不足就更为明显。尽管 2021 年山东 IPO 数量大幅增加，但是对比四省上市公司数据发现，山东与浙江、江苏和广东相比差距进一步加大（见图 2-1）。

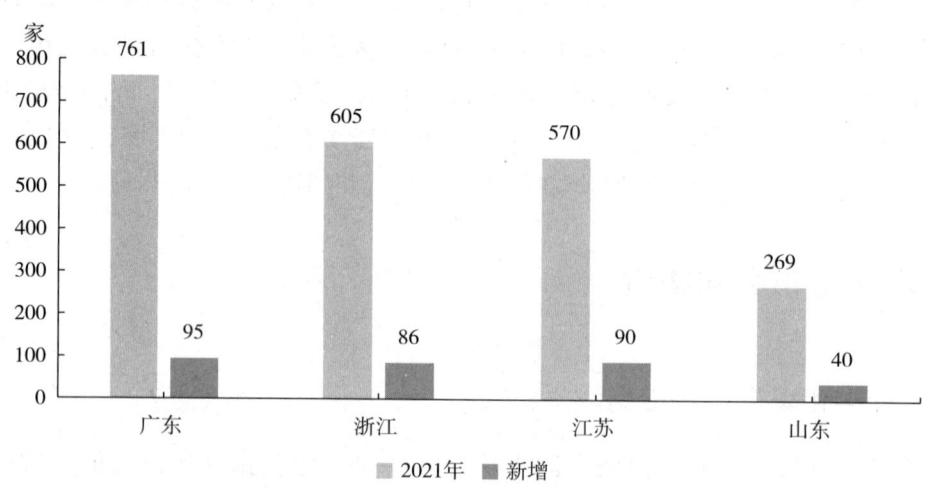

图 2-1 2021 年四省上市公司数量

(资料来源：Wind，山东省亚太资本市场研究院)

通过图 2-1 的对比不难发现，从整体数量看，广东省遥遥领先，浙江与江苏两省虽然在上市公司数量上与广东省有差距，但始终紧随其后；山东与广东、江苏和浙江三省相比不仅数量差距较大，而且差距日益明显。近年来，随着我国资本市场改革不断深化，科创板和北京证券交易所的推出和注册制的全面实施，企业上市的条件与过程越来越市场化、透明化和规范化，在此背景下，企业上市越来越依赖企业自身的条件。山东新增数量上市公司落后于其他省份，深层原因是拟上市公司的自身条件和内在质量不如其他省份。因此，要缩短与发达省份在上市公司数量上的差距，除了加大上市公司的鼓励与支持力度，有效的途径还是从根本上促进拟上市公司变大变强，实现高质量发展。

2.1.3 企业研发能力不断增强

2021 年，我国资本市场各项指标全线上涨，企业研发能力显著提升，尽管受国内外疫情冲击、需求不足、供给冲击以及预期减弱的影响，多数企业经营受阻，裁员严重。2021 年全国上市公司平均研发人员数量为 820.39 人/家，比 2020 年大幅下滑，但 2021 年全国上市公司平均研发费用为 2.76 亿元/家，相较 2020 年的 2.21 亿元提升 24.89%，这说明当前上市公司研发热度不减，创新驱动效果显著。

2021 年山东上市公司研发情况同样表现优异，2021 年平均研发人员数量为 638.30 人/家，比 2020 年 577.50 人/家提升 10.53%，这反映了上市公司持续注重科技人才培养。2021 年平均研发费用为 2.61 亿元/家，较上年同比增长 23.70%，研发强度同样持续提升。在东部沿海四省份的对比中，山东同样不甘落后，研发数量和研发费用支出均排在广东之后，领先浙江和江苏（见图 2-2、图 2-3）。

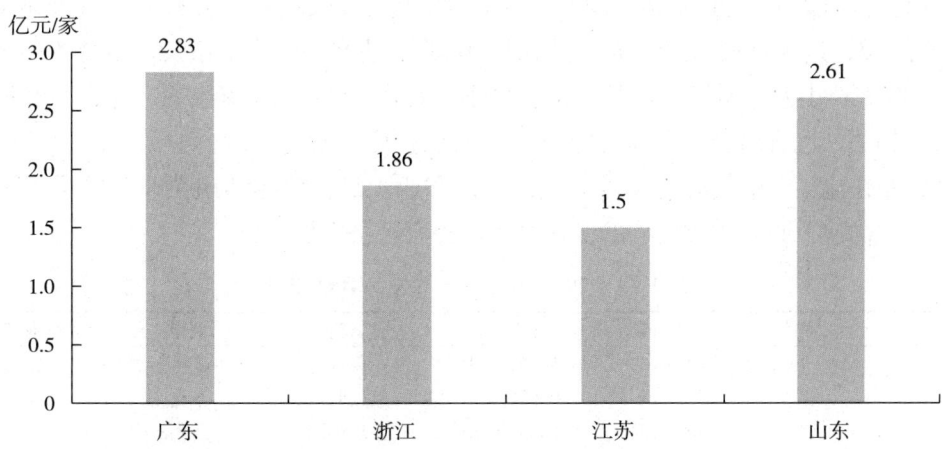

图 2-2 2021 年四省上市公司平均研发费用
（资料来源：Wind，山东省亚太资本市场研究院）

2021 年，全国上市公司研发费用占比为 1.81%。广东、江苏、山东和浙江上市公司研发费用分别为 234.85 亿元、806.24 亿元、645.70 亿元和 1063.54 亿元，研发费用占比分别为 2.28%、2.61%、2.51% 和 2.49%。可见，四省上市公司研发费用占比均高于全国水平。

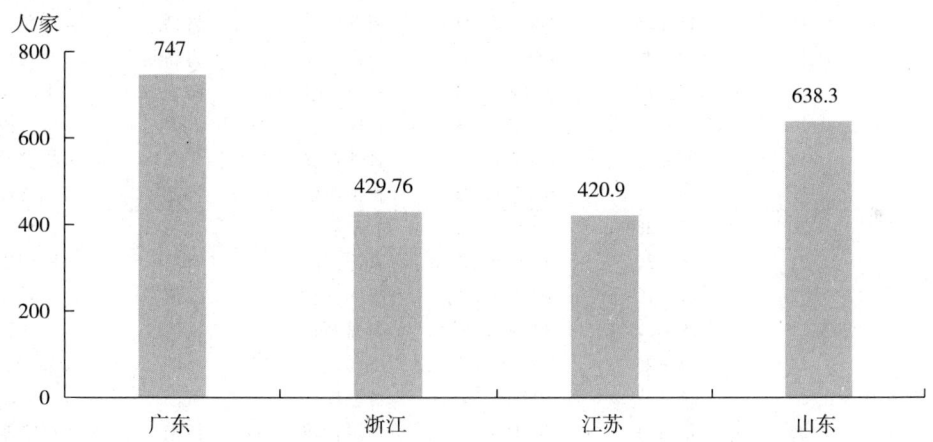

图 2-3 2021 年四省上市公司平均研发人员数量
（资料来源：Wind，山东省亚太资本市场研究院）

2.1.4 新上市公司行业分布

得益于各级政府的大力推动，上市公司数量近年来保持增长态势。从表 2-1 可以看出，山东上市公司的板块分布呈现多样化态势，在主板、科创板、创业板以及北交所均有所涉及。从板块来看，创业板上市公司最多，共计 14 家，其次是主板 11 家和科创板 8 家。北京证券交易所（以下简称北交所）于 2021 年 11 月成立，省内共有三家入围首批上市公司。从新上市公司地域分布看，青岛成为年度最大赢家，共新增上市公司11家，约占全省1/3，这也是青岛市经济发展水平的体现，也是多年来上市公司培育的结果。济南共计7家紧随其后，淄博、潍坊、烟台分别有6家、5家和3家入围，这也与经济发展水平密切相关，也看出资本市场与经济发展的动态协调效应。从行业分布看，新增上市公司多分布在化工、电气等传统重工业，新兴产业不足，伴随结构性改革的深入及国内循环市场的构建，必须注意结构的优化升级，提升经济发展动能。

表2-1 2021年山东上市公司IPO情况

上市板	序号	上市日期	股票代码	股票名称	城市	行业名称
主板	1	06-18	601665.SH	齐鲁银行	济南	银行
	2	09-15	600955.SH	维远股份	东营	化工
	3	08-10	605589.SH	圣泉集团	济南	化工
	4	05-26	603836.SH	海程邦达	青岛	交通运输
	5	06-23	001207.SZ	联科科技	潍坊	化工
	6	07-06	605287.SH	德才股份	青岛	建筑装饰
	7	04-21	605016.SH	百龙创园	德州	农林牧渔
	8	04-06	003042.SZ	中农联合	济南	化工
	9	01-11	003033.SZ	征和工业	青岛	汽车
	10	10-21	001219.SZ	青岛食品	青岛	食品饮料
	11	10-13	605567.SH	春雪食品	烟台	食品饮料
科创板	12	06-30	688161.SH	威高骨科	威海	医药生物
	13	07-09	688087.SH	英科再生	淄博	化工
	14	11-26	688190.SH	云路股份	青岛	有色金属
	15	02-26	688677.SH	海泰新光	青岛	医药生物
	16	04-13	688663.SH	新风光	济宁	电气设备
	17	04-08	688191.SH	智洋创新	淄博	电气设备
	18	07-16	688501.SH	青达环保	青岛	机械设备
	19	06-16	688681.SH	科汇股份	淄博	电气设备
创业板	20	07-28	301035.SZ	润丰股份	潍坊	化工
	21	06-30	301015.SZ	百洋医药	青岛	医药生物
	22	11-10	301149.SZ	隆华新材	淄博	化工
	23	09-27	301069.SZ	凯盛新材	淄博	化工
	24	05-24	300993.SZ	玉马遮阳	潍坊	轻工制造
	25	06-03	300996.SZ	普联软件	济南	计算机
	26	11-11	301188.SZ	力诺特玻	济南	轻工制造
	27	07-05	301017.SZ	漱玉平民	济南	医药生物
	28	07-06	301020.SZ	密封科技	烟台	汽车
	29	11-19	301185.SZ	鸥玛软件	济南	计算机
	30	02-25	300948.SZ	冠中生态	青岛	建筑装饰
	31	12-07	301199.SZ	迈赫股份	潍坊	机械设备
	32	07-02	301022.SZ	海泰科	青岛	汽车
	33	03-03	300950.SZ	德固特	青岛	机械设备
北交所	34	02-23	830832.BJ	齐鲁华信	淄博	化工
	35	06-08	837212.BJ	智新电子	潍坊	电子
	36	11-15	837092.BJ	汉鑫科技	烟台	计算机

资料来源：Wind，山东省亚太资本市场研究院。

2.1.5 上市公司呈现净流出状态

随着资本市场并购政策放宽，产业链优势企业横向合并、纵向延伸，国企改革及上市公司主体资产重组推动了并购市场的发展。从近10年迁入与迁出情况来看，山东路桥（000498.SZ）注册地址变更，由辽宁丹东变更为山东济南，2013年山东地矿（000409.SZ）迁入，2014年后山东上市公司一直处于迁出状态，资本流失严重，这必须引起政府和监管部门的高度重视。一是加大区域金融改革力度，科技创新支持山东新旧动能转换；二是加大金融辅导力度，把金融辅导作为金融供给侧结构性改革与需求侧管理的连接纽带；三是加大机构引进培育和金融开放力度，引导金融机构更好地服务全省经济社会发展。

表2-2 山东省内上市公司迁入与迁出情况（2012—2021年）

年份	股票名称	方向	变更前名称	变更后名称	注册地址变更
2012	000498.SZ	迁入	丹东化纤	山东路桥	辽宁丹东→山东济南
2013	000409.SZ	迁入	泰复实业	山东地矿	安徽蚌埠→山东济南
2014	600698.SH	迁出	济南轻骑	湖南天雁	山东济南→湖南衡阳
2015	600882.SH	迁出	华联矿业	广泽股份	山东淄博→上海奉贤区
2016	600532.SH	迁出	宏达矿业	宏达矿业	山东泰安→上海宝山区
2017	000617.SZ	迁出	石油济柴	中油资本	山东济南→新疆克拉玛依
2018	002359.SZ	迁出	北讯集团	*ST北讯	山东滨州→广东深圳
2019	002217.SZ	迁出	合力泰	合力泰	山东淄博→福建莆田
2020	002323.SZ	迁入	雅百特	*ST雅博	江苏盐城→山东枣庄
2021	600986.SH	迁出	科达股	浙文互联	山东东营→浙江杭州

资料来源：Wind，山东省亚太资本市场研究院。

2.2 山东上市公司经营绩效分析

2021年，山东坚持稳中求进工作总基调，坚持以供给侧结构性改革为主线，坚定践行新发展理念，扎实推动高质量发展，新旧动能转换成果显现，上市公司经营业绩提高。全年山东上市公司累计实现营业收入25759.14亿元，比2020年增长16.66%，净利润为1895.18亿元，与2020年相比提高32.65%，占全国的比重为3.57%，2021年山东上市公司销售利润率为8.19%，比2020年提升了1.72个百分点。截至2021年末，山东上市公司净资产收益率（ROE）比2020年提升0.44个百分点，达到9.99%；总资产收益率（ROA）为3.34%，比2020年下降了0.04个百分点（见表2-3）。

表2-3　2021年山东与全国上市公司经营绩效指标及占比　单位：亿元，%

指标名称	家数	总市值	净利润	营业收入	总资产	净资产
山东	269	41232.33	1895.18	25759.15	52508.23	17605.40
同比	17.47	20.94	32.70	16.66	24.28	17.70
全国	4693	965329.09	53118.02	648877.01	3461900.45	588525.95
占比	5.73	4.27	3.57	3.97	1.52	2.99

注：占比是指山东上市公司数据与全国上市公司数据的比例。
资料来源：Wind，山东省亚太资本市场研究院。

2.2.1　营业收入情况分析

2021年山东上市公司累计营业收入25759.14亿元，占全国比重为3.97%，比2020年下降了0.2个百分点（见图2-4）。从2015年开始，山东上市公司的营业收入占比摆脱了下滑态势，总体呈现持续升高态势，2020年达到了近10年来的最高值，说明随着资本市场的不断扩张，规模效应明显。

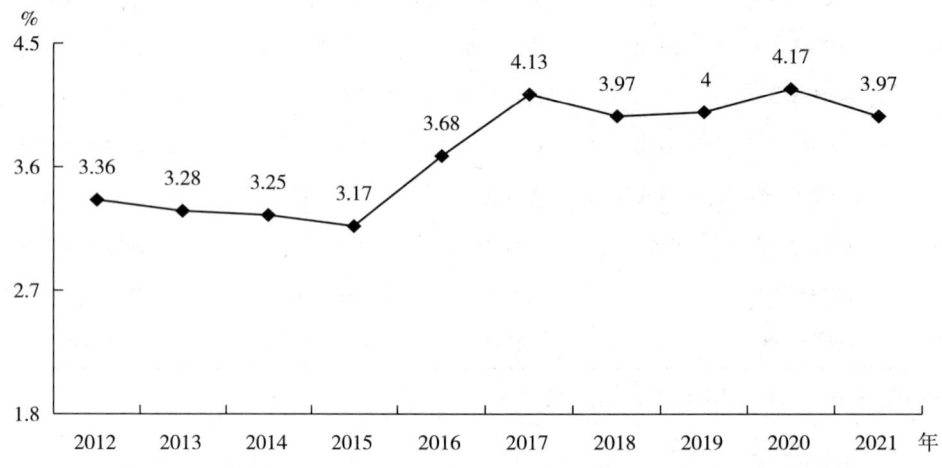

图2-4　山东上市公司累计营业收入全国占比变化（2012—2021年）
（资料来源：Wind，山东省亚太资本市场研究院）

从总量视角看，山东上市公司累计营业收入规模十分可观。更重要的是，近10年累计营业收入呈增长态势，大多数年份呈现两位数的增长率。但如果考察平均营业收入，山东上市公司表现却不尽如人意。近10年全省上市公司平均增速与累计营业收入增长率不同步，且近5年的增长率持续回落，尤其2021年在新冠肺炎疫情冲击和宏观经济形势的多重影响下呈现负增长，特别是陷入经营困境的公司数量不断增多，令人担忧（见表2-4）。综上所述，上市公司在发挥规模效应的同时，应当注重质的提升。

表2-4 山东上市公司营业收入变化（2012—2021年）

单位：亿元，%，亿元/家

年份	家数	营业收入	增长率	平均营收	增长率
2012	150	8160.14	10.82	54.40	4.92
2013	150	8794.14	7.77	58.63	7.78
2014	152	9279.92	5.52	61.05	4.13
2015	160	9286.78	0.07	58.04	-4.93
2016	170	11885.66	27.98	66.46	14.51
2017	197	16158.08	35.95	82.44	24.04
2018	196	17940.66	11.03	91.53	11.03
2019	211	20148.57	12.31	95.49	4.32
2020	229	22080.57	9.59	96.42	0.97
2021	269	25759.14	16.66	95.76	-0.68

资料来源：Wind，山东省亚太资本市场研究院。

如表2-5所示，从营业收入TOP10的情况来看，山东龙头企业的营收情况较为稳定，相对排名位次变化不大，共有6家企业营收突破千亿大关，较2020年的3家有大幅增长。但兖矿能源（600188.SH）和中国重汽（000951.SZ）2021年营收较上年缩水严重，特别是前者减少近三成，这与市场价格和供需有紧密关联。

表2-5 2021年山东上市公司营业收入TOP10　　单位：亿元，%

排名	股票代码	股票名称	公司分类	营业收入	增长率
1	600690.SH	海尔智家	家用电器	2275.56	8.50
2	000338.SZ	潍柴动力	汽车	2035.48	3.07
3	600188.SH	兖矿能源	采掘	1519.91	-29.30
4	600309.SH	万华化学	化工	1455.38	98.19
5	600022.SH	山东钢铁	钢铁	1108.51	26.95
6	600027.SH	华电国际	公用事业	1044.22	15.07
7	002241.SZ	歌尔股份	电子	782.21	35.47
8	000977.SZ	浪潮信息	计算机	670.48	6.36
9	000498.SZ	山东路桥	建筑装饰	575.22	67.03
10	000951.SZ	中国重汽	汽车	560.99	-6.40

资料来源：Wind，山东省亚太资本市场研究院。

山东营业收入在10亿元以下的上市公司有72家，数量占比高达26.77%（见图2-5）。共有4家上市公司营业收入不足1亿元，分别为*ST恒誉（688309.SH）、数字人（835670.BJ）、*ST金泰（600385.SH）和民生控股（000416.SZ），其中民生控股（000416.SZ）2021年营业收入仅有0.0665亿元，较上年继续缩减50%。

从营业收入增幅来看，2021年山东有224家上市公司营业收入与2020年相比出

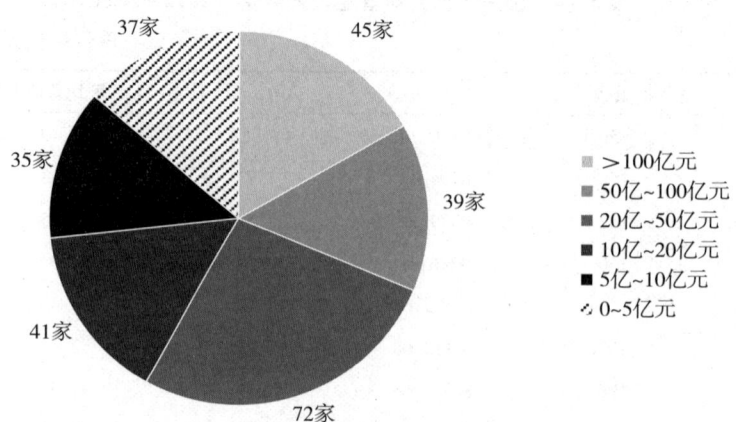

图 2-5　2021 年山东上市公司营业收入区间分布

（资料来源：Wind，山东省亚太资本市场研究院）

现不同程度的增长，增幅超出一倍的企业共有 12 家，相较 2020 年 4 家有了大幅增长。其中，*ST 园城（600766.SH）2021 年营业收入是 2020 年的 7.58 倍，主要原因是基数较小，其 2020 年营业收入仅有 2.25 亿元，营业收入规模有待进一步改善。

2.2.2　利润总额对比分析

2021 年山东上市公司累计利润总额为 1895.18 亿元，占全国比重为 3.57%，比 2020 年提高了 0.49 个百分点，占比连续两年小幅增长并创下历史新高（见图 2-6）。需要指出的是山东全部上市公司累计利润总额低于广东中国平安（601318.SH）一家公司的 2021 年的利润总额。

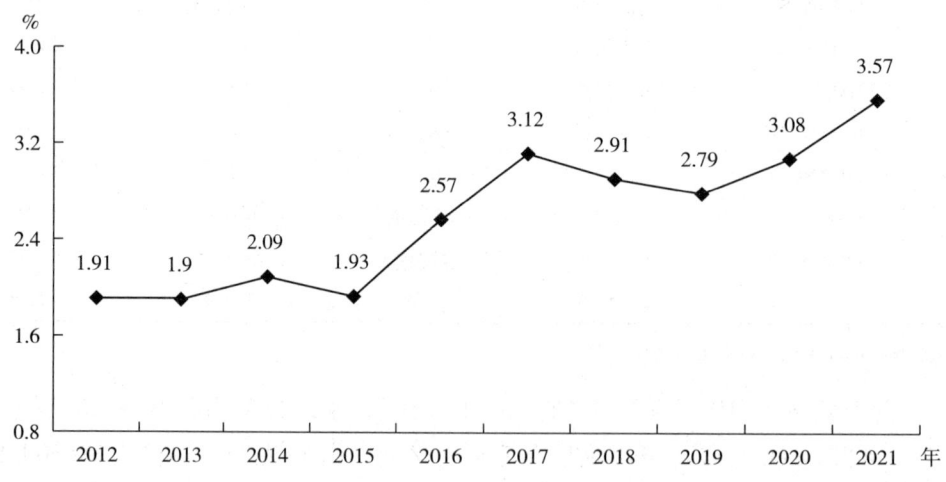

图 2-6　山东上市公司利润总额与全国占比变化（2012—2021 年）

（资料来源：Wind，山东省亚太资本市场研究院）

2021年山东上市公司平均利润总额为7.05亿元/家,比2020年提高0.07亿元/家(见表2-6),但仍远低于全国的平均水平11.35亿元/家。主要原因在于全国金融类上市公司利润总额较高,占全国上市公司累计利润总额的比重也偏高。其中,工商银行(601398.SH)、建设银行(601939)、农业银行(601288.SH)、中国银行(601988.SH)4家银行的利润合计为11234.15亿元。如果剔除金融类上市公司,全国上市公司的平均利润总额仍高于山东的平均水平。

表2-6 山东上市公司利润总额变化(2012—2021年) 单位:亿元,亿元/家

年份	家数	利润额	平均额
2012	150	512.53	3.42
2013	150	585.29	3.90
2014	152	694.04	4.57
2015	160	670.06	4.19
2016	172	966.92	5.62
2017	197	1404.4	7.17
2018	196	1370.90	6.99
2019	211	1441.10	6.83
2020	229	1328.66	6.98
2021	269	1895.18	7.05

资料来源:Wind,山东省亚太资本市场研究院。

截至2021年末,山东上市公司利润总额过百亿元的有4家,数量较2020年增加1家,分别为海尔智家(600690.SH)、潍柴动力(000338.SZ)、兖矿能源(600188.SH)和万华化学(600309.SH)(见表2-7)。其中万华化学(600309.SH)2021年利润总额为250.39亿元,居于全省首位,但在全国仅排在第37位。另外值得注意的是,4家龙头公司2021年利润总额相比2020年均出现了不同程度的上升,其中,兖矿能源(600188.SH)与万华化学(600309.SH)净利润增长超过一倍,如表2-7所示。在供给侧结构性改革红利释放后,上市公司盈利能力进一步提升。

表2-7 2021年山东上市公司利润总额排名TOP20 单位:亿元,%

排名	股票代码	股票名称	公司分类	利润总额	增幅
1	600309.SH	万华化学	化工	250.39	140.42
2	600188.SH	兖矿能源	采掘	185.67	171.54
3	600690.SH	海尔智家	家用电器	132.17	16.73
4	000338.SZ	潍柴动力	汽车	115.62	2.55
5	300677.SZ	英科医疗	医药生物	74.63	6.55
6	600426.SH	华鲁恒升	化工	72.54	303.33
7	601298.SH	青岛港	交通运输	46.30	4.74
8	000830.SZ	鲁西化工	化工	46.20	459.97
9	002241.SZ	歌尔股份	电子	43.07	51.03
10	600350.SH	山东高速	交通运输	39.18	83.14

续表

排名	股票代码	股票名称	公司分类	利润总额	增幅
11	600219.SH	南山铝业	有色金属	37.19	67.46
12	600918.SH	中泰证券	非银金融	32.99	27.82
13	600600.SH	青岛啤酒	食品饮料	32.56	39.93
14	002958.SZ	青农商行	银行	30.92	3.85
15	601665.SH	齐鲁银行	银行	30.72	20.73
16	002948.SZ	青岛银行	银行	29.93	22.01
17	002078.SZ	太阳纸业	轻工制造	29.67	50.76
18	600022.SH	山东钢铁	钢铁	29.62	87.49
19	000498.SZ	山东路桥	建筑装饰	27.51	86.45
20	002408.SZ	齐翔腾达	化工	24.47	137.89

资料来源：Wind，山东省亚太资本市场研究院。

2.2.3 销售利润率分析

2021年山东上市公司平均销售利润率①为8.86%，比2020年增加1.62个百分点（见图2-7）。同期全国上市公司平均销售利润率为10.09%，比山东高出1.23个百分点，其中山东上市公司平均销售利润率较低与金融类上市公司数量少有很大的关系。截至2021年末，全国130家金融类上市公司合计利润总额为2.88万亿元，占全国上市公司累计利润总额的比重为44.11%；累计营业收入为9.97万亿元，占全国的比重为15.37%，2021年130家金融类上市公司的平均销售利润率高达28.81%，山东因为产业结构问题，上市公司在化工等传统行业分布较为集中，所以整体销售利润率偏低。

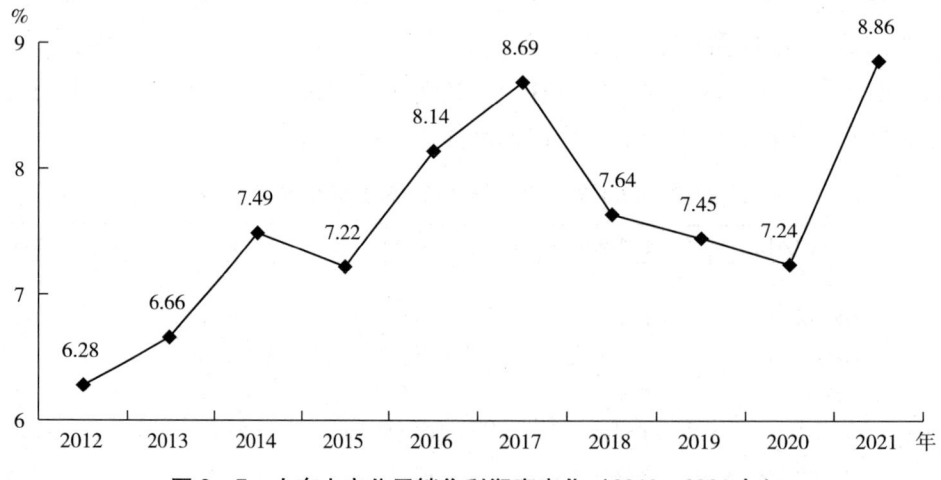

图2-7 山东上市公司销售利润率变化（2012—2021年）

（资料来源：Wind，山东省亚太资本市场研究院）

---

① 销售利润率＝利润总额/营业收入×100%。

从山东上市公司销售利润率排名来看,鲁信创投(600783.SH)销售利润率为459.43%,全省排名第一位(见表2-8),与控股类公司的经营特点相关。另外,民生控股(000416.SZ)、荣丰控股(000668.SZ)与*ST亚星(600319.SH)销售利润率也超过100%。

表2-8 2021年山东上市公司销售利润率TOP20   单位:%

排名	股票代码	股票名称	公司分类	销售利润率
1	600783.SH	鲁信创投	地方国有企业	459.43
2	000416.SZ	民生控股	民营企业	339.40
3	000668.SZ	荣丰控股	民营企业	155.04
4	600319.SH	*ST亚星	地方国有企业	100.18
5	002581.SZ	未名医药	民营企业	69.18
6	300677.SZ	英科医疗	民营企业	53.26
7	300653.SZ	正海生物	民营企业	47.87
8	688139.SH	海尔生物	集体企业	45.20
9	688677.SH	海泰新光	外资企业	43.03
10	301185.SZ	鸥玛软件	其他企业	42.00
11	000915.SZ	华特达因	地方国有企业	40.51
12	688161.SH	威高骨科	民营企业	37.61
13	601298.SH	青岛港	地方国有企业	35.93
14	300443.SZ	金雷股份	民营企业	34.80
15	002270.SZ	华明装备	民营企业	33.77
16	601665.SH	齐鲁银行	公众企业	32.85
17	600918.SH	中泰证券	地方国有企业	32.69
18	300699.SZ	光威复材	民营企业	32.66
19	002958.SZ	青农商行	公众企业	32.18
20	600426.SH	华鲁恒升	地方国有企业	32.01

资料来源:Wind,山东省亚太资本市场研究院。

另外,由于2021年山东有33家上市公司利润总额为负数,所以销售利润率也为负数,这一数量与上年持平。其中,*ST雅博(002323.SZ)的销售利润率排名垫底,为-787.61%,此外,ST东洋(002086.SZ)亏损也较为严重,2021年销售利润率为-261.88%,说明整体上上市公司业绩承压较重。

2.2.4 ROE分析

净资产收益率(ROE)是净利润与平均股东权益的比值,股东将资本投入企业,是为了获得利润回报,该指标明确反映股东投入资本的收益水平,是衡量公司运用自有资本的效率和公司盈利能力的重要指标。

截至 2021 年末，山东上市公司净资产收益率为 9.99%，比 2020 年提高了 1.11 个百分点。山东上市公司净资产收益率自 2019 年连续两年出现下降后有了明显改善（见表 2-9、图 2-8）。

表 2-9 山东上市公司 ROE 变化情况（2012—2021 年） 单位：亿元，%

年份	净资产合计	净利润	ROE
2012	4384.47	416.23	9.49
2013	4861.22	468.31	9.63
2014	5396.63	545.86	10.11
2015	6229.67	513.41	8.24
2016	8119.77	763.85	9.41
2017	10473.68	1135.99	10.85
2018	9400.49	1093.81	11.64
2019	12480.64	1177.29	9.43
2020	14958.88	1328.66	8.88
2021	17605.39	1895.18	9.99

注：净资产收益率 =（净利润/净资产合计）×100%，净资产合计 =（期初股东权益 + 期末股东权益）/2。

资料来源：Wind，山东省亚太资本市场研究院。

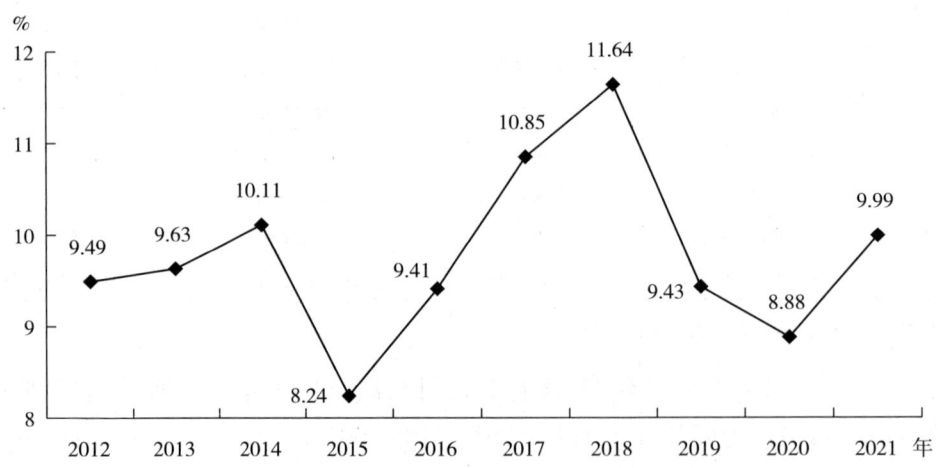

图 2-8 山东上市公司 ROE 变化（2012—2021 年）

（资料来源：Wind，山东省亚太资本市场研究院）

2021 年，山东有 229 家上市公司的 ROE 为正数，数量占全部上市公司的比重为 85.13%，与上年基本持平。大多数上市公司的 ROE 集中在 5%~20%，在这一区间的上市公司总数为 214 家，占比为 79.55%。ROE 大于 20% 的上市公司有 10 家，而 ROE 为负的上市公司共有 40 家，比 2020 年增加 6 家（见图 2-9）。

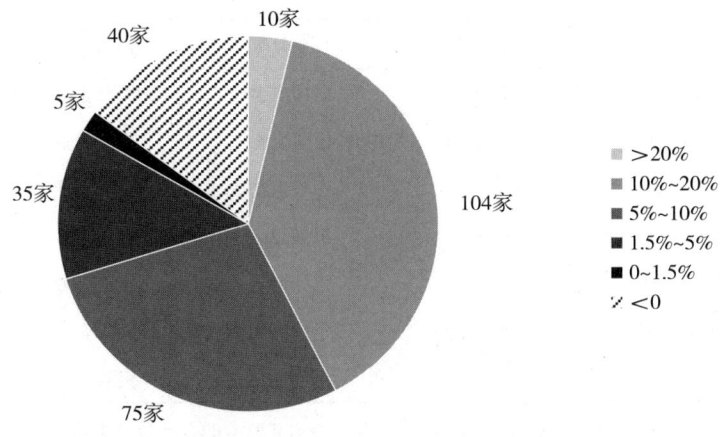

图 2-9 2021 年山东上市公司 ROE 区间分布

（资料来源：Wind，山东省亚太资本市场研究院）

从 ROE 排名情况来看，2021 年*ST 亚星（600319.SH）的 ROE 为 61.83%，英科医疗（300677.SZ）的 ROE 为 56.59%，分别排名全省前两位，也是屈指可数超过 50% 的上市公司。值得注意的是，在全省 ROE 排名靠前的 20 家上市公司中，农林牧渔、化工等传统行业内的上市公司数量较多，传统行业受到行业周期影响较为显著，2021 年山东新旧动能转换重大工程实施取得了一定成效，落后产能逐步退出，传统行业的盈利能力提升，但是产业升级依然需要不断推进（见表 2-10）。

表 2-10 2021 年山东上市公司 ROE 排名 TOP20 单位：%

排名	股票代码	股票名称	行业分类	公司分类	ROE
1	600319.SH	*ST 亚星	化工	地方国有企业	61.83
2	300677.SZ	英科医疗	医药生物	民营企业	56.59
3	600309.SH	万华化学	化工	地方国有企业	28.74
4	600955.SH	维远股份	化工	民营企业	27.38
5	603836.SH	海程邦达	交通运输	民营企业	27.27
6	002838.SZ	道恩股份	化工	民营企业	26.64
7	603026.SH	石大胜华	化工	公众企业	26.57
8	600426.SH	华鲁恒升	化工	地方国有企业	23.60
9	002810.SZ	山东赫达	化工	民营企业	21.23
10	300653.SZ	正海生物	医药生物	民营企业	20.03
11	000915.SZ	华特达因	医药生物	地方国有企业	19.53
12	688139.SH	海尔生物	医药生物	集体企业	19.20
13	600966.SH	博汇纸业	轻工制造	外资企业	19.02

续表

排名	股票代码	股票名称	行业分类	公司分类	ROE
14	002242.SZ	九阳股份	家用电器	民营企业	18.98
15	301015.SZ	百洋医药	医药生物	民营企业	18.92
16	002107.SZ	沃华医药	医药生物	民营企业	18.82
17	603638.SH	艾迪精密	机械设备	民营企业	18.71
18	603279.SH	景津装备	机械设备	民营企业	18.32
19	002088.SZ	鲁阳节能	建筑材料	外资企业	18.04
20	300690.SZ	双一科技	化工	民营企业	18.03

注：目前证券行业主要采用两种行业分类方法：一种是中国证监会的行业分类方法，另一种是申银万国制定的行业分类方法。如果按照中国证监会的行业分类标准，大部分上市公司都集中在制造业，不利于看清楚细分行业间的区别。如果按照申银万国指定的行业分类标准，全部上市公司分布在22个一级行业中且多数行业中上市公司数量较少，也不利于比较分析。此处我们参照申银万国行业分类标准和中国证监会行业分类标准，结合山东上市公司在不同行业间的分布情况（兼顾行业区分度与分布集中度），制定一种新的行业分类方法，即QLCF行业分类标准，将山东上市公司归纳到14个行业类别中。

资料来源：Wind，山东省亚太资本市场研究院。

2.2.5 ROA 分析

总资产收益率（ROA）是衡量公司盈利能力的重要指标，同样反映的是资产投入实现的报酬情况。总资产收益率（ROA）的高低将直接反映公司的竞争力和发展能力，体现了公司资产运用效率和公司管理水平的高低，同时也与公司的财务战略和经营战略息息相关。一般来说，总资产收益率越高，表明公司的资产利用效益越好，整个公司盈利能力越强，经营管理水平越高。

山东上市公司数量稳步提升，近10年来，山东上市公司平均总资产收益率呈现出明显的下滑趋势，在2021年扭转了这一颓势。2021年山东上市公司平均总资产收益率为3.83%，比2020年提高了0.69个百分点（见表2-11、图2-10）。

表2-11 山东上市公司ROA变化情况（2012—2021年）　　单位：亿元，%

年份	总资产合计	净利润	ROA
2012	10627.27	416.23	3.92
2013	12073.95	468.31	3.88
2014	13530.53	545.86	4.03
2015	15064.22	513.41	3.41
2016	21499.36	763.85	3.55
2017	29474.23	1135.99	3.85
2018	24331.33	1093.81	4.50

续表

年份	总资产合计	净利润	ROA
2019	33660.50	1177.29	3.50
2020	42249.08	1328.66	3.14
2021	49479.51	1895.18	3.83

注：总资产收益率＝（净利润/总资产合计）×100%，总资产合计＝（期初总资产合计＋期末总资产合计）/2。

资料来源：Wind，山东省亚太资本市场研究院。

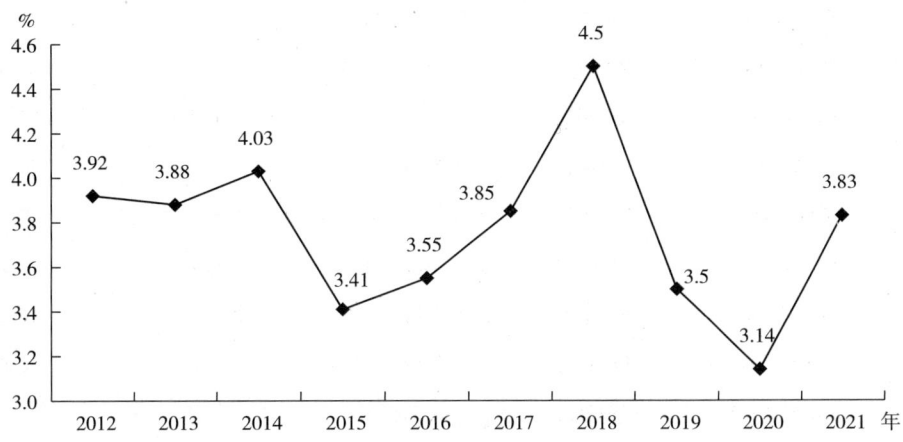

图 2-10　山东上市公司 ROA 变化（2012—2021 年）

（资料来源：Wind，山东省亚太资本市场研究院）

从山东上市公司排名以及区间分布来看，2021 年山东共有 232 家上市公司的 ROA 为正数，比 2020 年增加了 37 家，数量占全部上市公司数量的 86.24%（见图 2-11）。其中，ROA 超过中国人民银行一年期贷款基准利率 4.35% 的有 147 家，占全省上市公司数量的比重为 54.65%，比 2020 年提高了 7.93%。

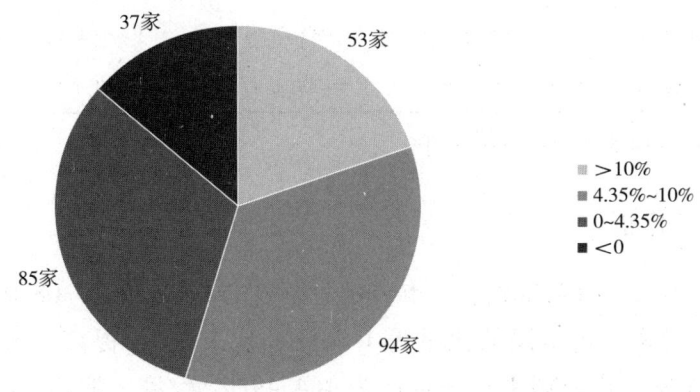

图 2-11　2021 年山东上市公司 ROA 区间分布

（资料来源：Wind，山东省亚太资本市场研究院）

从行业以及公司分类来看，山东 ROA 排名靠前的 20 家上市公司中（见表 2-12）在互联网、医药生物等新兴产业中的数量较少，如果从所有制属性上来看，前 20 家中有 16 家是民营企业，相对来说，民营企业的资产利用效率更高。

表 2-12　2021 年山东上市公司 ROA 排名 TOP20　　　　单位：%

序号	股票代码	股票简称	公司属性	行业	ROA
1	300677.SZ	英科医疗	民营企业	医药生物	44.48
2	603026.SH	石大胜华	公众企业	化工	32.59
3	600955.SH	维远股份	民营企业	化工	31.97
4	600426.SH	华鲁恒升	地方国有企业	化工	29.49
5	603836.SH	海程邦达	民营企业	交通运输	22.86
6	300821.SZ	东岳硅材	民营企业	化工	21.36
7	300653.SZ	正海生物	民营企业	医药生物	19.44
8	688139.SH	海尔生物	集体企业	医药生物	19.21
9	000915.SZ	华特达因	地方国有企业	医药生物	18.46
10	301069.SZ	凯盛新材	民营企业	化工	16.62
11	300343.SZ	联创股份	民营企业	传媒	16.49
12	300996.SZ	普联软件	民营企业	计算机	16.36
13	688161.SH	威高骨科	民营企业	医药生物	16.12
14	000677.SZ	恒天海龙	民营企业	化工	16.05
15	002254.SZ	泰和新材	地方国有企业	化工	15.67
16	600309.SH	万华化学	地方国有企业	化工	15.45
17	002810.SZ	山东赫达	民营企业	化工	15.24
18	837212.BJ	智新电子	民营企业	电子	15.22
19	002088.SZ	鲁阳节能	外资企业	建筑材料	14.99
20	301149.SZ	隆华新材	民营企业	化工	14.87

资料来源：Wind，山东省亚太资本市场研究院。

2.2.6　总资产分析

截至 2021 年末，山东 229 家上市公司总资产合计为 42249.08 亿元，比 2019 年增加 20.27%，总资产占全国的比重为 1.78%，比 2020 年提高 0.53 个百分点（见图 2-12），229 家上市公司平均总资产为 184.49 亿元/家，比 2020 年提高 10.84%（见表 2-13）。公司层面上，青岛银行（002948.SZ）、青农商行（002958.SZ）、潍柴动力（000338.SZ）等 9 家公司总资产超过千亿元。

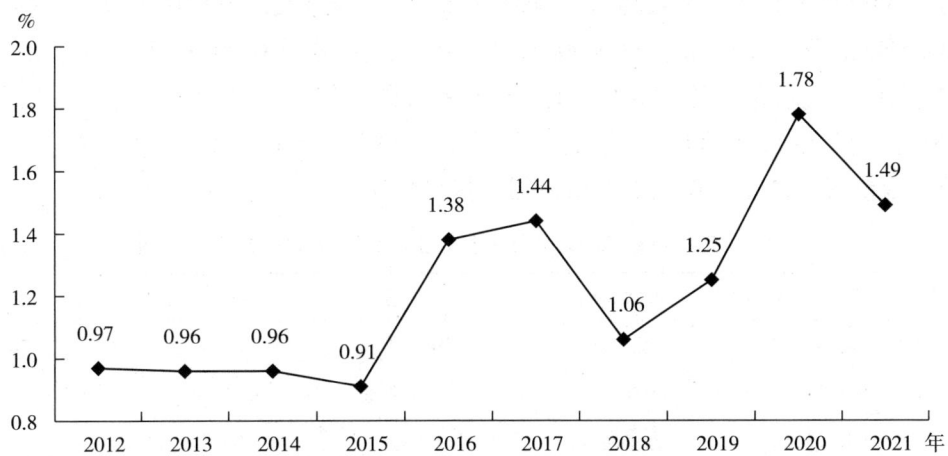

图 2-12　山东上市公司累计总资产全国占比（2012—2021 年）

（资料来源：Wind，山东省亚太资本市场研究院）

表 2-13　山东上市公司总资产变化（2012—2021 年）

单位：亿元，亿元/家

年份	家数	总资产	平均总资产
2012	150	11481.63	76.54
2013	150	12710.20	84.73
2014	152	14381.57	94.62
2015	160	15760.81	98.51
2016	172	26818.91	155.92
2017①	197	31790.02	162.19
2018	196	25577.90	130.50
2019	211	35127.16	166.48
2020	229	42249.08	184.49
2021	269	49479.95	195.19

资料来源：Wind，山东省亚太资本市场研究院。

从平均资产规模看，2021 年山东上市公司平均总资产为 195.19 亿元/家，低于全国平均水平。2021 年末全国有 37 家上市公司总资产规模超过万亿元，37 家公司总资产规模为 255.60 万亿元，占全国上市公司总资产的 73.83%，比头部公司的总资产占比进一步扩大。2021 年，山东上市公司总资产规模中位数为 44.82 亿元，明显偏离山东上市公司平均资产规模（195.19 亿元/家），山东上市公司总资产规模较小的数量众多。从总资产规模分布来说，超过百亿元的有 67 家，比 2020 年多 8 家，67 家公司累计总资产全省占比高达 86.27%。另外，资产规模不足 50 亿元的公司有 147 家，数量比 2020 年多 24 家。青岛银行（002948.SZ）、齐鲁银行（601665.SH）、

---

① 2017 年总资产及平均值未在规定期间内公布年报的山东地矿（000409.SZ）。

青农商行（002958.SZ）、潍柴动力（000338.SZ）、华电国际（600027.SH）、兖矿能源（600188.SH）、海尔智家（600690.SH）、中泰证券（600918.SH）、万华化学（600309.SH）、山东高速（600350.SH）10家上市公司的总资产超过千亿元（见表2-14）。另外，ST金泰（600385.SH）、*ST园城（600766.SH）、*ST金泰（600385.SH）的总资产规模仅1亿元，在全省上市公司中排名垫底。

表2-14 2021年山东上市公司总资产TOP20　　　　单位：亿元，%

排名	股票代码	股票名称	公司属性	总资产	增幅
1	002948.SZ	青岛银行	公众企业	5222.50	13.58
2	601665.SH	齐鲁银行	公众企业	4334.14	20.32
3	002958.SZ	青农商行	公众企业	4304.38	5.81
4	600188.SH	兖矿能源	地方国有企业	2886.96	11.50
5	000338.SZ	潍柴动力	地方国有企业	2770.44	2.32
6	600027.SH	华电国际	中央国有企业	2188.60	-6.71
7	600690.SH	海尔智家	集体企业	2174.59	6.88
8	600918.SH	中泰证券	地方国有企业	2046.90	17.29
9	600309.SH	万华化学	地方国有企业	1903.10	42.28
10	600350.SH	山东高速	地方国有企业	1259.06	35.50
11	000498.SZ	山东路桥	地方国有企业	833.87	51.39
12	000488.SZ	晨鸣纸业	地方国有企业	828.41	-9.54
13	600547.SH	山东黄金	地方国有企业	783.08	22.62
14	600022.SH	山东钢铁	地方国有企业	725.46	5.93
15	600219.SH	南山铝业	集体企业	631.78	12.79
16	600760.SH	中航沈飞	中央国有企业	627.80	91.09
17	600223.SH	鲁商发展	地方国有企业	614.15	-0.14
18	002241.SZ	歌尔股份	民营企业	610.79	24.35
19	601298.SH	青岛港	地方国有企业	605.76	5.94
20	600600.SH	青岛啤酒	地方国有企业	465.63	12.16

资料来源：Wind，山东省亚太资本市场研究院。

2.2.7 净资产分析

截至2021年末，山东上市公司累计净资产为17605.39亿元，比2020年增加2646.51亿元，同比提升17.69%。平均净资产规模为65.45亿元/家，比2020年提高了0.13亿元/家（见表2-15）。山东上市公司累计净资产规模占全国的比重为2.99%（见图2-13），比2020年提高了0.1个百分点。

表 2-15 山东上市公司净资产变化（2012—2021 年）

单位：亿元，亿元/家

年份	家数	净资产	平均净资产
2012	150	4674.58	31.16
2013	150	5047.86	33.65
2014	152	5734.09	37.72
2015	160	6686.28	41.79
2016	172	9355.58	54.39
2017	197	11358.51	57.95
2018	196	11184.05	57.06
2019	211	13000.56	61.61
2020	229	14958.88	65.32
2021	269	17605.39	65.45

注：2017 年总资产及平均总资产不含未公布年报的山东地矿（000409.SZ）。

资料来源：Wind，山东省亚太资本市场研究院。

从净资产总额来看，潍柴动力（000338.SZ）以 1029.62 亿元排名榜首，这也是省内唯一净资产突破千亿元的上市公司，兖矿能源（600188.SH）以 964.87 亿元排名次席，距离千亿元大关仅有一步之遥，海尔智家（600690.SZ）、华电国际（600027.SH）紧随其后，均超过了 700 亿元。

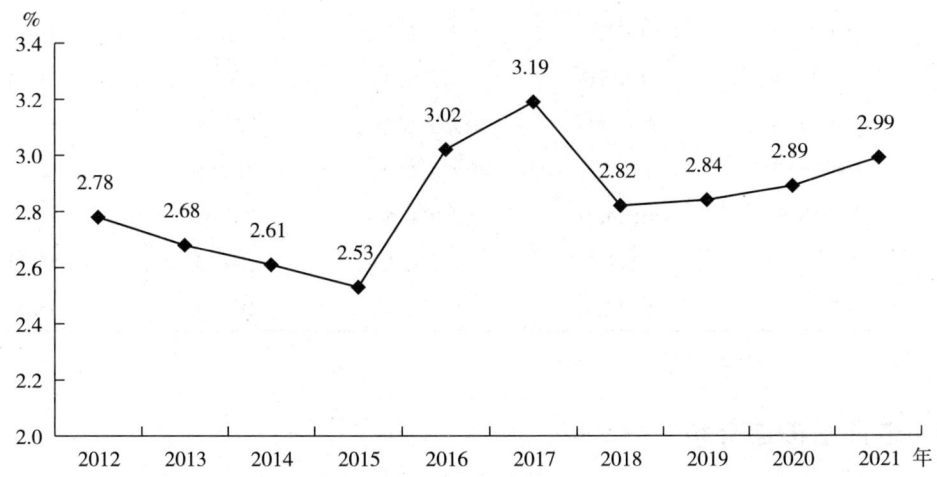

图 2-13 山东上市公司累计净资产占全国的比重变化（2012—2021 年）

（资料来源：Wind，山东省亚太资本市场研究院）

随着山东银行业金融机构登陆 A 股市场，2021 年山东上市公司净资产规模增幅明显，但是从累计净资产占全国的比重来说，仅占 2.99%，与 2020 年相比并没有明显提升。全年 269 家上市公司平均净资产为 65.45 亿元/家，低于同期全国上市公司的平均净资产 125.70 亿元/家。

从山东上市公司净资产规模上看，2021年末山东上市公司净资产超过百亿元的有38家，比2020年增加6家，潍柴动力（000338.SZ）以1029.62亿元成为省内净资产规模最大的上市公司（见表2-16），规模比2020年增长27.99%。

表2-16　2021年山东上市公司净资产TOP20　　　　　　单位：亿元

排名	股票代码	股票名称	公司属性	净资产	增幅（%）
1	000338.SZ	潍柴动力	地方国有企业	1029.62	28.01
2	600188.SH	兖矿能源	地方国有企业	964.87	20.94
3	600690.SH	海尔智家	集体企业	810.83	19.05
4	600027.SH	华电国际	中央国有企业	735.66	-20.87
5	600309.SH	万华化学	地方国有企业	716.96	38.81
6	600219.SH	南山铝业	集体企业	475.24	7.31
7	600350.SH	山东高速	地方国有企业	468.04	28.96
8	601298.SH	青岛港	地方国有企业	387.85	5.56
9	600918.SH	中泰证券	地方国有企业	371.60	7.93
10	002958.SZ	青农商行	公众企业	350.50	18.00
11	002948.SZ	青岛银行	公众企业	333.28	7.83
12	601665.SH	齐鲁银行	公众企业	326.05	19.44
13	600022.SH	山东钢铁	地方国有企业	325.94	5.66
14	600547.SH	山东黄金	地方国有企业	317.83	0.41
15	002241.SZ	歌尔股份	民营企业	279.31	41.54
16	600600.SH	青岛啤酒	地方国有企业	237.94	11.35
17	600426.SH	华鲁恒升	地方国有企业	227.05	45.09
18	000488.SZ	晨鸣纸业	地方国有企业	225.47	-12.61
19	000498.SZ	山东路桥	地方国有企业	200.13	55.21
20	002078.SZ	太阳纸业	民营企业	188.14	15.86

资料来源：Wind，山东省亚太资本市场研究院。

2.2.8　资产负债率分析

资产负债率是用来衡量公司的负债水平和财务风险程度的重要指标。供给侧结构性改革提出的"三去一降一补"中的"去杠杆"就是要降低企业平均资产负债率。但是对于大多数公司来说，当总资产收益率（ROA）高于平均资本成本（WACC）时，公司经营者认为提高债务水平有助于增加公司利润，此时公司股东会选择提升公司的资产负债率水平，但是从债权人的角度来说，更关心的是贷出款项的安全程度，对更低的资产负债率有更高的偏好。另外，不同行业的资产负债率不尽相同，银行、非银金融机构等金融企业的资产负债率相对较高，所以上市公司金融业占比较高的省份其资产负债率也相对较高,这在统计数据上反映得最为直观。

2021年山东上市公司资产负债率①为66.52%,比2020年提高0.85个百分点,低于全国资产负债率(83.15%),资产负债率明显提高(见图2-14)。

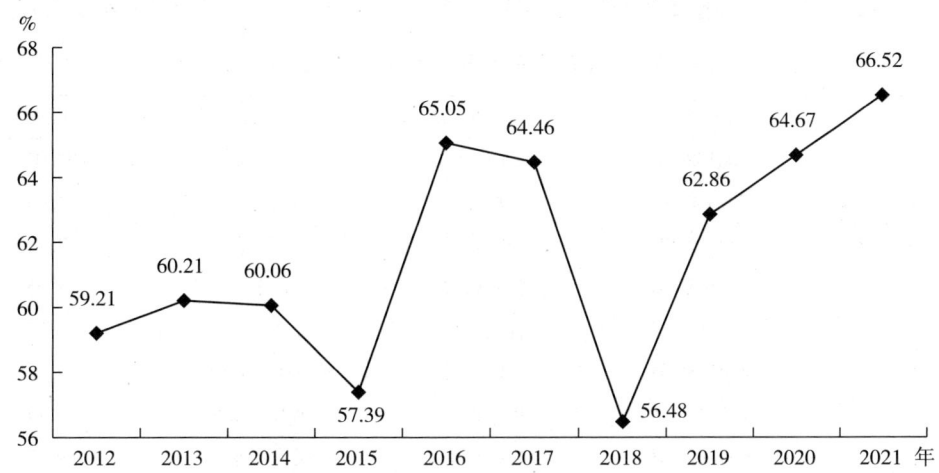

图2-14 山东上市公司资产负债率变化(2012—2021年)

(资料来源:Wind,山东省亚太资本市场研究院)

与广东、江苏和浙江对比来看,山东上市公司资产负债率处于较低水平。2021年,广东、江苏和浙江三省上市公司资产负债率分别为80.58%、76.85%、73.87%,均高于山东上市公司的资产负债率66.52%(见表2-17),这与山东省产业结构不合理、金融类上市公司较少有很大关系。值得一提的是,在新旧动能转换的背景下,银行与证券类公司上市,代表着山东省内金融企业上市进程加速,对于扩大山东上市企业整体资产规模、有效发挥银行类金融企业服务实体经济功能、缓解区域内企业的融资压力具有重要的意义。

表2-17 2021年全国及四省上市公司资产负债率　　　　　单位:%

区域	家数	平均资产负债率
山东	269	66.52
广东	761	80.58
江苏	570	76.85
浙江	605	73.87
全国	4682	83.15

注:未剔除金融行业上市公司。

资料来源:Wind,山东省亚太资本市场研究院。

---

① 资产负债率计算的为平均资产负债率。资产负债率=总负债合计/总资产合计×100%,总负债合计=(期初总负债合计+期末总负债合计)/2,总资产合计=(期初总资产合计+期末总资产合计)/2。

从省内上市公司看，山东上市公司资产负债率低于50%的有190家，数量占比70.63%。其中，超过70%资产负债率警戒线的有24家，比2020年多5家（见表2-18）。尤其需要注意的是，*ST山航B（200152.SZ）和*ST亚星（600319.SH）两家公司的资产负债率超过90%，有可能出现偿债危机，公司财务风险较大。

表2-18 2021年山东上市公司资产负债率TOP20　　　　单位：%

排名	股票代码	股票名称	公司属性	2021
1	200152.SZ	*ST山航B	中央国有企业	97.00
2	002948.SZ	青岛银行	公众企业	93.46
3	600319.SH	*ST亚星	地方国有企业	92.89
4	601665.SH	齐鲁银行	公众企业	92.45
5	002958.SZ	青农商行	公众企业	92.27
6	600223.SH	鲁商发展	地方国有企业	89.41
7	002248.SZ	华东数控	民营企业	89.17
8	600385.SH	*ST金泰	民营企业	89.07
9	600807.SH	济南高新	公众企业	88.15
10	605287.SH	德才股份	民营企业	85.00
11	600918.SH	中泰证券	地方国有企业	81.12
12	603708.SH	家家悦	民营企业	77.60
13	600180.SH	瑞茂通	民营企业	76.79
14	600858.SH	银座股份	地方国有企业	76.68
15	000498.SZ	山东路桥	地方国有企业	76.23
16	600760.SH	中航沈飞	中央国有企业	75.81
17	000506.SZ	中润资源	民营企业	75.69
18	300237.SZ	美晨生态	地方国有企业	75.24
19	000957.SZ	中通客车	地方国有企业	73.82
20	600898.SH	国美通讯	外资企业	73.23

资料来源：Wind，山东省亚太资本市场研究院。

2.2.9 经营性现金流量分析

2021年，山东上市公司经营性现金流量净额累计为2943.58亿元，比2020年减少333.14亿元，降幅达到10.17%，全省上市公司全年经营性现金累计流入2.91万亿元，经营性现金累计流出2.62万亿元，比2020年均有不同程度提高。2021年山东上市公司平均经营性现金流量净额为10.94亿元/家，比2020年增加了3.26亿元/家，整体来看，全年经营性现金流量净额增加，说明企业销售商品、提供服务及各项税费返还引起的现金流入比购买商品、用工、税费等其他经营活动产生的现金流增多，企业整体经营状况相对好转。

2021年，山东上市公司经营性现金流量净额为正数的公司有224家，占比83.27%。其中，超过50亿元的有15家（见表2-19），与2020年持平，这15家企业经营性现金流量净额合计为2119.21亿元，占全省经营性现金流量净额的72.00%。全年经营性现金流入超过千亿元的公司有5家。

表2-19　2021年山东上市公司经营性现金流量净额TOP20　　单位：亿元

排名	股票代码	股票名称	现金流入	现金流出	现金流量净额
1	600188.SH	兖矿能源	1617.62	1255.80	361.82
2	601665.SH	齐鲁银行	846.62	561.31	285.31
3	600309.SH	万华化学	1760.03	1480.81	279.22
4	600690.SH	海尔智家	2632.68	2401.39	231.30
5	000338.SZ	潍柴动力	1968.46	1821.88	146.58
6	600760.SH	中航沈飞	689.90	588.95	100.95
7	600350.SH	山东高速	197.97	100.03	97.94
8	000830.SZ	鲁西化工	362.33	267.69	94.64
9	300677.SZ	英科医疗	173.18	86.38	86.80
10	002241.SZ	歌尔股份	855.23	769.25	85.98
11	000488.SZ	晨鸣纸业	393.06	307.24	85.82
12	600022.SH	山东钢铁	861.57	776.93	84.64
13	600223.SH	鲁商发展	186.81	118.33	68.48
14	600600.SH	青岛啤酒	369.67	309.24	60.43
15	002078.SZ	太阳纸业	361.14	311.84	49.29
16	600426.SH	华鲁恒升	213.96	164.90	49.06
17	600219.SH	南山铝业	229.73	185.57	44.16
18	600966.SH	博汇纸业	147.07	110.63	36.45
19	600777.SH	新潮能源	51.02	16.72	34.30
20	002948.SZ	青岛银行	791.74	761.69	30.05

资料来源：Wind，山东省亚太资本市场研究院。

2.2.10　流动比率与速动比率分析

流动比率和速动比率是衡量会计流动性的最常用的指标。流动比率是流动资产与流动负债的比值，一般来说，流动比率越高，代表企业资产的变现能力以及短期偿债能力越强。如果企业出现财务上的困难，可能无法按时支付货款（应付账款），或需要向银行申请贷款（应付票据）展期时，流动负债增加速度就会快于流动资产，流动比率则会下降，这也就成为企业短期偿债能力下降的第一信号。当然，如果企业流动性比率过高，表现出企业占用在流动资产上的资金过多，资金闲置之下会使企业错失更好的投资机会。一般经验认为，流动比率大于2而速动比率在1以上则较为合理。流动比率大于 2 即流动资产是流动负债的 2 倍，表示即使流动资产有一半在短期内不能变现，也能保证流动负债得到偿还。截至 2021 年末，山东上市公司中的流动比率大于 2 的有 114 家，数量占比为 42.38%，比 2020 年提高了 1.33 个百分点。

2021 年民生控股（000416.SZ）的流动比率为 28.21，连续三年蝉联全省第一，但是流动比率并非越高越好，过高的流动比率或表示其资金闲置情况比较严重。另外，亚星化学（600319.SH）的流动比率只有 0.21，2020 年全省排名垫底，反映出公司的偿债能力严重不足。

表 2-20　山东上市公司流动比率排名 TOP20（2020—2021 年）　　单位：%

排名	股票代码	股票名称	2020	2021
1	000416.SZ	民生控股	17.56	28.21
2	835670.BJ	数字人	10.69	26.22
3	688677.SH	海泰新光	2.47	12.66
4	605016.SH	百龙创园	2.76	11.68
5	300993.SZ	玉马遮阳	6.51	11.048
6	688309.SH	*ST 恒誉	9.70	10.95
7	001219.SZ	青岛食品	5.58	10.72
8	300830.SZ	金现代	13.44	10.35
9	300183.SZ	东软载波	13.50	8.45
10	300443.SZ	金雷股份	11.02	8.01
11	000655.SZ	金岭矿业	6.38	7.93
12	605198.SH	德利股份	14.11	7.08
13	301185.SZ	鸥玛软件	15.83	6.97
14	301069.SZ	凯盛新材	5.73	6.45
15	688161.SH	威高骨科	4.17	6.40
16	301149.SZ	隆华新材	3.05	6.38
17	000423.SZ	东阿阿胶	7.46	6.02
18	600955.SH	维远股份	0.34	5.68
19	301020.SZ	密封科技	2.89	5.62
20	300996.SZ	普联软件	3.63	5.46

资料来源：Wind，山东省亚太资本市场研究院。

速动比率指扣除存货之后的流动资产（企业速动资产）与流动负债的比值，也是分析公司短期偿债能力的常用指标。一般认为，速动比率应大于 1，表示现金等具有即时变现能力的资产能保证全部流动负债的偿还，而速动比率低于 1 则被认为短期偿债能力偏弱，速动比率同样也不是越大越好，过高的速动比率体现出公司的资金闲置状况突出。截至 2021 年末，山东上市公司中速动比率大于 1 的有 178 家，数量占比为66.17%，比2020年下降了0.2个百分点。2021年全省上市公司中速动比率排名前20的公司如表2-21所示。另外，同时满足流动比率大于2以及速动比率大于1的山东上市公司有114家，表明其资产流动性以及偿债能力较强。

表2-21 山东上市公司速动比率TOP20（2020—2021年） 单位：%

排名	股票代码	股票名称	2020	2021
1	000416.SZ	民生控股	17.56	28.21
2	835670.BJ	数字人	10.45	25.13
3	688677.SH	海泰新光	1.89	11.69
4	688309.SH	*ST恒誉	9.48	10.50
5	001219.SZ	青岛食品	5.24	10.36
6	605016.SH	百龙创园	2.10	9.97
7	300830.SZ	金现代	12.85	9.77
8	300993.SZ	玉马遮阳	5.138	9.35
9	300183.SZ	东软载波	12.78	7.89
10	000655.SZ	金岭矿业	6.12	7.67
11	301185.SZ	鸥玛软件	15.60	6.91
12	300443.SZ	金雷股份	9.00	6.11
13	301069.SZ	凯盛新材	5.49	6.08
14	688161.SH	威高骨科	3.26	5.63
15	600955.SH	维远股份	0.16	5.34
16	300996.SZ	普联软件	3.31	5.23
17	000915.SZ	华特达因	3.23	5.19
18	301149.SZ	隆华新材	2.22	5.15
19	300653.SZ	正海生物	3.47	4.99
20	301020.SZ	密封科技	2.48	4.99

资料来源：Wind，山东省亚太资本市场研究院。

2.3 四省上市公司经营绩效比较分析

近两年来，山东经济增速放缓，与广东、江苏两省的差距进一步加大。通过与广东、江苏和浙江三省上市公司对比，我们能够更好地了解山东上市公司经营状况，从而找出山东上市公司的差距。为对四省上市公司经营状况进行量化分析，本节选取了四省上市公司总资产、净资产、营业收入、净利润、ROA、ROE六项指标进行比较分析，找出山东上市公司存在的问题，进而提出建议。之所以和广东、江苏和浙江三省对比，是因为首先，四省均为沿海省份且属于经济强省，经济联系较为密切，共同点较多；其次，山东正处于新旧动能转换全面起势阶段，三省经济转型时间较早可为山东提供借鉴经验；最后，山东在资本市场和民营经济发展方面发展较为滞后，三省可为山东弥补缺板提供参考。全国与四省上市公司经营绩效数据如表2-22所示。

表 2-22 2021 年四省上市公司经营绩效比较   单位：亿元，%

省份	家数	营业收入	净利润	总资产	净资产	ROA	ROE
广东	761	89164.27	7661.05	419439.33	82240.02	1.94	9.99
浙江	605	42667.81	3306.03	115878.46	30168.38	2.78	10.63
江苏	570	30835.40	1928.24	119578.60	27576.54	1.79	7.73
山东	269	25759.15	1895.18	52508.23	17605.40	3.34	9.99
全国	4693	648877.01	53118.02	3461900.45	588525.95	1.47	8.71

注：ROA = 净利润（2020 年 + 2021 年）÷总资产（2020 年 + 2021 年）×100%
ROE = 净利润（2020 年 + 2021 年）÷净资产（2020 年 + 2021 年）×100%
资料来源：Wind，山东省亚太资本市场研究院。

2.3.1 总资产分析

截至 2021 年末，四省上市公司总资产合计为 707404.62 亿元，占全国上市公司总资产的比重为 20.43%，比 2020 年增加 0.66 个百分点。其中，广东上市公司总资产为 419439.33 亿元，比江苏、浙江、山东三省之和多出 131474.04 亿元，差距比上年增加了 27231.15 亿元。

2021 年山东上市公司总资产与广东、江苏对比均出现了缩小，广东与山东对比由 2020 年的 8.92 倍减至 2021 年的 7.99 倍，江苏由上年的 2.50 倍减至 2.28 倍，浙江由 2020 年的 2.24 倍减少至 2021 年的 2.21 倍。从四省上市公司平均总资产来看，2021 年末全国上市公司总资产平均为 739.40 亿元/家，而四省均小于这一水平。广东平均总资产为 552.62 亿元/家，位居四省最高，山东位置靠后，为 195.19 亿元/家，微弱领先于浙江的 191.53 亿元/家（见图 2-15）。

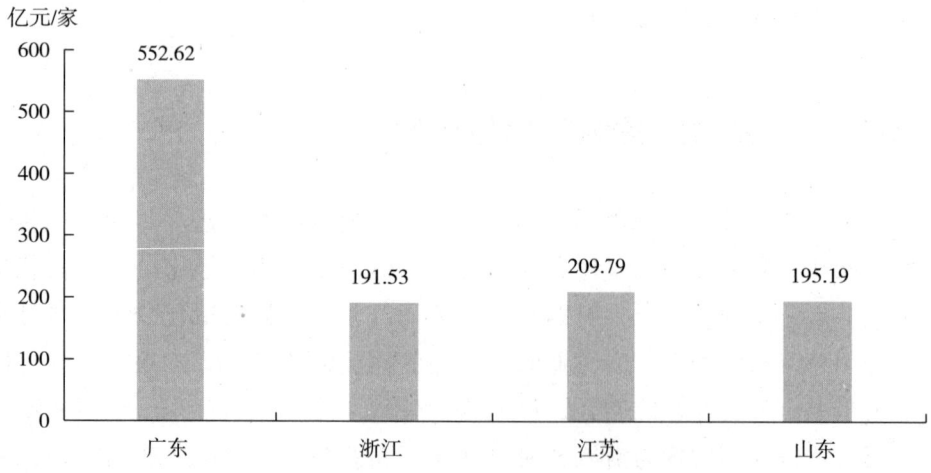

图 2-15 2021 年四省上市公司平均总资产

（资料来源：Wind，山东省亚太资本市场研究院）

2.3.2 净资产分析

2021年末，全国上市公司净资产为588525.95亿元，同比增长13.58%。四省上市公司净资产合计157590.36亿元，同比增长15.98%，占全国比例为26.78%，比上年提高0.56个百分点。对比发现，四省中山东上市公司排名尚可，但仍与广东有较大的差距。平均来看，全国上市公司平均净资产125.70亿元/家，四省均低于这一水平，山东以65.45亿元/家的水平位居四省第2位，位次与上年相同（见图2-16）。净资产超过500亿元的上市公司可以极大地提高一省的平均净资产水平，山东省资源型和传统行业国有上市企业较多，例如，兖矿能源（600188.SH）、华电国际（600027.SH）、潍柴动力（000338.SZ）、青岛海尔（600690.SH）等上市公司体量较大，提高了山东上市公司净资产的平均水平。

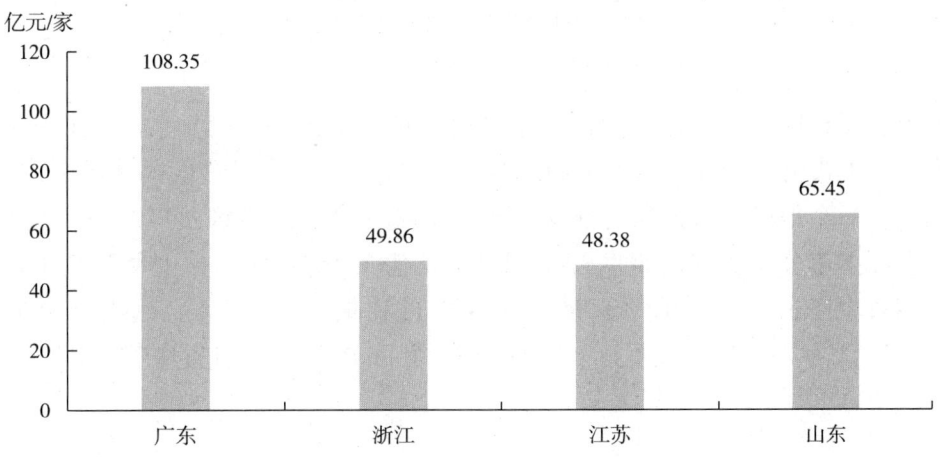

图2-16 2021年四省上市公司平均净资产

（资料来源：Wind，山东省亚太资本市场研究院）

2.3.3 营业收入分析

2021年末，全国上市公司营业收入为648877.21亿元，同比增长22.57%，增速同比大幅提升。四省上市公司营业收入为188426.63亿元，同比增长22.50%，占全国比例为29.04%，与2020年基本持平。四省中广东上市公司营业收入比其他三省之和略高，可见广东上市公司盈利能力显著。与上年相同，山东继续位居四省末位，但与浙江的差距在扩大，由上年的1.39倍扩大至2021年的1.66倍，而与广东、江苏两省的差距有所变小。平均来看，全国上市公司平均营业收入为138.44亿元/家，四省平均值均小于这一水平。山东上市公司平均营业收入为96.76亿元/家，仅次于广东的117.32亿元/家，山东较高的平均值主要是由于几家大型国有上市公司的带动作用（见图2-17）。

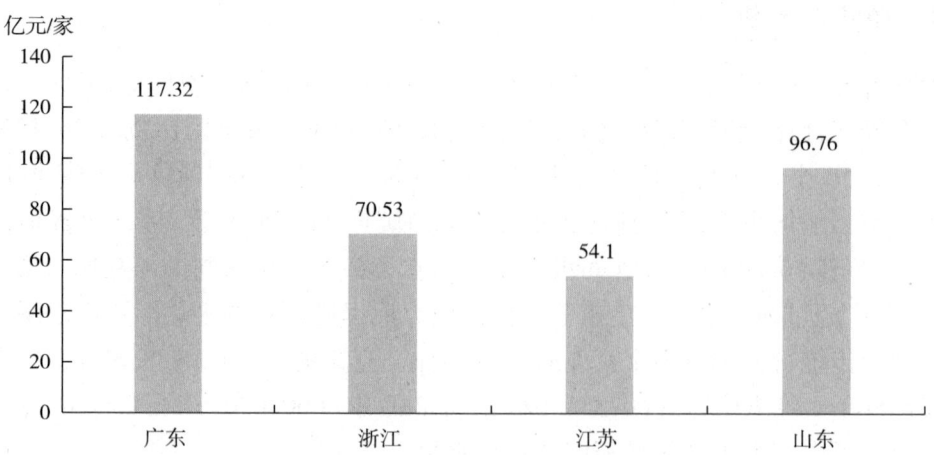

图 2-17　2021 年四省上市公司平均营业收入

（资料来源：Wind，山东省亚太资本市场研究院）

上市公司在区域经济运行中扮演着重要角色。上市公司营业收入是国民财富的重要来源，上市公司营业收入与 GDP 的比值反映了上市公司对该区域经济的支撑作用。因此，一个地区上市公司的数量和质量反映了该地区经济发展质量。截至 2021 年末，全国上市公司实现营业收入占 GDP 的比值为 56.74%，比上年提高 4.63 个百分点。四省中广东上市公司营业收入占 GDP 的比例为 71.69%，远高于全国水平，山东这一比例为 31.00%，比上年提高 0.81 个百分点，在四省中排名略高于江苏（见图 2-18）。

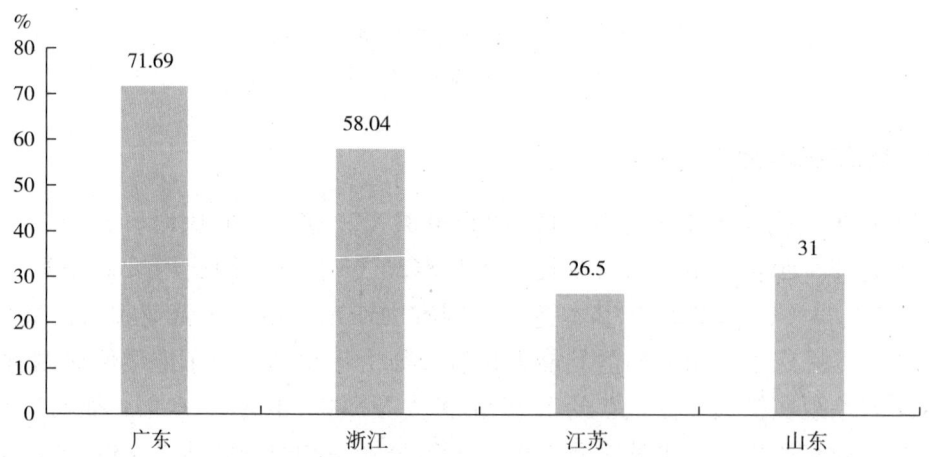

图 2-18　2021 年四省上市公司营业收入占本省 GDP 比值

（资料来源：Wind，山东省亚太资本市场研究院）

2.3.4 净利润分析

截至2021年末,全国上市公司实现净利润53118.01亿元,同比增长23.39%。四省上市公司净利润为14790.51亿元,占全国比重为27.84%,比上年下降3.34个百分点。广东上市公司净利润为7661.05亿元,是三省之和的1.07倍。山东以1895.18亿元的净利润排名靠后。与2020年相比,广东和浙江两省与山东的比值进一步扩大。平均来看,截至2021年末,全国上市公司平均净利润水平为11.34亿元/家,四省除广东省高于全国外,其余三省均小于全国水平,并且还有不小的差距。山东上市公司平均净利润以7.05亿元/家的水平居四省第2位,位次与上年相同(见图2-19)。与2020年相比,除江苏和浙江平均水平出现增长外,广东、山东两省均出现了不同程度的下滑。

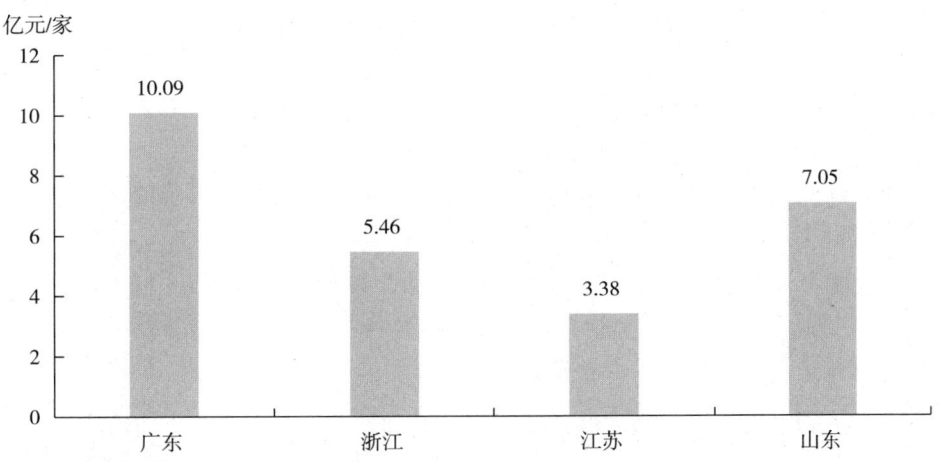

图2-19 2021年四省上市公司平均净利润

(资料来源:Wind,山东省亚太资本市场研究院)

2.3.5 ROA和ROE分析

2021年末,全国上市公司平均ROA为1.47%,比上年提高0.1个百分点,即100元的资产可产生1.47元的税后利润。四省上市公司平均ROA均高于全国水平,其中,山东ROA为3.34%,继续拔得头筹,江苏ROA为1.79%,位居四省最末。与上年相比,广东与江苏均出现不同程度的下滑,山东与浙江指标好转,由2020年的3.15%提升至2021年的3.34%,提升幅度较大(见图2-20)。

净资产收益率(ROE)是衡量股东资金使用效率的财务指标,体现了自有资本获得净收益的能力。截至2021年末,全国上市公司平均ROE为8.71%,比上年提高0.4个百分点。山东上市公司平均ROE为9.99%,居四省第2位(见图2-21),与广东持平。与上年相比,山东和浙江ROE均有不同程度的提升,广东与江苏有所下滑。

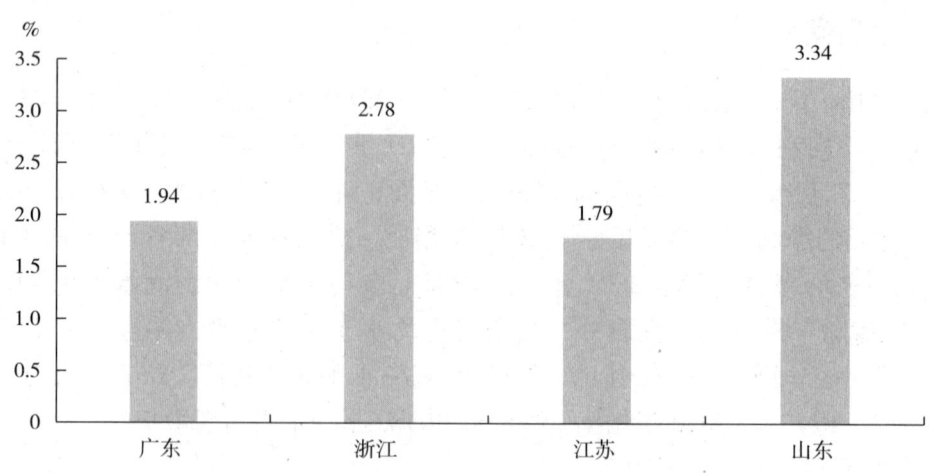

图 2-20　2021 年四省上市公司 ROA

（资料来源：Wind，山东省亚太资本市场研究院）

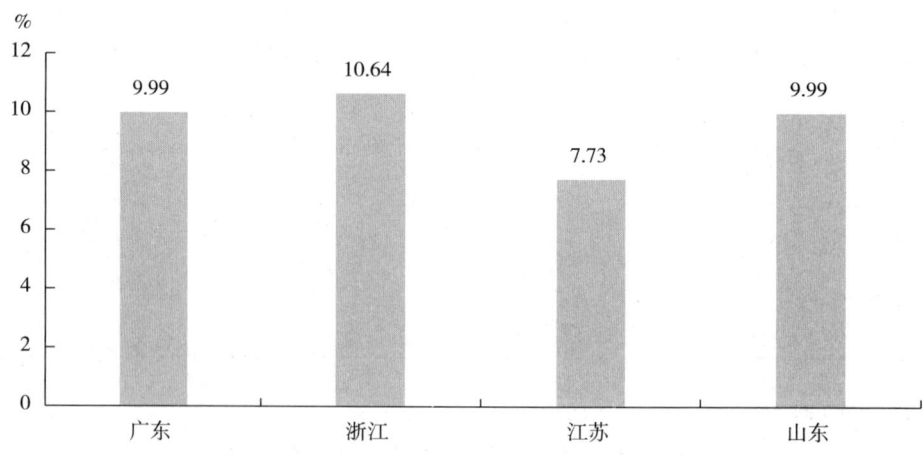

图 2-21　2021 年四省上市公司 ROE

（资料来源：Wind，山东省亚太资本市场研究院）

2.4　进入上市公司 500 强中的山东公司

本书所指的 500 强上市公司，是指营业总收入进入前 500 名的沪深上市公司。我们通过分析山东上市公司进入 500 强情况，可以了解山东较大规模上市公司在全国的地位，以及和其他省市之间的差距。截至 2021 年末，全国上市公司 500 强营业总收入合计 523609.72 亿元，同比增长 20.82%，增速比上年提高 16.6 个百分点，上市公司增长势头强劲。前 500 强营业总收入占全国上市公司的 80.69%，占比较上年下降了 1.17 个百分点，这说明市场竞争的加剧以及资源配置的优化，平均每家上市公司营业总收入为 1047.21 亿元/家，比上年提高 180.42 亿元/家，说明行业头部企业经营持续向好。全国上市公司500强净利润合计37647.20亿元,同比增长1.61%。500强公司净利润合计占全国上市公司的84.96%,占比同比减少1.12%,500强上市公司平均净利润为75.29亿元/家,比上年增加1.19亿元/家。2021年山东有27家上市公司进入500强,比2018年减少2家,数量占比为5.40%,全国排名第6位(见表2-23)。山东27家上市公司营业总收入为17184.56亿元,相较2020年增加1363.24亿元,占500强营业总收入的3.28%,比2020年下降了0.37个百分点,平均总营业收入为636.44亿元/家,相比2020年增加90.78亿元/家,27家公司净利润合计1073.56亿元,占500强净利润的2.85%,比2019年提高0.5个百分点。

表2-23 2021年中国上市公司500强部分省市统计

单位:亿元,亿元/家

区域	家数	净利润	平均额	营业总收入	平均额
北京	75	21545.85	287.28	216024.87	2880.33
广东	71	6404.09	90.20	69711.59	981.85
上海	50	3922.70	78.45	51079.49	1021.59
浙江	50	1800.23	36.00	26172.62	523.45
江苏	36	774.08	21.50	18024.19	500.67
山东	27	1073.56	39.76	17184.56	636.46
福建	19	1427.83	75.15	27317.09	1437.74
安徽	17	576.36	33.90	8441.21	496.72
河北	14	-66.94	-4.78	7757.51	554.11

资料来源:Wind,山东省亚太资本市场研究院。

对比入围中国上市公司500强的省市,北京、上海等地上市公司的营业收入规模较大,获利能力较强,平均营业收入已突破千亿/家大关。广东由于聚集了大量金融、地产、电器等上市公司,入围500强家数全国排名第2位。山东500强企业表现优异,由于入围上市公司中国有企业占比较高,这些公司平均营业总收入水平以及平均净利润均高于江苏和浙江,在沿海四省份中仅次于广东。2021年山东入围中国上市公司500强27家,相较2020年减少2家,同时相比2020年500强公司全部实现净利润增长,2021年有4家上市公司出现利润负增长。上市公司营业总收入均超过100亿元,其中国有企业占比65.64%(见表2-24)。

表2-24 2021年中国上市公司500强山东企业 单位:亿元,%

排序	股票代码	股票名称	公司属性	营业总收入	净利润	净利率
1	600690.SH	海尔智家	集体企业	2275.56	132.17	5.81
2	000338.SZ	潍柴动力	地方国有企业	2035.48	115.62	5.68
3	600188.SH	兖矿能源	地方国有企业	1519.91	185.67	12.22

续表

排序	股票代码	股票名称	公司属性	营业总收入	净利润	净利率
4	600309.SH	万华化学	地方国有企业	1455.38	250.39	17.20
5	600022.SH	山东钢铁	地方国有企业	1108.51	29.62	2.67
6	600027.SH	华电国际	中央国有企业	1044.22	-67.54	-6.47
7	002241.SZ	歌尔股份	民营企业	782.21	43.07	5.51
8	000977.SZ	浪潮信息	地方国有企业	670.48	20.30	3.03
9	000498.SZ	山东路桥	地方国有企业	575.22	27.51	4.78
10	000951.SZ	中国重汽	地方国有企业	560.99	16.69	2.97
11	600180.SH	瑞茂通	民营企业	476.43	8.21	1.72
12	600060.SH	海信视像	公众企业	468.01	15.95	3.41
13	002237.SZ	恒邦股份	地方国有企业	413.83	4.265	1.03
14	002408.SZ	齐翔腾达	民营企业	348.92	24.47	7.01
15	600760.SH	中航沈飞	中央国有企业	340.88	16.96	4.98
16	600547.SH	山东黄金	地方国有企业	339.35	-1.95	-0.58
17	000488.SZ	晨鸣纸业	地方国有企业	330.20	20.90	6.33
18	002078.SZ	太阳纸业	民营企业	319.97	29.67	9.27
19	000830.SZ	鲁西化工	中央国有企业	317.94	46.20	14.53
20	600600.SH	青岛啤酒	地方国有企业	301.67	32.56	10.79
21	600219.SH	南山铝业	集体企业	287.25	37.19	12.95
22	600426.SH	华鲁恒升	地方国有企业	266.36	72.54	27.23
23	002589.SZ	瑞康医药	民营企业	210.60	3.82	1.81
24	002726.SZ	龙大美食	民营企业	195.10	-8.48	-4.35
25	601966.SH	玲珑轮胎	民营企业	185.79	7.89	4.24
26	601058.SH	赛轮轮胎	民营企业	179.98	13.42	7.46
27	603708.SH	家家悦	民营企业	174.33	-3.54	-2.03

资料来源：Wind，山东省亚太资本市场研究院。

2.5 最佳（差）经营绩效管理上市公司

在现实中，我们通常是根据上市公司当前的创造营业收入的能力和盈利能力，评价上市公司绩效管理结果，因为两指标不仅反映了股票的内在价值，还决定着企业的抗风险能力。如果从营业收入和净利润的增长率来看上市公司的成长性，两指标影响市场投资者对上市公司价值的预期。在这一节中，我们从营业收入、净利润、营业收入增长率、净利润增长率四项指标对2020年山东上市公司的经营绩效管理进行全面评价。根据四项指标在经营绩效管理中的作用，分别赋予上述四项指标25%的权重。具体评价得分方法如下。

(1) 营业收入：根据2020年所有上市公司年度营业收入指标值分布情况，确定营业收入的分布区间为0~200亿元。

如果样本公司营业收入大于200亿元，该指标得100分；

当样本公司总营业收入介于0~200亿元时，

该指标得分＝［（指标值－0）/200］×100。

(2) 净利润：根据2020年所有上市公司年度净利润指标值分布情况，确定净利润的分布区间为－20亿~20亿元。

如果样本公司净利润大于20亿元，该指标得100分；

如果样本公司净利润小于－20亿元，该指标得0分；

如果样本公司净利润介于－20亿~20亿元时，

该指标得分＝［（指标值＋20）/40］×100。

(3) 营业收入增长率：根据2020年所有上市公司年度营业收入增长率指标值分布情况，确定营业收入增长率的分布区间为－100%~100%，

如果样本公司营业收入增长率大于100%，该指标得100分；

如果样本公司营业收入增长率小于－100%，该指标得0分；

如果样本公司营业收入增长率介于－100%~100%时，

该指标得分＝［（指标值＋100）/200］×100。

(4) 净利润增长率：根据2020年所有上市公司年度净利润增长率指标值分布情况，确定净利润增长率的分布区间为－100%~100%，净利润增长率指标值有77.25%的概率位于这一区间内。

如果样本公司净利润增长率大于100%，该指标得100分；

如果样本公司净利润增长率小于－100%，该指标得0分；

如果样本公司净利润增长率介于－100%~100%时，

该指标得分＝［（指标值＋100）/200］×100。

根据以上评价得分办法，算出上市公司营业收入、净利润、营业收入增长率、净利润增长率得分后，根据加权算出总得分，然后根据总得分进行排名，总分前10名者和后10名者即为年度最佳和最差经营绩效管理公司（见表2－25、表2－26）。

表2－25 2021年山东最佳上市公司经营绩效TOP10   单位：亿元，%

序号	股票代码	股票名称	总得分	净利润	同比增长	营业收入	同比增长
1	600309.SH	万华化学	99.77	250.39	140.42	1455.38	98.19
2	600188.SH	兖矿能源	93.15	185.67	171.54	1519.91	－29.30
3	600690.SH	海尔智家	89.15	132.17	16.73	2275.56	8.50
4	000338.SZ	潍柴动力	88.49	115.62	2.55	2035.48	3.07
5	300677.SZ	英科医疗	88.32	74.63	6.55	162.40	17.37
6	600426.SH	华鲁恒升	85.81	72.54	303.33	266.36	103.10

续表

序号	股票代码	股票名称	总得分	净利润	同比增长	营业收入	同比增长
7	601298.SH	青岛港	83.84	46.30	4.74	160.99	21.78
8	000830.SZ	鲁西化工	82.81	46.20	459.97	317.94	80.73
9	002241.SZ	歌尔股份	80.99	43.07	51.03	782.21	35.47
10	600350.SH	山东高速	78.23	39.18	83.14	162.04	42.57

资料来源：Wind，山东省亚太资本市场研究院。

表2-26　2021年山东最差上市公司经营绩效TOP10　　单位：亿元，%

序号	股票代码	股票名称	总得分	净利润	同比增长	营业收入	同比增长
1	600027.SH	华电国际	17.97	-67.54	-216.92	1044.22	15.07
2	200152.SZ	*ST山航B	18.55	-18.14	23.86	125.15	18.80
3	002086.SZ	ST东洋	18.56	-10.21	240.78	3.89	-9.11
4	002323.SZ	*ST雅博	20.22	-9.85	-2793.74	1.25	-0.12
5	002726.SZ	龙大美食	20.39	-8.48	-187.00	195.10	-19.05
6	002374.SZ	中锐股份	22.17	-6.72	-270.71	6.83	10.80
7	002470.SZ	ST金正	23.50	-5.60	83.36	93.16	-0.42
8	002355.SZ	兴民智通	24.13	-5.57	-40.02	14.18	-3.19
9	002485.SZ	雪松发展	24.24	-4.50	-1269.02	20.16	32.15
10	603779.SH	威龙股份	25.21	-4.14	-88.41	4.74	20.76

资料来源：Wind，山东省亚太资本市场研究院。

2021年山东上市公司经营绩效得分前10名的企业中，最高经营得分为99.97分，最低经营得分为78.23分，得分整体状况与2020年（最高95.53分，最低82.20分）基本持平，但龙头企业有分化趋势。2021年山东经营绩效最佳的10家上市公司营业收入合计9138.27亿元，相较2020年的4155.36亿元有大幅提升。前10名最佳上市公司占全省上市公司营业收入的比重为35.47%，净利润合计1005.77亿元，10家公司净利润占全省的比重为53.03%。歌尔股份（002241.SZ）是连续两年上榜的山东省上市公司，尽管净利润与营业收入均有大幅增长，但排名位次由2020年榜首下滑到了2021年的第9位，可以明显感受到龙头企业竞争之激烈。值得注意的是，在2021年经营绩效最佳的10名公司中，民营企业占比提高，这也说明在新旧动能转化的大背景下，民营企业也能够更好转变自己，适应新发展模式，同时也说明山东营商环境正在向积极方向发生变化。

从2021年山东上市公司经营绩效最差10名企业得分来看，经营绩效得分为17.97分至25.21分，整体得分相比2020年（12.77分至21.03分）有所改善。未名医药（002581.SZ）自2019年连续两年成为TOP10最差经营绩效上市公司后，得益于营收增长率与净利润增长率的大幅改善，2021年不再出现在榜单中。中锐股份（002374.SZ）是唯一连续两年入围的上市公司，2021年净利润为-6.72亿元，亏损严重。其余 9 家上市公司则为新入围公司。10 家得分最差公司全部处于亏损状态。2021 年 10 家最差上市公司中民营企业占绝大多数。整体而看，名单中企业基本主营业务能力不突出，且受政策和行业景气度影响较大，部分企业内部管理还存在一定问题，且整体管理水平不高，在绩效管理的认识上存在偏差，多种因素之下导致经营绩效得分偏低。在山东实施新旧动能转化的背景下，营商环境向好，山东上市企业应该以此为契机，积极提高管理水平和创新能力，努力学习广东、浙江等经济发达省份发展经验，从根本上改变落后的局面。

第3章 山东上市公司市值管理比较与分析

2021年是"十四五"开局之年。面对世界新一轮科技革命和产业变革的兴起以及世界产业分工格局和全球贸易的变化,特别是新冠肺炎疫情的持续广泛影响,山东省全省上下深入贯彻党中央统筹新冠肺炎疫情防控和经济社会发展部署,牢牢立足新发展阶段,紧紧围绕服务实体经济、防控金融风险、深化金融改革三大任务,以服务实体经济为根本宗旨,着力扩消费、强投资,为山东经济高质量发展提供了有力支撑,经济运行稳中向好,主要经济指标好于全国平均水平、好于预期。2021年,全省生产总值达8.3万亿元,比2020年增长8.3%,高于全国0.2个百分点;居民人均可支配收入为35705元,比上年增长8.65%;规模以上工业增加值比上年增长9.6%,两年平均增长7.3%;全年货物进出口总额达到2.9万亿元,增长32.4%,高于全国11个百分点。

2021年,山东金融业整体运行健康平稳,资本市场服务实体经济能力明显增强,企业上市和直接融资成效显著,上市公司质量稳步提升,上市公司数量创历史新高,直接融资规模持续增长。截至2021年末,全省上市公司达269家,数量比2020年增加40家,股票、债券两项直接融资达8957.48亿元,比上年增长14.86%。全省上市公司资产规模、营业收入、利润总额、净利润均实现不同程度增长。从上市公司市值来看,2021年山东新增上市公司40家,使上市公司总市值大幅增加的同时,平均市值也明显提高。本章我们将首先对全省上市公司市值管理进行分析。然后从不同行业、不同城市以及不同所有制等多个方面,对上市公司市值管理进行比较分析。

3.1 不同行业上市公司经营绩效与市值管理

2021年,随着山东新旧动能转换深入推进以及"十强"产业的不断壮大,以新技术、新产业、新业态、新模式为代表的"四新"经济主体快速发展,其总量突破1.46万家,经济增加值占地区生产总值比重高达30.2%,全省产业结构进一步优化。从山东上市公司行业结构来看,山东上市公司的资本分布主要集中在化工、机械设备和医药生物等偏传统行业中,战略新兴产业占比超过六成,传统产业为主的上市企业结构持续改善。截至2021年末,全省269家上市公司分布于28个申万一级行业中,上市公司行业分类广泛,其中化工、机械设备、医药生物三大行业上市公司数量排名前三,数量分别为53家、35家、26家(见图3-1)。虽然2021年新冠肺炎疫情对经济带来持续冲击,但是山东省新旧动能转换初见成效,上市企业转变发展方式,实现产业升级,多个行业的上市公司业绩表现出较强韧性。

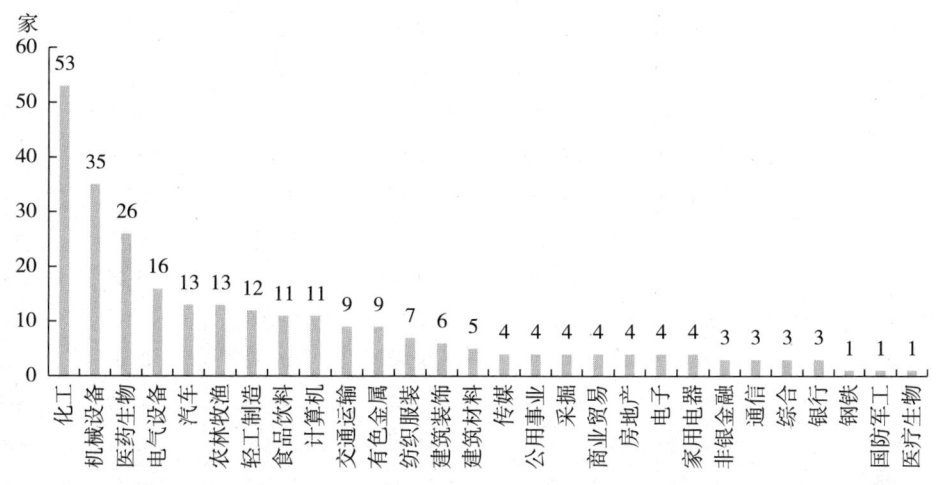

图3-1 2021年山东上市公司行业分布

(资料来源:Wind,山东省亚太资本市场研究院)

3.1.1 山东上市公司业绩韧性较强

众所周知,经营绩效是决定上市公司市值的关键性因素。要分析上市公司的市值管理,首先必须分析其经营绩效。因此在这一小节中,我们需要考察全省上市公司的主要经营业绩指标。从营业收入上看,2021年22个行业中山东上市公司累计营业收入实现增长,累计营业收入平均增幅约为8.86%。具体到细分行业,建筑装饰行业营业收入增幅最高,为56.29%,而采掘行业累计营业收入降幅最大,萎缩了25.21%。具体到公司层面,海尔智家(600690.SH)、潍柴动力(000338.SZ)两家公司2021年营业收入超过200亿元,全省营业收入增幅最高的上市公司其营业收入增幅超过700%。从净利润来看,各行业上市公司累计净利润平均增幅为4.11%,略低于累计营业收入平均增幅,同时各行业净利润增幅波动巨大,分化明显。其中,化工、采掘和房地产行业净利润增幅均超过100%,增幅分别为127.18%、227.30%和184.85%,远高于全省上市公司平均水平(4.11%);但是,山东的公用事业和商业贸易行业上市公司累计净利润出现巨幅下降,降幅分别为-206.63%和-115.07%。从公司来看,万华化学(600309.SH)、兖矿能源(600188.SH)、海尔智家(600690.SH)、潍柴动力(000338.SZ)共4家公司净利润超过100亿元。增幅方面,东阿阿胶(000423.SZ)和恒天海龙(000677.SZ)的净利润增幅达5倍以上(见表3-1)。

表 3-1 不同行业上市公司营业收入与净利润统计（2020—2021 年）

单位：亿元，%

行业名称	数量	经营收入 2021	经营收入 2020	增幅	净利润 2021	净利润 2020	增幅
化工	53	4533.55	3023.72	49.93	616.37	271.31	127.18
机械设备	35	1001.52	850.74	17.72	63.20	65.66	-3.75
医药生物	26	1314.83	1253.31	4.91	171.74	161.33	6.45
电气设备	16	493.53	424.96	16.14	33.71	34.16	-1.32
汽车	13	2822.76	2785.07	1.35	132.30	144.46	-8.42
农林牧渔	13	194.24	170.34	14.03	0.71	6.79	-89.54
轻工制造	12	1070.90	877.80	22.00	79.50	59.19	34.31
食品饮料	11	702.11	707.45	-0.75	31.03	46.06	-32.63
计算机	11	827.10	762.75	8.44	29.03	24.71	17.48
交通运输	9	1317.76	948.96	38.86	96.67	57.97	66.76
有色金属	9	1212.83	1329.79	-8.80	50.26	54.52	-7.81
纺织服装	7	188.07	168.19	11.82	2.96	4.00	-26.00
建筑装饰	6	683.53	437.21	56.29	23.03	19.43	18.53
建筑材料	5	137.95	105.64	30.59	10.30	9.07	13.56
传媒	4	155.52	140.01	11.08	21.75	15.78	37.83
公用事业	4	1134.35	995.17	13.99	-67.21	63.03	-206.63
采掘	4	1706.11	2281.15	-25.21	200.08	53.03	277.30
商业贸易	4	314.23	314.19	0.01	-3.14	-1.46	-115.07
房地产	4	148.04	152.39	-2.88	5.77	-6.80	184.85
电子	4	813.91	608.45	33.77	48.89	35.22	38.81
家用电器	4	2935.23	2673.24	9.80	157.33	142.10	10.72
非银金融	3	132.91	104.84	26.77	38.34	29.57	29.66
通信	3	114.23	100.27	13.92	11.76	12.43	-5.39
综合	3	37.71	49.80	-24.28	2.49	2.96	-15.88
银行	3	316.00	280.49	12.66	91.58	79.75	14.83
钢铁	1	1108.51	873.17	26.95	29.62	15.80	87.47
国防军工	1	340.88	273.16	24.79	16.96	14.84	14.29
医疗生物	1	0.84	1.01	-16.83	0.16	0.29	-44.83

资料来源：Wind，山东省亚太资本市场研究院。

3.1.2 山东上市公司总市值大幅提升

截至 2021 年末，沪指收报 3639.78 点，全年上涨 4.80%；深证成指收报 14857.35 点，全年上涨 2.67%；创业板指收报 3322.67 点，全年上涨 12.02%。从全年表现来看，沪指、深证成指和创业板指均实现三年连涨。截至 2021 年末，全省

269家上市公司总市值为4.12万亿元,累计总市值增幅为20.82%,好于沪深市场整体表现;平均市值为153.28亿元/家,增幅为2.96%。

从行业视角来看,随着资本市场基础性制度建设的不断加快,市场行情景气度有所上升,山东资本市场进一步扩大,上市公司市值规模显著提升,截至2021年末,超千亿市值上市公司达6家。其中,万华化学(600309.SH)、海尔智家(600690.SH)两家上市公司市值均突破2000亿元,歌尔股份(002241.SZ)、潍柴动力(000338.SZ)、中航沈飞(600760.SH)和青岛啤酒(600600.SH)4家公司市值超过1000亿元,超过千亿市值公司的行业分布广泛,均为省内分属行业龙头企业(见表3-2)。

表3-2 2021年山东千亿市值以上上市公司　　　单位:亿元,%

股票代码	股票简称	行业	总市值(2020)	总市值(2021)	增幅
600309.SH	万华化学	化工	2858.42	3171.14	10.94
600690.SH	海尔智家	家用电器	2455.60	2645.10	9.22
002241.SZ	歌尔股份	电子	1222.39	1848.23	51.20
000338.SZ	潍柴动力	汽车	1200.41	1455.10	21.29
600760.SH	中航沈飞	国防军工	1094.82	1333.95	21.84
600600.SH	青岛啤酒	食品饮料	1152.54	1093.17	-5.15

资料来源:Wind,山东省亚太资本市场研究院。

3.1.3 化工行业上市公司总市值占比持续提升

在全省28个行业分类中,各行业上市公司市值普遍增长。其中,山东化工行业上市公司总市值近年来一直在总市值排行榜中占据第一。化工行业作为山东省传统优势产业,对山东省经济发展影响巨大。2021年新增的40家上市公司中有9家属于化工行业,化工行业上市公司总市值达10960.78亿元,比2020年提高了43.56%,山东省化工行业上市公司总市值占比也进一步提升至26.58%,比2020年提升了4.19个百分点。机械设备行业作为山东上市公司数量第二多的行业,2021年也新增了5家上市公司,累计总市值增长24.09%,占山东上市公司总市值的比重为6.23%,相较于2020年有小幅提升。此外,医药生物行业有26家,受疫情影响资本市场对医药行业持续关注,其总市值也有所增长,2021年山东医药生物行业总市值为4106.78亿元,增幅为12.03%,总市值占比为9.96%。另外值得一提的是建筑装饰行业,2021年新增建筑装饰行业上市公司2家,中锐股份(002374.SZ)自身市值涨幅明显,高达365.78%,建筑装饰行业总市值大幅提升,增幅超过100%。

表 3-3　山东不同行业上市公司市值变化（2020—2021年）　单位：亿元，%

行业分类	2020			2021			增幅
	家数	市值	占比	家数	市值	占比	
化工	44	7635.17	22.39	53	10960.78	26.58	43.56
机械设备	30	2069.12	6.07	35	2567.59	6.23	24.09
医药生物	22	3665.78	10.75	26	4106.78	9.96	12.03
电气设备	13	1083.97	3.18	16	1451.05	3.52	33.86
农林牧渔	12	761.83	2.23	13	874.23	2.12	14.75
轻工制造	10	950.89	2.79	12	964.57	2.34	1.44
食品饮料	9	1918.81	5.63	11	1742.61	4.23	-9.18
汽车	9	1673.77	4.91	13	2046.89	4.96	22.29
计算机	8	840.93	2.47	11	1045.87	2.54	24.37
交通运输	8	984.98	2.89	9	996.22	2.42	1.14
有色金属	8	1694.39	4.97	9	1897.93	4.60	12.01
纺织服装	7	247.36	0.73	7	216.73	0.53	-12.38
传媒	5	272.46	0.80	4	393.94	0.96	44.59
建筑材料	5	208.19	0.61	5	363.75	0.88	74.72
公用事业	4	408.44	1.20	4	603.28	1.46	47.70
采掘	4	686.64	2.01	4	1284.39	3.12	87.05
商业贸易	4	238.75	0.70	4	196.25	0.48	-17.80
建筑装饰	4	175.36	0.51	6	364.48	0.88	107.85
家用电器	4	2931.13	8.60	4	3056.03	7.41	4.26
非银金融	3	1430.22	4.19	3	811.90	1.97	-43.23
电子	3	1742.44	5.11	4	2280.24	5.53	30.86
通信	3	501.39	1.47	3	479.96	1.16	-4.27
房地产	3	139.83	0.41	4	223.12	0.54	59.57
综合	3	69.22	0.20	3	90.93	0.22	31.36
银行	2	511.69	1.50	3	664.83	1.61	29.93
钢铁	1	156.54	0.46	1	195.94	0.48	25.17
国防军工	1	1094.82	3.21	1	1333.95	3.24	21.84
医疗生物	0	0	0	1	18.07	0.04	—
全部	229	34094.11	100.00	269	41232.31	100.00	20.94

资料来源：Wind，山东省亚太资本市场研究院。

统计显示，2021年山东269家上市公司中剔除40家新增上市公司后，有143家上市公司市值出现不同程度增长，86家上市公司市值缩水。将143家实现市值增长的上市公司按照所属行业划分，市值增长的公司主要分布在化工和机械设备行业，分别为34家和21家，占市值增长上市公司数量的37.93%。另外，医药生物行业和电器设备行业均有 11 家上市公司实现市值增长，其余行业市值增长数量少于 10 家。值得注意的是，受疫情影响，除医疗生物这一新增行业外，商业贸易、银行、非银金融 3 个行业中没有上市公司市值实现增长。剔除 2021 年银行业内的一家上市公司，青农商行（002958.SZ）、青岛银行（002948.SZ）两家公司的市值降幅分别为 -68.33% 和 -34.13%，市值降幅均超过 30%（见图 3-2）。

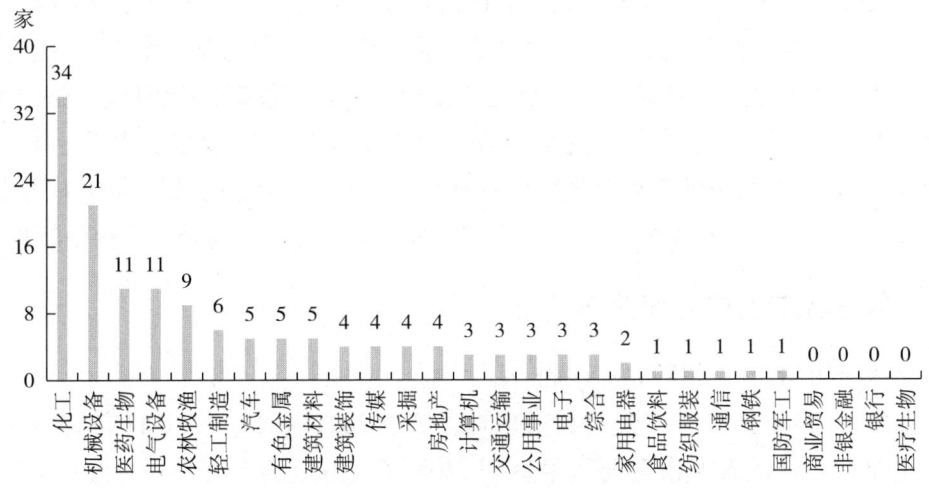

图 3-2 2021 年市值增长的上市公司行业分布
（资料来源：Wind，山东省亚太资本市场研究院）

3.2 不同城市上市公司经营绩效与市值管理

上市公司的数量和质量是区域经济发展质量的反映，与经济发展水平高度相关。我国各省（区、市）上市公司的发展由于受当地经济总量、经济发展水平等因素的影响，表现出较强的区域性特征。整体来看，东部沿海地区由于经济发展较为发达，其上市公司发展水平普遍高于中西部地区，具体表现在上市公司数量、资产规模和融资规模等方面。就山东省内来看，2021 年，随着疫情防控平稳有序进行，各城市工作生活逐步恢复，经济高质量发展得以显现。受自然资源、地理位置、经济发展水平以及产业基础等诸多因素的影响，山东上市公司与全国上市公司表现有所差异；同时省内不同城市经济发展不平衡的矛盾一直存在，山东 16 个城市社会经济发展的差距在上市公司层面有直观的表现。2021 年全省生产总值（GDP）首次突破 8 万亿元大关，达到 83095.90 亿元，比 2020 年增长 8.3%。分产业看，第一产业增加值为 6029.03 亿元，增长 7.5%；第二产业增加值为 33187.16 亿元，增长 7.2%；第三产业增加值为 43879.71 亿元，增长 9.2%。三次产业结构由上年的 7.3∶39.1∶53.6 调整为 7.3∶39.9∶52.8。其中，青岛市 GDP 为 14136.46 亿元，省内排名第一，济南市 GDP 为 11432.22 亿元，是全省第二个生产总值突破万亿元的城市；另外，枣庄市

GDP 仅为 1951.57 亿元，疫情持续冲击下，城市间发展不平衡的情况加剧。

上市公司在山东各城市分布上的不均衡，彰显出区域经济发展不平衡的现状。截至 2021 年末，山东上市公司共有 269 家，其中全省 GDP 排名前三的青岛、烟台、济南上市公司数量分别为 58 家、45 家、43 家，三市上市公司总家数在全省占比为 54.28%，比 2020 年提高了 1.44 个百分点，经济发展水平领先的城市企业登陆 A 股市场的数量占优；滨州、东营等 8 座城市上市公司家数未超过 10 家，日照和菏泽均只有两家上市公司，这也侧面体现了"强者越强，弱者越弱"的现象。作为区域经济发展的支柱，上市公司加强市值管理，稳步提升经营水平，不仅对区域财政贡献巨大，同时也影响到城市区域人才吸引、技术和管理创新等发展战略规划。本节主要分析了 2021 年山东省 16 个城市的上市公司市值管理绩效的基本情况与变化，同时挖掘各城市有利于上市公司发展的各种要素，以期助力各城市上市公司提高经营和市值管理水平。

3.2.1 各省区市上市公司分布情况

1. 各省区市上市公司数量

从 2021 年各省区市上市公司数量来看，截至 2021 年末，GDP 排名前四的广东、江苏、山东和浙江四省上市公司数量达到 2205 家，占全国上市公司数量的 46.98%。其中，广东上市公司数量始终遥遥领先于全国各省区市，2021 年末达到 761 家；浙江紧随其后和江苏上市公司数量均超过 500 家，山东上市公司数量为 269 家。福建、四川、安徽、湖北、湖南五省上市公司数量也超过 100 家，区域经济相对发达。内蒙古、西藏、宁夏、青海四省（自治区）等西部地区四省区上市公司数量不足 30 家（见表 3-4）。经济实力强弱基本和上市公司数量呈现一种正相关关系，经济实力较强的省（区、市）的上市公司的数量较多。《关于新时代推进西部大开发形成新格局的指导意见》指出，要深化要素市场化配置改革，提高西部地区直接融资比例，支持符合条件的企业在境内外发行上市融资、再融资，通过发行公司信用类债券、资产证券化产品融资，西部贫困地区企业首次公开发行上市、新三板挂牌、发行债券、并购重组等适用绿色通道政策，东西部上市公司在数量上的差距有望缩短。

表 3-4 2021 年全国省区市拥有的上市公司数量情况

单位：家，亿元，万人

省份	数量	排名	GDP	每千亿 GDP 上市公司数量	排名	人口	每百万人口 上市公司数量	排名
广东	761	1	124369.67	6.12	5	12684	6.00	5
浙江	605	2	73516.00	8.23	4	6540	9.25	3
江苏	570	3	116364.20	4.90	7	8505	6.70	4
北京	424	4	40269.60	10.53	1	2189	19.37	1
上海	389	5	43214.85	9.00	3	2489	15.63	2

续表

省份	数量	排名	GDP	每千亿 GDP 上市公司数量	排名	人口	每百万人口 上市公司数量	排名
山东	269	6	83095.90	3.24	16	10170	2.65	10
福建	163	7	48810.36	3.34	13	4187	3.89	8
四川	156	8	53850.80	2.90	18	8372	1.86	19
安徽	148	9	42959.20	3.45	12	6113	2.42	11
湖南	132	10	46063.09	2.87	19	6622	1.99	15
湖北	128	11	50012.94	2.56	20	5830	2.20	13
河南	97	12	58887.41	1.65	28	9883	0.98	27
辽宁	81	13	27584.10	2.94	17	4242	1.91	18
河北	69	14	40391.30	1.71	27	7448	0.93	28
江西	67	15	29619.67	2.26	22	4517	1.48	22
陕西	66	16	29800.98	2.21	24	3954	1.67	21
重庆	63	17	27894.02	2.26	22	3212	1.96	17
天津	63	17	15695.05	4.01	8	1373	4.59	7
新疆	57	19	15983.65	3.57	10	2589	2.20	13
吉林	48	20	13235.52	3.63	9	2407	1.99	15
山西	41	21	22590.16	1.81	25	3480	1.18	25
云南	41	21	27146.76	1.51	30	4690	0.87	30
广西	39	23	24740.86	1.58	29	5037	0.77	31
黑龙江	38	24	14879.20	2.55	21	3125	1.22	24
甘肃	34	25	10243.30	3.32	14	2490	1.37	23
海南	34	26	6475.20	5.25	6	1020	3.33	9
贵州	34	27	19586.42	1.74	26	3852	0.88	29
内蒙古	28	28	20514.20	1.36	31	2400	1.17	26
西藏	21	29	2080.17	10.10	2	365	5.75	6
宁夏	16	30	4522.31	3.54	11	720	2.22	12
青海	11	31	3346.60	3.29	15	594	1.85	20

注：各省按照常住人口统计。

资料来源：Wind，国家统计局，山东省亚太资本市场研究院。

2. 各省市区单位 GDP 上市公司数量

从每千亿元 GDP 拥有的上市公司数量来看，北京以每千亿元 GDP 拥有 10.53 家上市公司排名第一，西藏以每千亿元 GDP 拥有 10.10 家上市公司排名第二，是仅有的两个超过 10 家上市公司的省份。每千亿元 GDP 上市公司数量多，表明区域上市公司对于区域 GDP 增长支撑力较强。上海、浙江、广东、海南和江苏等省市每千亿元 GDP 拥有上市公司的数量排名靠前，山东每千亿元 GDP 拥有上市公司数量 3.24 家，全国排名第十六,与GDP排名的经济实力不相匹配,因此,山东省在培育本省市资本市场,提升上市公司GDP贡献度方面需要进一步加强。西部地区的青海、新疆、甘肃和宁夏每千亿元GDP拥有上市公司的数量相对排名靠前,说明这些地区经济增长对上市公司依赖度较高,而内蒙古平均仅拥有1.36家上市公司,位居全国排名最末(见表3-4)。

3. 各省市区每百万人口上市公司数量

区域内常住人口数量及增减情况也能反映区域的吸引力,东部沿海省市经济实力发达,人口整体呈现净流入状态,每平方公里人口密度大,上市公司数量也相对较多。从各省(市、自治区)每百万人口拥有上市公司数量来看,东部沿海省市排名较为靠前,前10名中除西藏、海南以外,均处于我国东部地区。北京、上海因其特殊性,每百万人口拥有上市公司数量在全国排名前两位,分别拥有19.37家、15.63家,同时也是全国仅有的2个超过10家的省份。浙江、江苏、西藏、广东四省每百万人口拥有上市公司数量超过5家。尤其是广东、江苏和浙江三省,无论是经济实力、人口数量、上市公司数量,还是每千亿元GDP拥有上市公司的数量、每百万人口拥有上市公司数量,排名较为稳定且靠前,说明三省经济综合发展实力较强。山东每百万人口拥有上市公司数量2.65家,全国排名第十。河南、河北、云南、贵州、广西五省每百万人口拥有上市公司数量均不足1家,排名较靠后,在培育本省上市企业上任重道远(见表3-4)。

3.2.2 各省市上市公司比较

1. 全国TOP20城市上市公司发展比较

全国GDP50城市是指以GDP为衡量标准,通过对中国大陆地区各城市经济发展进行排名,经济发展得最好的20座城市。2021年,山东省内青岛、济南进入全国20强城市之中,分别在第13位和第18位(见表3-5)。

表3-5 2021年全国TOP20城市上市公司主要指标比较　　单位:亿元,家

排名	城市	营业收入	净利润	总市值	家数
1	上海	60646.94	4740.28	84975.20	389
2	北京	226368.58	21810.95	188991.92	424
3	深圳	59361.33	5471.09	101239.63	372
4	广州	12090.76	908.75	23157.37	131
5	重庆	7127.34	516.03	11493.56	63
6	苏州	3656.23	243.09	12771.42	109
7	成都	4643.51	410.44	14329.66	98
8	杭州	21722.40	1394.52	33847.27	195
9	武汉	4230.13	228.14	8492.94	71

续表

排名	城市	营业收入	净利润	总市值	家数
10	南京	10497.25	496.66	15527.86	106
11	天津	10460.20	1360.69	13074.73	63
12	宁波	5340.43	493.73	11615.74	83
13	青岛	5079.24	372.12	8208.46	58
14	无锡	2008.59	245.01	11827.50	60
15	长沙	5324.56	437.77	11727.19	65
16	郑州	1331.88	84.29	2530.58	27
17	佛山	5769.61	434.35	13242.65	45
18	济南	5675.73	173.27	6204.40	43
19	合肥	3290.95	179.68	10263.55	65
20	福州	4954.19	819.44	8251.86	47

注：各城市按照常住人口统计。

资料来源：Wind，各省市区统计局，山东省亚太资本市场研究院。

经济20强城市中，山东排名最高的青岛上市公司数量有58家，在数量上仅仅高于福州、郑州、佛山、济南，排名靠后；济南上市公司43家，远低于同是省会城市的杭州、南京、广州、武汉等城市。另外，20强城市上市公司累计总市值普遍超过5000亿元，2021年青岛和济南上市公司累计总市值分别为8208.46亿元和6204.40亿元，排名分别在第18位和第19位。

从营业收入来看，全省排名靠前的济南和青岛上市公司累计营业收入均超过5000亿元，在20强城市中排名分别在第10位和第13位；净利润方面，青岛和济南上市公司累计净利润分别为372.12亿元和173.27亿元，排名分别在第14位和第19位；在累计营业收入和累计净利润的规模上与广州、南京、杭州等其他经济先进省份头部城市的规模依然有较大的差距。

2. 省内各市证券化率比较

山东各城市上市公司数量差别较大。截至2021年底，上市公司数量排名前三的青岛、烟台、济南上市公司数量分别为58家、45家、43家，3个城市上市公司总家数全省占比为51.30%。另外，菏泽、日照都仅有2家上市公司（见图3-3）。上市公司分布的不均衡同样反映在各市上市公司总市值规模上，2021年山东269家上市公司总市值为4.12万亿元，烟台上市公司以8724.97亿元的总市值在全省排名第一，占全省上市公司的21.16%；而全省排名末位的日照，上市公司总市值仅有97.90亿元，全省占比不足1%。

按照金融学惯例，我们用证券化率（Securitization Rate）来衡量一个国家或地区的资本市场的成熟程度，同时也是衡量资本市场对一个国家或地区经济发展重要程度的核心指标。各城市证券化率直观地表现出各市资本市场发展程度的高低，2021

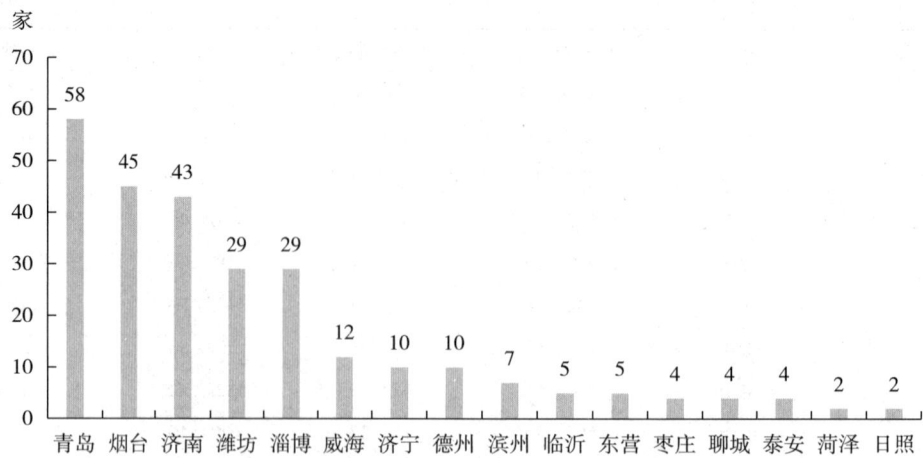

图 3-3　2021 年山东各城市上市公司数量

（资料来源：Wind，山东省亚太资本市场研究院）

年山东省证券化率为49.62%，比2020年提高了3个百分点，但是依然低于全国证券化率水平，山东资本市场整体发展成熟度有待进一步提高。

在山东16个城市中，青岛、济南GDP超过万亿元，分别为14136.46亿元、11432.22亿元；在总市值规模上，烟台、青岛等6个城市上市公司总市值超过2000亿元。16个城市中，烟台、威海、淄博、青岛、潍坊、济南、德州7个城市的证券化率高于全省平均水平40.31%（见表3-6），分别为100.15%、76.28%、82.72%、60.79%、68.11%、54.27%、41.15%。济宁、东营等9个城市的证券化率低于全省平均水平。值得注意的是，菏泽、泰安、临沂、日照4个城市的证券化率不足10%。除烟台外，全省其余15个城市的证券化率均低于全国平均水平（84.40%）。各城市上市公司对于GDP的影响有待进一步提高，山东资本市场直接融资效用需要更加充分地发挥。

表 3-6　2021 年山东各市证券化率　　　　　　　　　　单位：亿元，%

城市	证券化率	总市值	GDP
烟台	100.15	8724.97	8711.75
威海	76.28	2642.44	3463.93
淄博	82.72	3474.90	4200.62
青岛	60.79	8593.56	14136.46
潍坊	68.11	4775.25	7010.60
济南	54.27	6204.40	11432.22
德州	41.15	1435.63	3488.72
济宁	31.77	1610.65	5069.96
东营	34.27	1179.32	3441.72

续表

城市	证券化率	总市值	GDP
聊城	25.98	686.61	2642.52
枣庄	32.31	630.59	1951.57
滨州	13.42	385.54	2872.11
菏泽	6.72	267.23	3976.67
泰安	6.47	193.78	2996.70
临沂	6.03	329.55	5465.50
日照	4.43	97.90	2211.96

资料来源：Wind，山东省亚太资本市场研究院。

3. 省内各市上市公司市值分布情况

2021年，虽然新冠肺炎疫情的影响依旧，经济增速放缓，宽松货币政策下部分流动性向资本市场转移，市场情绪较为高涨，2021年A股市场表现继续改善。截至2021年末，全国4693家上市公司总市值为96.53万亿元，比2020年增加14.25%；山东269家上市公司总市值为41232.33亿元，比2020年增长了20.94%（见表3-7）。2021年山东上市公司总市值增长主要来自两个方面：一是上市公司的数量增加了40家；二是市场估值提升情况下，上市公司股价的上涨。

具体来看，2021年全省有15个城市上市公司总市值实现不同程度增加，其中枣庄、淄博等7个城市总市值规模增幅高于全省平均水平（35.21%）。从总市值规模看，超过5000亿元的有烟台、青岛、济南3个城市，总市值超过1000亿元的城市数量为9个，比2020年增加1个。总市值规模上，烟台、青岛、济南稳居全省前三，分别为8724.97亿元、8593.56亿元、6204.40亿元。受到联泓新科（003022.SZ）以及资本市场热度提升影响，枣庄上市公司2021年总市值比2020年提高了157.97%。另外，日照上市公司市值规模依然不足100亿元，仅为97.90亿元。值得注意的是，2021年，在偏暖市场环境下，菏泽上市公司总市值依然出现了萎缩，下降幅度为7.43%（见表3-7）。

表3-7 2021年山东各市上市公司市值统计　　　单位：亿元，%

区域	总市值（2021年）		总市值（2020年）		市值增幅
	市值	占比	市值	占比	
青岛	8593.56	20.84	7319.75	21.47	17.40
烟台	8724.97	21.16	8131.14	23.85	7.30
济南	6204.40	15.05	5713.96	16.76	8.58
潍坊	4775.25	11.58	3441.14	10.09	38.77
淄博	3474.90	8.43	2556.29	7.50	35.94
威海	2642.44	6.41	2122.40	6.23	24.50

续表

区域	总市值（2021年）		总市值（2020年）		市值增幅
	市值	占比	市值	占比	
济宁	1610.65	3.91	1129.93	3.31	42.54
德州	1435.63	3.48	1191.90	3.50	20.45
滨州	385.54	0.94	241.74	0.71	59.49
临沂	329.55	0.80	220.90	0.65	49.19
东营	1179.32	2.86	698.91	2.05	68.74
枣庄	630.59	1.53	244.44	0.72	157.97
聊城	686.61	1.67	537.01	1.58	27.86
泰安	193.78	0.47	167.34	0.49	15.80
菏泽	267.23	0.65	288.68	0.85	-7.43
日照	97.90	0.24	88.58	0.26	10.52
全省	41232.33	100.00	34094.11	100.00	20.94

资料来源：Wind，山东省亚太资本市场研究院。

3.2.3 各城市上市公司经营绩效

截至2021年末，山东上市公司营业收入合计25759.15亿元，占全国的比重为3.97%，比2020年下降了0.2个百分点。从各城市上市公司营业收入来看，济南上市公司营业收入排名全省第一，为5675.73亿元，比2020年提高了9.07%；青岛上市公司营业收入为5203.14亿元，排名第二，比2020年提高了15.25%。从营业收入增长幅度上看，除济宁外，山东其余15城市累计营业收入均实现不同程度增长，德州上市公司累计营业收入增幅最高，为57.47%（见表3-8）。平均营业收入方面，济宁上市公司平均营业收入为208.96亿元/家，全省排名第一。泰安上市公司平均营业收入仅有23.91亿元/家，全省排名最末，但是与2020年相比还是有所增加。

表3-8 2021年山东各市上市公司营业收入统计

单位：亿元，%，亿元/家

城市	上市公司数量	营业收入（2021年）	营业收入（2020年）	增幅	平均营业收入（2021年）
济南	43	5675.73	5203.95	9.07	131.99
青岛	58	5203.14	4514.69	15.25	89.71
潍坊	29	3810.58	3405.67	11.89	131.40
烟台	45	4200.43	3220.29	30.44	93.34
济宁	10	2089.63	2582.54	-19.09	208.96
淄博	29	1550.78	1269.88	22.12	53.48
威海	12	814.69	708.58	14.98	67.89
德州	10	646.79	410.75	57.47	64.68

续表

城市	上市公司数量	营业收入（2021年）	营业收入（2020年）	增幅	平均营业收入（2021年）
东营	5	354.13	290.33	21.97	70.83
聊城	4	429.35	273.53	56.97	107.34
滨州	7	335.83	274.57	22.31	47.98
临沂	5	207.71	196.32	5.80	41.54
菏泽	2	169.65	169.20	0.27	84.83
泰安	4	95.64	81.43	17.45	23.91
枣庄	4	107.18	79.43	34.94	26.80
日照	2	68.40	60.85	12.41	34.20

资料来源：Wind，山东省亚太资本市场研究院。

净利润方面，2021年山东上市公司净利润达1895.18亿元，与2020年相比提高42.64%，占全国的比重为3.57%，占比较2019年提高了0.47个百分点。从具体城市来看，聊城上市公司净利润增幅高达404.63%，全省排名第一（见表3-9）。需要指出的是，全省16个城市中5个城市上市公司累计净利润增幅为负数，且5个城市上市公司净利润降幅均超过20%。从平均净利润来看，济宁上市公司平均净利润最高，为22.51亿元/家，枣庄、泰安上市公司平均净利润不足2亿元/家，泰安上市公司平均净利润最低，仅0.36亿元/家。

表3-9 2021年山东各市上市公司净利润情况

单位：亿元，%，亿元/家

城市	上市公司数量	净利润（2021年）	净利润（2020年）	增幅	平均净利润（2021年）
青岛	58	383.53	339.06	13.12	6.61
烟台	45	373.39	228.20	63.62	8.30
济南	43	173.27	251.27	-31.04	4.03
潍坊	29	216.57	189.02	14.58	7.47
淄博	29	212.52	148.09	43.51	7.33
济宁	10	225.11	103.40	117.70	22.51
威海	12	42.68	55.76	-23.46	3.56
德州	10	103.65	46.00	125.33	10.37
菏泽	2	12.71	16.54	-23.16	6.36
东营	5	50.84	16.42	209.62	10.17
聊城	4	51.22	10.15	404.63	12.81
滨州	7	24.24	12.14	99.67	3.46
枣庄	4	4.52	7.87	-42.57	1.13
日照	2	8.63	7.94	8.69	4.32
泰安	4	1.44	3.19	-54.86	0.36
临沂	5	10.84	-23.69	—	2.17

资料来源：Wind，山东省亚太资本市场研究院。

3.3 不同性质上市公司经营绩效及市值管理

为了加快国有企业改革和发展、实现国有企业做强做优做大。2020年5月22日，国务院总理李克强在《政府工作报告》中提出，提升国资国企改革成效。实施国企改革三年行动。完善国资监管体制，深化混合所有制改革。基本完成剥离办社会职能和解决历史遗留问题。国企要聚焦主责主业，健全市场化经营机制，提高核心竞争力。2020年6月30日，习近平总书记主持召开中央全面深化改革委员会第十四次会议，审议通过了《国企改革三年行动方案（2020—2022年）》。随后国务院国资委召开会议，对中央企业改革三年行动工作进行动员部署。2021年是国有企业改革三年行动计划最关键的一年，截至12月，国企改革三年行动70%目标任务顺利完成。国有企业公司制改革基本完成，中央党政机关和直属事业单位所管理企业中公司制企业占比97.7%，地方国有企业中公司制企业占比99.9%，实现了历史性突破。国有企业是国民经济的重要支柱，在稳定经济大盘中发挥着"稳定器""压舱石"的作用。党的十八大以来，党中央对深化国有企业改革作出了一系列重大部署，从"1+N"系列文件的出台再到国企改革三年行动，国企改革进入了一个全新的历史阶段。特别是国企改革三年行动启动以来，国企改革全面发力、多点突破，不断向纵深推进，有力地促进了国有企业质量效益提升。

伴随着国有企业的不断发展壮大，我国民营企业在经济社会发展中也发挥着越来越大的作用。在世界500强企业中，我国民营企业由2010年的1家增加到2021年的31家。我国民营经济已经成为推动我国发展不可或缺的力量，成为创业就业的主要领域、技术创新的重要主体、国家税收的重要来源，为我国社会主义市场经济发展、政府职能转变、农村富余劳动力转移、国际市场开拓等发挥了重要作用。

自2020年开始，山东省"双百行动""科改示范行动"等专项改革工程都在扎实向纵深推进，不断取得重大进展和突破，各项改革举措不断落实落地，地方国资国企精准发力，砥砺前行，积势蓄势释放出强劲活力。2021年，截至10月末，山东国企改革三年行动整体任务完成占比达85%，重点领域改革持续向前推进，作为国资国企大省，山东省坚持高质量、高标准推进国企改革三年行动，形成了上下贯通、纵深推进的改革新局面，各项重点任务不断实现新突破、取得新成效。2021年民营经济依旧受到新冠肺炎疫情冲击，国家实施各项应对政策：一是促进减税降费政策的落实，进一步激发了市场主体的活力，特别是民营企业的活力；二是进一步帮助民营企业特别是中小微企业解决融资难融资贵的问题，采取了一系列措施，包括流动性问题以及中长期投资资金短缺问题；三是进一步营造更好的营商环境，简化审批，提供优质服务，提供更大的便利，来更好地保护民营企业的合法权益，促进民营企业能够安心创业、发展。2021年，山东省省级财政出台三项奖励政策支持民营经济加快发展,其一,分等级对符合新旧动能转换政策要求的民营企业给予100万~500万元不等的一次性奖励;其二,为促进企业解决融资难、营销难等发展瓶颈问题,支持企业不断做强做优做大,于3月建立全省优质中小企业梯度培育和成长帮扶机制,设立问题台账分级负责实施帮扶,依托服务机构提供专业的优质服务;其三,《山东省省级企业应急转贷引导基金管理办法》出台,健全完善了全省企业应急转贷服务体系,规范运营省级企业应急转贷引导基金,积极为民营企业特别是中小微企业提供应急转贷服务。同时,《山东省省级企业应急转贷引导基金管理办法》《山东省"专精特新"中小企业贷款风险补偿实施细则》的先后出台,也有效拓宽了民营企业融资途径,帮助民营企业渡过难关。

从不同所有制视角来看,按 Wind 公司属性分类标准,山东上市公司可分为集体企业、民营企业、公众企业、地方国有企业、其他企业、外资企业、中央国有企业7种;数量分别为9家、161家、14家、63家、3家、8家、11家。从所有制上市公司的数量占比来看,民营企业占比最高为59.85%,63家地方国有企业数量占比为23.42%,排名第二(见图3-4)。

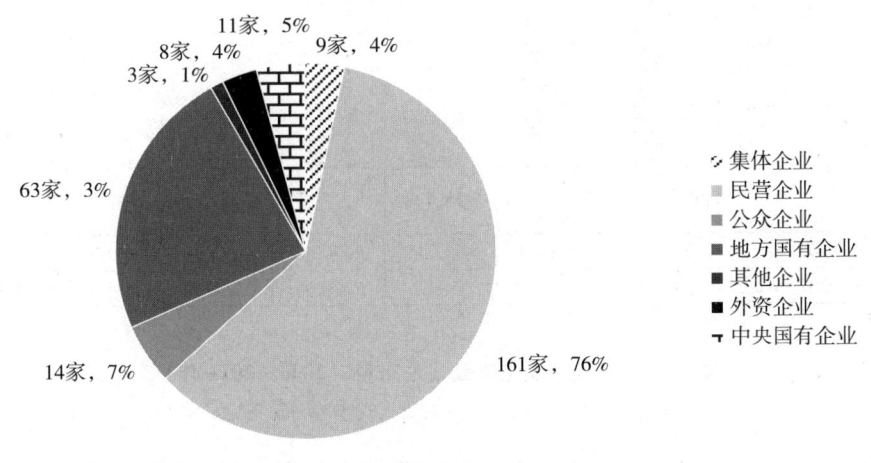

图3-4 2021年不同性质上市公司数量分布及占比

(资料来源:Wind,山东省亚太资本市场研究院)

3.3.1 山东不同性质上市公司市值表现

近年来,民营上市公司为推动我国经济发展发挥了重要作用,成为技术创新的重要主体和国家税收的重要来源。截至2021年末,我国民营企业上市公司数量达2927家,占比为62.37%;市值达41.48万亿元,占比为41.85%。2021年,山东民营上市公司数量为161家,占比为59.85%;总市值达17237.32亿元,占比为41.75%。山东民营企业上市公司数量占全国民营上市公司数量的5.50%,民营企业上市公司市值占全国民营上市公司的4.15%。从上市公司数量占比和总市值占比两个指标的比较分析可以看出,山东民营上市公司整体表现弱,这可能是山东资本市场发展与广东、浙江和江苏三省差距越来越大的重要原因之一。

截至2021年末,山东7种不同所有制上市公司在总市值指标表现来看(见图3-5),2021年各种所有制上市公司的总市值均有所增加,其中,其他企业总市值为242.07亿元,比2020年增长169.15%,其他企业数量较少,低基数下各项数据波动较大;民营企业总市值为17237.32亿元,同比增长28.00%;地方国有企业总市值为13864.88亿元,同比增长7.34%;中央国有企业总市值为2970.04亿元,同比增长35.57%。公众企业总市值为2293.31亿元,同比增长71.12%;外资企业总市值为691.34亿元,同比增长18.10%;集体企业总市值为3933.36亿元,同比增长12.24%。

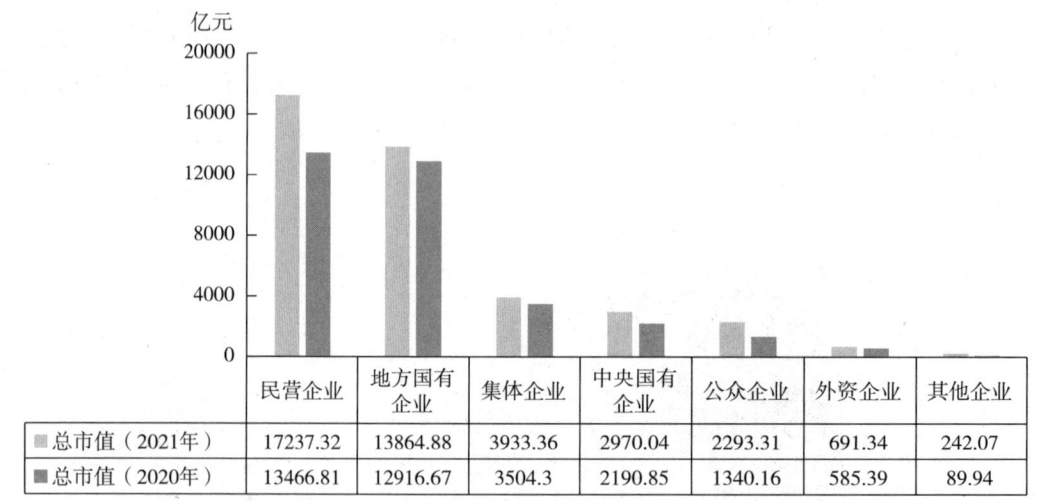

图3-5 不同性质上市公司总市值(2020—2021年)

(资料来源:Wind,山东省亚太资本市场研究院)

不同所有制企业市值均有所增长,代表着市场上投资者对于企业未来发展的乐观预期,也表现出山东上市企业所具备的发展潜力,随着山东企业上市数量快速增长,不同所有制上市公司数量不断增多,经济发展的活力与推动力不断增强。从平均市值情况来看,2021年不同所有制上市企业排名第一的是集体企业,为437.04亿元/家,9家公司中海尔智家(600690.SH)、南山铝业(600219.SH)、海尔生物(688139.SH)3家公司市值均超过200亿元,海尔智家(600690.SH)市值高达2645.10亿元。地方国企与中央国有企业平均市值均超过200亿元/家,民营企业为107.06亿元/家,低于山东省上市公司的平均市值(153.28亿元/家)(见表3-10)。在市值低于20亿元/家的24家上市公司中,民营上市公司数量就有18家,民营企业规模相对有限,发展上主要聚焦细分领域,较国有企业等所有制属性的上市公司的平均市值存在一定差距。

表 3-10 2021 年不同所有制上市公司市值情况　　　　　单位：亿元

公司属性	数量	占比	市值	占比	平均市值
民营企业	161	59.85	17237.32	41.82	107.06
地方国有企业	63	23.42	13846.88	33.60	220.08
集体企业	9	3.35	3933.36	9.54	437.04
中央国有企业	11	4.09	2970.04	7.21	270.00
公众企业	14	5.20	2293.31	5.56	163.81
外资企业	8	2.97	691.34	1.68	86.42
其他企业	3	1.12	242.07	0.59	80.69

资料来源：Wind，山东省亚太资本市场研究院。

3.3.2 山东不同性质上市公司经营绩效

通过山东不同所有制上市公司营业收入表现来看（见表 3-11），地方国有企业营业收入为 111781.90 亿元，占据首位，比 2020 年提升了 7.86%；民营企业营业收入为 7415.92 亿元，排名第二，比 2020 年提高了 21.47%；集体企业营业收入为 2741.71 亿元，排名第三，同比增幅为 11.25%；中央国有企业营业收入为 2093.40 亿元，公众企业营业收入为 1175.40 亿元，外资企业营业收入为 428.82 亿元，较 2020 年均实现增长，其中中央国有企业和公众企业的增幅超过 20%；其他企业累计营业收入出现萎缩，降幅为 2.85%。

表 3-11 不同所有制上市公司营业收入（2020—2021 年）

单位：亿元，亿元/家，%

公司属性	公司数量	经营收入（2021 年）	经营收入（2020 年）	增幅	平均营业收入（2021 年）
地方国有企业	63	11781.90	10923.77	7.86	187.01
民营企业	161	7415.92	6104.92	21.47	46.06
集体企业	9	2741.71	2464.54	11.25	304.63
中央国有企业	11	2093.40	1697.81	23.30	190.31
公众企业	14	1175.40	977.89	20.20	83.96
外资企业	8	428.82	398.75	7.54	53.60
其他企业	3	122.00	125.58	-2.85	40.67

资料来源：Wind，山东省亚太资本市场研究院。

山东不同所有制企业的净利润方面（见表 3-12），地方国有企业的净利润为 1001.16 亿元，依然位居第一，与 2020 年相比上涨了 60.39%；民营企业净利润为 527.89 亿元，排名第二，比 2020 年增长了 13.53%；集体企业净利润为 183.37 亿元，排名第三，比 2020 年增长了 23.25%。与 2020 年出现不同程度净利润下降不同，公众企业、外资企业和其他企业净利润较前一年实现增长，其中，公众企业累计净利润为 153.19 亿元，同比增幅高达 93.45%；外资企业累计净利润为 37.25 亿元,同比增幅为 21.74%;其他企业累计净利润为 5.45 亿元,同比增幅高达 60.39%。中央国有企业的累计净利润下降;同比下降幅度为 120.45%。值得一提的是,2021 年虽然依旧受到新冠肺炎疫情影响,但是山东省出台一系列举措保证民营经济发展,山东民营经济市场主体发展到 1294.4 万户,比 2020 年增加 124.6 万户,贡献了全省 50% 以上的 GDP、60% 以上的进出口、70% 以上的税收,占全部市场主体的 98% 以上,对区域 GDP 的支撑作用增强。

表 3-12 不同所有制上市公司净利润表现(2020—2021 年)

单位:亿元,%,亿元/家

公司属性	上市公司数量	净利润(2021 年)	净利润(2020 年)	增幅	平均净利润(2021 年)
地方国有企业	63	1001.16	624.22	60.39	15.89
民营企业	161	527.89	464.99	13.53	3.28
集体企业	9	183.37	148.78	23.25	20.37
公众企业	14	153.19	79.19	93.45	10.94
中央国有企业	11	-13.22	64.63	-120.45	-1.20
外资企业	8	37.35	30.68	21.74	4.67
其他企业	3	5.45	2.69	60.39	15.89

资料来源:Wind,山东省亚太资本市场研究院。

3.3.3 四省国有、非国有上市公司经营绩效对比

从四省上市公司数量看,广东为 761 家,江苏为 570 家,浙江为 605 家,山东为 269 家。其中,山东国有上市公司(包含地方国企和中央国企)有 74 家,占全省上市公司家数的比重为 27.51%,广东国有上市公司有 146 家,占比为 19.19%,江苏国有上市公司有 98 家,占比为 17.19%,浙江国有上市公司有 73 家,占比为 12.07%,其中山东占比远高于其他三个省份(见图 3-6)。国有经济在山东一直占据主导和引领地位,其中,化工、机械制造等重工业全国领先,"大象经济"是山东经济发展的背景板,这与江苏、浙江、广东等活跃的民营经济基础差异较大,这种国有经济主导地位在二级市场上表现得更加明显。一个地区民营经济的活跃程度代表着一个地区市场经济的活力,2021 年山东省政府出台十余项刺激民营经济的政策措施,助力民营经济发展。山东非国有上市公司,作为民营经济发展的领军人,应该充分发挥其资本市场优势,助力民营经济向更高质量发展,同时,山东国有上市公司在国企改革的要求下,推进与民营经济以联营方式进行合作,优势互补,加速推进市场化改革。

从营业收入、净利润来看,2021 年山东国有上市公司以 27.51% 的数量占比,实现了全省上市公司的 52.13% 的营业收入以及 51.58% 的净利润,相比非国有企业

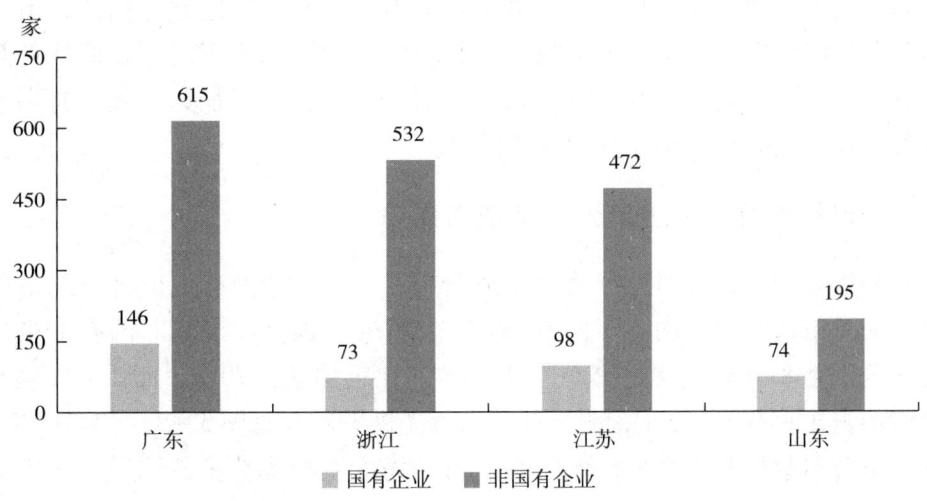

图 3-6　2021 年四省国有、非国有上市公司家数

（资料来源：Wind，山东省亚太资本市场研究院）

的经营情况，山东国有企业的经营规模和盈利能力都更加突出。通过四省对比来看，山东国有上市公司在家数、净利润、营业收入占比方面都排在四省第一位。值得注意的是，江苏国有上市公司以 17.19% 的家数占比实现了超过 50% 的净利润，相对来说江苏国有上市公司盈利能力更加突出，在国有上市公司净利润占比一般小于营业收入占比的情况下，江苏省国有上市公司的净利润明显好于其营业收入占比（见表 3-13）。

表 3-13　四省国有上市公司经营指标占比　　　　　　　　　　单位：%

区域	家数	家数占比	营业收入占比	净利润占比
广东	146	19.19	24.82	24.36
浙江	73	12.07	36.84	22.66
江苏	98	17.19	36.89	63.65
山东	74	27.51	52.13	51.58

资料来源：Wind，山东省亚太资本市场研究院。

从四省不同所有制上市公司经营情况来看，广东、浙江两省非国有上市公司的营业收入和净利润均大于国有上市公司的营业收入和净利润。广东省国有和非国有上市公司的净利润情况差距较大，国有上市公司的经营收入和净利润仅占非国有上市公司营业收入和净利润的 1/3 左右；浙江省国有上市公司营业收入和净利润占比明显高于数量占比，反映出浙江非国有上市公司数量众多，小而美或是其布局特点；江苏省国有企业净利润占比高达 63.65% 且超过其营业收入占比，表现出江苏国有企业在控制成本方面具有明显优势；山东国有企业数量占比近 30%，营业收入和净利润占比略高于 50%，国有上市公司相较于非国有上市公司依然具有明显的规模优势。

广东、江苏、浙江非国有上市公司表现突出,与南方先进省份相比,山东非国有上市公司依旧存在市场主体实力偏弱、行业龙头企业偏少等问题。但从近几年山东非国有企业的营业收入以及净利润增速来看,民营经济正加速发展,有利于提高山东省整体经济活力和整体经济的均衡发展。

3.3.4 四省不同所有制上市公司市值对比

从不同所有制上市公司总市值占比情况来看,四省非国有上市公司总市值占全省上市公司总市值的比重均高于国有企业,且广东、浙江、江苏非国有上市公司总市值占比分别为81.68%、82.72%、73.33%,比重均超过70%,而山东非国有上市公司总市值占比只有59.17%,明显低于南方先进省份(见图3-7)。2021年,山东非国有上市公司数量有所增加,但国有上市公司的主导优势依然明显。一方面,非国有企业应加强自身市值管理能力,做大上市公司规模,提升企业竞争力;另一方面,山东省政府应加大对非国有经济的支持力度,拓宽融资渠道,加大民营经济政策供给,培育更多更优质的上市公司,带动整体经济发展。对于国有上市公司来说,山东相对于广东、浙江等南方先进省份,在数量和质量上依旧存在差距。山东国有企业的市场化改革,对山东经济发展具有重要的作用,截至2021年10月末,山东省国企改革整体任务完成85%,多项任务实现突破,企业活力进一步激发,国有企业应把握时机,提高经营效率和盈利能力,进而提升其上市公司的市值。

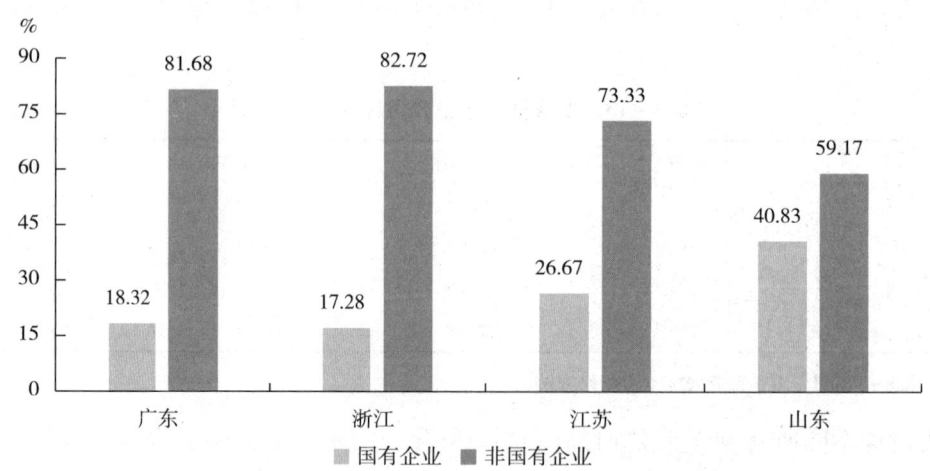

图3-7 2021年四省国有、非国有上市公司总市值占比

(资料来源:Wind,山东省亚太资本市场研究院)

2021年,广东、浙江、江苏、山东的非国有上市公司平均市值规模分别是220.24亿元/家、133.71亿元/家、117.28亿元/家、125.11亿元/家,广东非国有上市公司的平均市值最高。山东非国有上市公司平均市值与国有上市公司平均市值的差距最大。从国有上市公司平均市值情况来看,广东、浙江、江苏平均市值分别为208.10亿元/

家、203.53 亿元/家、205.42 亿元/家，山东国有企业平均市值为 227.50 亿元/家，四省排名第一，但是山东国有上市公司数量仅为 74 家（见图 3-8）。

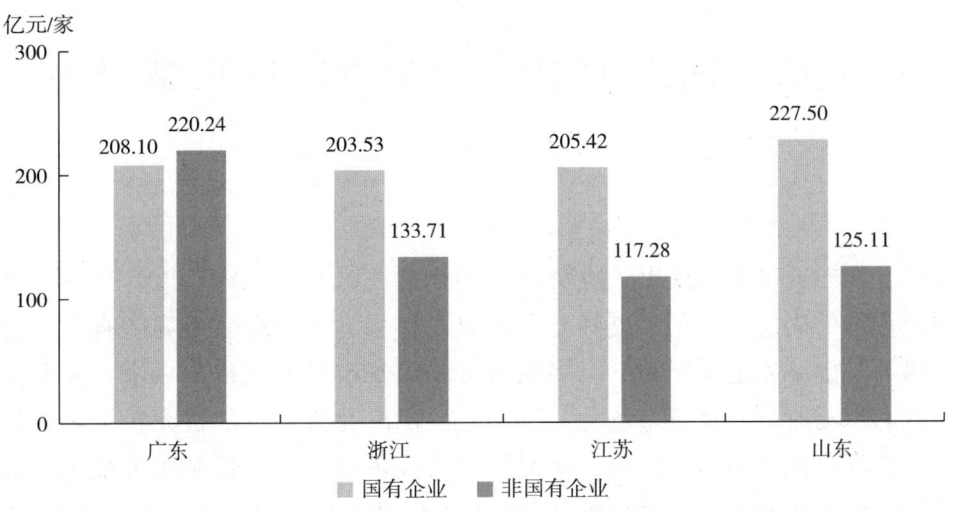

图 3-8　2021 年四省国有、非国有上市公司平均市值对比

（资料来源：Wind，山东省亚太资本市场研究院）

通过四省国有、非国有上市公司数量占比、总市值占比以及平均市值的对比发现，山东上市公司国有企业在市值规模方面较非国有企业具有明显优势；山东上市公司所有制结构相对于广东等先进省份依然存在较大的改善空间，因此应该重视上市公司所有制结构的调整，加大对非国有上市公司的培育及政策扶持力度。

2021 年，山东非国有上市公司发展速度加快，但国有上市公司在市值规模以及经营绩效上明显优于非国有上市公司的所有制结构依旧没有明显改变。同时，相较于广东、江苏、浙江等先进省份，山东国有上市公司的数量以及规模没有明显优势。山东一方面推进国有企业市场化改革，提高企业的核心竞争力，进一步激发企业活力，加快省内国有企业整体上市步伐；另一方面对非国有企业等民营经济加强制度设计、加大政策倾斜力度、强化要素保障，提高非国有上市公司的市值管理和经营水平，激发区域经济活力，实现更高质量发展。

第4章　山东上市公司经济发展贡献研究

党的十九届五中全会提出，坚持和完善社会主义基本经济制度，充分发挥市场在资源配置中的决定性作用，更好地发挥政府作用，推动有效市场和有为政府更好结合。国务院金融稳定发展委员会多次就资本市场改革发展提出要求，强调要进一步深化资本市场改革，坚持市场化、法治化、国际化方向，加快完善资本市场基础制度，发挥好资本市场枢纽作用，增强资本市场的活力、韧性和服务能力，真正成为促进经济高质量发展的"助推器"。2021年9月2日，习近平总书记在2021年中国国际服务贸易交易会全球服务贸易峰会上发表致辞时提出，我们将继续支持中小企业创新发展，深化新三板改革，设立北京证券交易所，打造服务创新型中小企业主阵地。2021年11月15日，全国第三家证券交易所——北京证券交易所（以下简称北交所）成立。北交所的成立是党中央、国务院促进资本市场高质量发展的又一重大创新举措，它标志着我国多层次资本市场进一步完善。

北交所实行股票发行注册制，主要目的在于解决专精特新等创新型中小企业融资难等问题。北交所也将成为服务创新型中小企业的主阵地。2021年，我国全市场新增上市公司（IPO）524家，截至2021年末，我国上市公司数量已达4693家[①]，年末总市值突破96万亿元；总资产合计346.19万亿元，同比增长8.99%；实现营业总收入64.89万亿元，同比增长19.37%，远高于当年GDP增速；实现净利润5.31万亿元，同比增长19.86%；约八成公司实现收入增长，四成公司收入连续三年持续增长。尽管受到新冠肺炎疫情冲击，2021年我国上市公司营业收入和利润出现了非常明显的增长，反映了我国整个经济韧性和经济恢复强劲的程度。上市公司已成为国民经济的支柱、经济转型的"领跑者"，是推动经济增长的重要力量。

2021年也是山东资本市场丰收年。全年IPO数量达36家，创历史新高，至年末上市公司数量达269家，位居全国第六。全省上市公司总资产达5.25万亿元，总市值达4.12万亿元。全年实现营业收入2.58万亿元，同比增长13.66%；实现净利润1895.18亿元，同比增长33.92%。多数公司实现净利润和营业收入稳步增长，个别高景气度公司业绩表现十分亮眼。上市公司在研发投入方面持续增加，转型升级加

---

① 数据来自Wind，导出时间为2022年5月3日。

速推进。全年研发费用支出645.70亿元,同比增长24.63%,全省上市公司借助高研发投入,引领创新驱动发展的力度进一步增强,为新旧动能转化贡献力量。全年缴纳税费1177.91亿元,同比增长21.63%,占全省税收收入的21.51%,上市公司已成为重要税源之一。多家上市公司积极履行社会责任,发布了独立的社会责任报告或ESG报告,披露了履行社会责任、加强环境保护、助力乡村振兴的相关信息。总之,上市公司经济增长"动力源"的作用持续强化,作为实体经济"基本盘"地位更加巩固,已成为推动全省经济发展的重要力量。

4.1 上市公司GDP贡献

4.1.1 全国上市公司

经过30多年的发展,随着我国上市公司数量的不断增加,市值规模也越来越大,资本市场已成为我国市场经济体系的重要组成部分。不论是我国改革开放以来经济发展的历史,还是资本市场发展的历史都充分表明,一个地区的上市公司数量和资产规模反映了该区域经济整体发展水平。同往年一样,2021年我们仍用上市公司营业收入/GDP这一指标用来衡量上市公司对本地区的经济贡献。事实上,从党的十九大提出高质量发展以来,这一指标对于判断一个地区的经济发展质量已经变得越来越重要。

上市公司作为我国4800多万家企业的优秀代表,是区域经济发展的稀缺资源,数量上只占全国企业数量的万分之一,但却是国家实体经济的"基本盘"。[①] 2021年,上市公司共实现营业收入64.89万亿元,占全年GDP总量的56.74%,比上年提高了3.24个百分点,也是"十三五"以来新高(见图4-1);营业收入同比增长19.37%,远高于当年GDP增速;非金融类公司实现营业总收入54.90万亿元,同比增长22.63%。约八成公司实现收入增长,四成公司收入连续三年持续增长。此外,上市公司海外收入同比提高18.03%。全年上市公司实现净利润5.31万亿元,同比增长19.86%,上市公司盈利能力进一步提升。同时,非金融类上市公司经营性现金流净额约为5.03万亿元,同比增长9.82%;近八成公司实现经营活动现金净流入。数据统计,实体上市公司共实现净利润为2.7万亿元,占全部上市公司的53.4%,为2011年以来最高值。[②]

2021年,面对复杂的宏观经济形势和新冠肺炎疫情的冲击影响,各地政府扎实做好"六稳"工作、落实"六保"任务,经济社会高质量发展取得扎实成效,这为

---

① 重磅解读:上市公司是推动中国经济增长的重要力量——A股上市公司(2021年)年报解读-新华网 http://www.xinhuanet.com/2022-05/24/c_1211649888.htm.

② 观点来自 https://baijiahao.baidu.com/s?id=1732355516694951381&wfr=spider&for=pc.

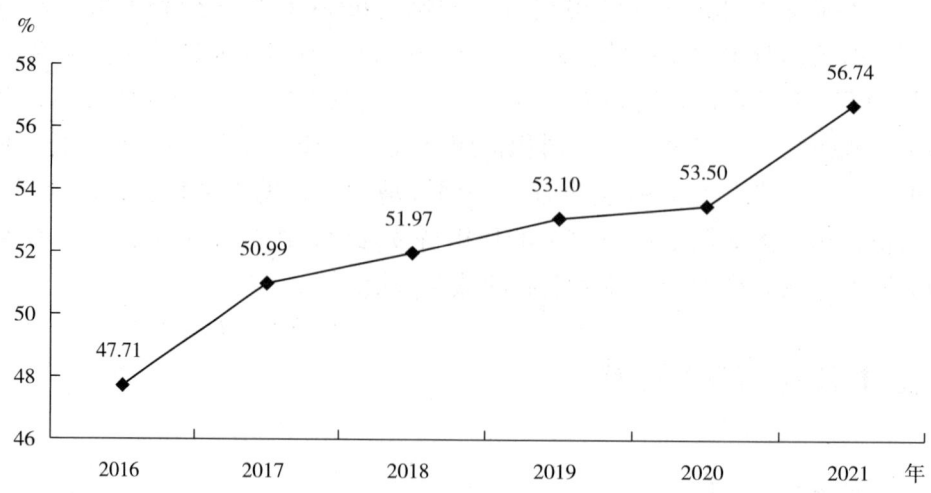

图 4-1　全国上市公司营业收入占 GDP 比重（2016—2021 年）

（资料来源：Wind、山东省亚太资本市场研究院）

上市公司提供了良好的宏观发展环境。2021 年，全国上市公司收入百强门槛为 1100 亿元，比 2020 年提高 223 亿元。百家公司营业收入合计 36.35 万亿元，同比增长 19.85%，占全部上市公司的 56.02%，比上年下降 1.27 个百分点。营业收入超过 2000 亿元的上市公司共计 52 家，合计 29.24 万亿元，占全部上市公司的 45.06%，比上年下降 0.47 个百分点。排名靠前的中国石化（600028.SH）、中国石油（601857.SH）、中国建筑（601668.SH）、中国平安（601318.SH）、中国中铁（601390.SH）和中国铁建（601186.SH）6 家公司营业收入均超过万亿元，合计 10.52 万亿元，占全部上市公司的 16.21%。其中，排名第一、第二的中国石化（600028.SH）、中国石油（601857.SH）营业收入分别为 2.74 万亿元、2.61 万亿元，均超过山东上市公司的全部营业收入。可见，头部上市公司对一地区经济影响甚大。总部经济作为一种新的经济形态，对推动城市经济转型升级、加快区域高质量发展具有重要意义。山东积极打造一流营商环境，加大招商引资力度，在发展总部经济方面推出一系列高含金量的支持举措，推动总部经济快速发展。

4.1.2　山东上市公司

2021 年，山东上市公司盈利能力显著提高，既有"量"的增加，也有"质"的提升，表明资本市场服务实体经济质量和效率不断提升。上市公司地区分布更加优化，商河、青州、汶上、利津等 7 个县区实现了上市公司零的突破，淄博、威海、济宁等市实现科创板上市公司零的突破。2021 年全省 269 家上市公司实现营业收入合计 2.58 万亿元，同比增长 13.66%。从 2015 年开始，山东上市公司的营业收入与 GDP 占比摆脱了下滑态势，总体呈现持续升高态势，2020 年达到了近 10 年来的最高值，说明随着资本市场的不断扩张，规模效应明显。2021 年，山东上市公司营业收

第4章 山东上市公司经济发展贡献研究

入与GDP的比例为31.05%，较2020年下降0.13个百分点，此前连续6年呈持续增长的态势（见图4-2）。山东比全国平均水平低25.69个百分点，这一差距无疑偏大。更重要的是，全国及主要发达省份这一比例呈大幅上涨态势。这种反差说明，一是山东资本市场规模依然偏弱，二是整体看山东上市公司经营状况仍不理想。众所周知，营业收入意味着税收贡献，而税收贡献又决定着财政收入，从这个意义上讲，山东培育上市公司，加快资本市场发展已经到了刻不容缓的地步。

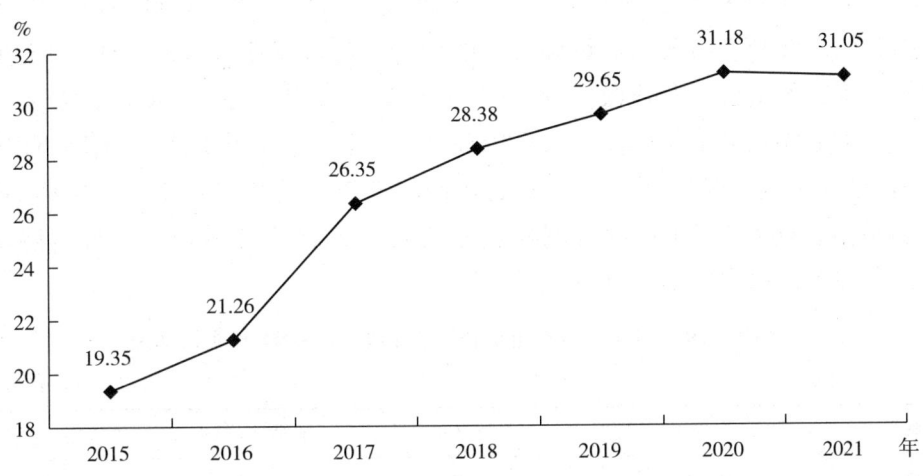

图4-2 山东上市公司营业收入与GDP比例（2015—2021年）

（资料来源：Wind、山东省亚太资本市场研究院）

股票作为一种特殊商品，有与一般商品相同之处。这意味着，股票市场同样存在帕累托法则（Pareto Principle），少数头部上市公司的营业收入变动影响到了整体上市公司营业收入的变动。2021年，山东有225家上市公司实现营业收入增长，占比83.64%。在少数营业收入下跌的上市公司中，不乏兖矿能源（600188.SH）、中国重汽（000951.SZ）、山东黄金（600547.SH）等重量级企业，而这些公司大都属于原材料和机械加工等有关的传统行业，受国际贸易、原材料价格变动影响较大。在GDP增幅与上市公司营业收入增幅对比情况下，山东上市公司GDP贡献出现下降。2021年煤炭、铁矿石、国际运费价格大幅上涨，贵金属价格下降，导致营业成本增加。同时，国家环保政策趋严，全社会对环保重视程度不断提高，使资源型企业面临更为严格的环保约束。随着我国"碳达峰、碳中和"战略的实施，对传统产业企业的经营发展带来很大影响。这就要求企业积极转型升级，走绿色发展之路，积极履行ESG（Environmental，Social and Governance，环境、社会和公司治理）责任。山东传统行业优势明显，探索如何让AI、物联网、大数据、区块链等信息技术赋能传统产业，加快数字化转型，已是山东面对的重要课题。

从山东省内各城市上市公司营业收入对当地GDP的贡献来看，拥有大型国有上市公司的城市排名较为靠前。2021年，潍坊取代济宁成为全省第一。潍柴动力

(000338.SZ)、歌尔股份（002241.SZ）、晨鸣纸业（000488.SZ）等资产规模较大的潍坊上市公司营业收入实现增长，其中，潍柴动力（000338.SZ）营业收入突破2000亿元，歌尔股份（002241.SZ）营业收入增长高达35.47%，这些上市公司有效提升了营业收入对GDP的贡献。济南上市公司营业收入对GDP的贡献由上年的第3位提升至2021年的第2位。近3年以来济南资本市场发展迅速，2021年不仅山东钢铁（600022.SH）、华电国际（600027.SH）、浪潮信息（000977.SZ）、山东路桥（000498.SZ）等大型上市公司营业收入实现增长，而且全年IPO数量高达7家，居于全省第2位，济南上市公司数量和质量的提升，使得营业收入对GDP的贡献呈现稳步增长。济宁上市公司营业收入对GDP的贡献由2020年的全省第1位降至2021年的第4位，主要是由于兖矿能源（600188.SH）营业收入出现较大幅度下降导致。2021年各城市上市公司营业收入/GDP的比例增速较大的是烟台市，比2020年提高7.35个百分点，而在2020年烟台同样也是全省增速最快的城市。此外，潍坊、济宁、菏泽和临沂则出现负增长（见表4-1）。

表4-1 2021年山东各市上市公司营业收入占GDP比重及增速

单位：亿元，%，百分点

城市	GDP	营业收入	营业收入/GDP	占比提高
潍坊	7010.60	3810.58	54.35	-1.98
济南	11432.22	5675.73	49.65	0.68
烟台	8711.75	4200.43	48.22	7.35
济宁	5069.96	2089.63	41.22	-16.05
淄博	4200.62	1550.78	36.92	4.02
青岛	14136.46	5203.14	36.81	2.04
威海	3463.93	814.17	23.50	0.62
德州	3488.72	646.79	18.54	5.36
聊城	2642.52	429.35	16.25	4.44
滨州	2872.11	335.83	11.69	0.74
东营	3441.72	354.13	10.29	0.55
枣庄	1951.57	107.18	5.49	0.91
菏泽	3976.67	169.65	4.27	-0.59
临沂	5465.50	207.71	3.80	-0.29
泰安	2996.66	95.64	3.19	0.25
日照	2211.96	68.40	3.09	0.22

注：表中最右一栏的"占比提高"是指"营业收入/GDP"与上年相比提高的百分点数。

资料来源：Wind，山东省亚太资本市场研究院。

4.1.3 四省上市公司对比

截至 2021 年末,广东、江苏、浙江和山东四省上市公司营业收入合计 18.84 万亿元,占全国上市公司营业收入的 29.04%,占全国 GDP 的 16.47%,远低于全国 56.74% 的平均水平,这主要与银行金融机构、能源化工等国有大型央企注册地址位于四省之外有关。2021 年,广东上市公司营业收入占本省 GDP 的比重为 71.70%,比上年提高 3.85 个百分点,遥遥领先于全国平均水平和其他三省,浙江以 58.10% 的比例稳居四省第 2 位,广东、浙江两省上市公司 GDP 贡献均超过全国平均水平。江苏以 26.46% 的比例在四省中最低。同上年一样,2021 年四省中上市公司营业收入与 GDP 的占比增速最快的是浙江省,比上年提高 10.46 个百分点,而山东却出现负增长(见表 4-2)。

表 4-2 2021 年全国及四省上市公司营业收入占 GDP 比重

单位:万亿元,家,%,百分点

省份	GDP	上市公司	营业收入	营业收入/GDP	占比变化
广东	12.44	761	8.92	71.70	3.93
江苏	11.64	570	3.08	26.46	1.26
山东	8.31	269	2.58	31.05	-0.13
浙江	7.35	605	4.27	58.10	10.46
全国	114.37	4693	64.89	56.74	4.63

注:表中最右一栏的"占比变化"是指"营业收入/GDP"与上年相比提高的百分点数。
资料来源:Wind、山东省亚太资本市场研究院。

上市公司发展质量的好坏,除了与宏观环境、市场环境有关外,还与当地政府的引导存在一定关系。近年来,广东省、浙江省经济发展较快,且发展质量较高,一批人工智能、大数据、新能源汽车、物联网等代表未来发展趋势的高科技产业集群正成为拉动当地经济的新引擎。但在此之前两省也经历过阵痛期,面对 2008 年国际金融危机的冲击,广东最先提出"腾笼换鸟"政策,指出建设现代产业体系,建设世界先进制造业基地和现代服务业基地;2018 年世界贸易摩擦加剧,浙江提出"凤凰行动",把企业上市和并购重组作为推进经济转型升级的重要举措、供给侧结构性改革的关键一招。2022 年初,浙江发布《浙江省新一轮制造业"腾笼换鸟、凤凰涅槃"攻坚行动方案(2021—2023 年)》(浙政发〔2021〕31 号)[①],再次开启高质量发展新篇章。经过前期的阵痛,两省成功实现产业转型升级,走上高质量发展之路。同样,山东也认识到经济转型升级的重要性,在 2018 年提出新旧动能转换重

---

① https://www.zj.gov.cn/art/2021/11/2/art_1229017138_2371770.html。

大工程项目,以供给侧结构性改革为主线,聚焦聚力高质量发展,着力抓住重大机遇,着力深化改革开放,着力培育现代优势产业集群。为配合新旧动能转化项目,出台《山东省现代金融产业发展规划(2018—2022 年)》,提出到 2022 年末,全省新增上市公司 100 家以上。2021 年 7 月,山东省地方金融监管局发布《山东省"十四五"金融业发展规划》,提出"十四五"期间,力争全省新增上市公司 150 家以上。平均每年新增 30 家,2021 年任务已完成。山东相比其他三省也有自己的优势,海洋、生物、高端装备、新材料等产业规模居全国前列,并形成了一批影响力强、辐射带动作用大的产业集聚区和创新型产业集群。正视自己的优势,弥补自己的缺陷,果断摒弃落后产能,才能走上高质量发展之路。

4.2 上市公司税收贡献

4.2.1 全国上市公司税费分析

当今世界正经历百年未有之大变局,经济发展面临一系列挑战,即便如此,我国上市公司在员工数量、薪酬总额和税收总额等指标上仍保持较快增长,彰显了经济的强大韧性。通常上市公司作为区域性重点企业和骨干企业,是拉动地方经济发展的龙头和引擎,这些企业也是当地重要税源之一。上市公司税收规模和税源结构变化在一定程度上折射出经济发展成效和结构调整状况。数据显示,2021 年全国上市公司缴纳税费金额合计约为 4.04 万亿元,占全国税收总收入的 23.41%,国民经济支柱地位更加彰显。[1]

根据 Wind 数据,2021 年全国上市公司合计缴纳各项税费 4.05 万亿元,同比增长 12.50%。平均每家上市公司缴纳税费 8.65 亿元,同比增长 4.72%。同上年一样,缴纳税费排名前四位的中国石化(600028.SH)、中国石油(601857.SH)、工商银行(601398.SH)和建设银行(601939.SH)税费金额均超过 1000 亿元,其中,中国石化(600028.SH)、中国石油(601857.SH)缴纳税费分别为 3253.48 亿元、3104.16 亿元(见表 4-3),2 家公司税费合计超过除银行外其他任一行业的税费总额。税费 TOP50 上市公司合计缴纳 2.25 万亿元,平均每家上市公司税费为 449.51 亿元。税费 TOP50 上市公司占全部上市公司税费的比例为 55.56%,较 2020 年 59.04% 的占比出现下降,说明上市公司缴纳税费呈现分散迹象。

---

[1] 数据来自中国上市公司协会发布的《中国上市公司 2021 年年报经营业绩快报》,网址 https://www.capco.org.cn/xhdt/xhyw/202204/20220430/j_20220430213238000165132557125544l8.html;与 Wind 数据中的 4.05 万亿元存在差距。

表 4-3 2021 年全国上市公司缴纳税费 TOP10　　单位：亿元，%

序号	股票代码	股票简称	缴纳税费	增长	省份	公司属性	行业
1	600028.SH	中国石化	3253.48	15.31	北京	央企	化工
2	601857.SH	中国石油	3104.16	15.07	北京	央企	采掘
3	601398.SH	工商银行	1497.45	2.44	北京	央企	银行
4	601939.SH	建设银行	1300.27	0.25	北京	央企	银行
5	601288.SH	农业银行	992.27	0.23	北京	央企	银行
6	601988.SH	中国银行	948.99	2.54	北京	央企	银行
7	601668.SH	中国建筑	742.50	12.77	北京	央企	建筑装饰
8	000002.SZ	万科A	601.03	1.19	广东省	公众企业	房地产
9	601318.SH	中国平安	571.93	-13.06	广东省	公众企业	非银金融
10	600036.SH	招商银行	568.68	13.04	广东省	公众企业	银行

资料来源：Wind、山东省亚太资本市场研究院。

分行业来看，根据申万一级行业标准，与往年相同，银行、化工、采掘和房地产 4 个行业上市公司税费位居前列。[①] 银行业为纳税大户，其缴纳税费额度远高于其他行业上市公司。2021 年银行业上市公司共计缴纳税费 8768.61 亿元，同比增长 3.85%（见表 4-4），平均每家银行缴纳税费 213.87 亿元。有色金属、钢铁、交通运输等行业受宏观环境影响，营业收入及净利润增幅明显。2021 年，在资源民族主义抬头以及新能源需求大增等背景下，供需错配的矛盾仍在演绎，铜、锌、铝（黄金除外）等有色金属行业主要矿产品价格普遍呈上涨态势，这给资源型行业企业带来利好。同时，受疫情影响，全球物流供应链持续受到港口拥堵、集装箱短缺、内陆运输迟滞等复杂局面的挑战和冲击，集装箱运输供求关系持续紧张，运输价格高企给海运企业带来重大利好。紫金矿业（601899.SH）、中国铝业（601600.SH）、建发股份（600153.SH）、中远海控（601919.SH）等行业内公司缴纳税费均出现大幅增长。与此相反，公用事业和综合两大行业上市公司缴纳税费出现下降，其中，公共事业行业中由于受煤炭等能源价格上涨影响，多家电力公司出现亏损或者净利润下滑，受此影响，缴纳税费也随之下降。

表 4-4 2021 年全国上市公司所属行业缴纳税费统计　　单位：亿元，%

行业	缴纳税费	增长	行业占比
银行	8768.61	3.85	21.67
化工	4717.27	23.74	11.66
采掘	4694.97	16.67	11.60
房地产	3961.95	4.60	9.79

---

① 本段各行业上市公司缴纳税费不包含北交所上市公司。

续表

行业	缴纳税费	增长	行业占比
建筑装饰	2463.40	10.60	6.09
非银金融	2190.89	8.05	5.41
食品饮料	1553.32	12.82	3.84
公用事业	1296.74	-3.28	3.20
医药生物	1216.19	9.70	3.01
汽车	1209.74	18.06	2.99
交通运输	1140.74	44.22	2.82
机械设备	832.18	12.75	2.06
有色金属	775.71	54.92	1.92
建筑材料	765.51	27.05	1.89
电子	761.36	6.51	1.88
钢铁	703.13	51.91	1.74
电气设备	693.30	22.76	1.71
家用电器	509.29	12.40	1.26
通信	394.19	28.95	0.97
商业贸易	380.66	3.41	0.94
计算机	351.28	6.23	0.87
轻工制造	323.42	21.57	0.80
传媒	177.57	10.40	0.44
纺织服装	171.23	13.43	0.42
农林牧渔	152.77	31.81	0.38
国防军工	119.64	16.14	0.30
休闲服务	91.85	20.58	0.23
综合	49.84	-0.85	0.12

注：表中数据不包含北交所上市公司。

资料来源：Wind、山东省亚太资本市场研究院。

分省市来看，截至2021年末，北京上市公司共计424家，位居全国第四，但其拥有众多大型央企，这些上市公司缴纳税费共计17730.86亿元，占全国上市公司缴纳税费的四成，居全国首位，远超其他省市。除北京外，广东、上海等六省市上市公司缴纳税费均超过1000亿元（见表4-5）。同2020年相比，新疆、山西两省区上市公司缴纳税费增长较快，同比分别增长93.55%、51.47%。新疆上市公司中，天山股份（000877.SZ）、八一钢铁（600581.SH）、广汇能源（600256.SH）、中泰化学（002092.SZ）等上市公司受行业景气度高涨影响，利润大幅度上涨，缴纳税费也大幅上升。尤其是天山股份（000877.SZ），其缴纳的税费由2020年的11.63亿元升至2021年的159.70亿元，同比增长1273.17%。与增长相反，青海、吉林、河北、黑龙江四省上市公司缴纳税费出现下降，其中，青海以13.04%的跌幅下降幅度最大，其中盐湖股份（000792.SZ）对青海上市公司税费影响较大。东北三省中吉林、黑龙江上市公司缴纳税费出现下降，意味着当地应该重视对上市公司的培养和发展，营造良好发展环境，上市公司的发展意味着税源的增加。

表4-5　2021年全国各省上市公司缴纳税费统计　　　　单位：亿元，%

省份	缴纳税费	增长	与全部上市公司占比	与本省税收总量占比
北京	17730.86	9.24	43.78	—
广东	5819.11	8.69	14.37	25.69
上海	3251.14	6.55	8.03	21.22
浙江	1826.06	36.17	4.51	13.29
江苏	1610.78	11.00	3.98	10.29
山东	1177.91	21.64	2.91	11.40
福建	1083.35	14.06	2.67	22.33
四川	712.12	17.03	1.76	11.26
安徽	656.25	10.15	1.62	14.02
河北	626.76	-0.28	1.55	12.38
山西	603.57	51.47	1.49	16.65
贵州	539.80	9.49	1.33	20.60
辽宁	497.51	34.18	1.23	11.80
新疆	473.32	93.55	1.17	21.48
重庆	469.36	12.53	1.16	16.25
河南	442.34	23.15	1.09	8.40
湖南	405.16	17.70	1.00	8.99
湖北	399.16	20.29	0.99	7.79
陕西	384.04	37.75	0.95	9.08
天津	369.65	15.26	0.91	10.54
内蒙古	317.61	37.54	0.78	10.84
云南	239.25	22.53	0.59	6.71
江西	194.82	13.13	0.48	5.22
吉林	132.43	-7.23	0.33	7.52
广西	116.12	24.70	0.29	4.66
甘肃	108.83	32.18	0.27	7.28
黑龙江	107.18	-0.21	0.26	6.26
海南	75.13	32.65	0.19	5.40
青海	61.13	-13.04	0.15	14.04
西藏	38.02	3.24	0.09	10.55
宁夏	32.33	0.23	0.08	5.18

资料来源：国家税务总局、Wind、山东省亚太资本市场研究院。

4.2.2 山东上市公司税费分析

缴纳税费是衡量一家企业社会贡献度的重要指标，也是上市公司践行社会责任的重要体现。2021 年，山东上市公司共计缴纳税费 1177.91 亿元，占全国上市公司税费的 2.91%，比上年提高 0.3 个百分点；同比增长 21.64%，增幅比全国高出 9.14 个百分点。全省上市公司缴纳税费占全省地方税收收入的 21.51%，比上年提高 2.47 个百分点。这在一定程度上反映出山东上市公司整体经营情况向好。同往年一样，兖矿能源（600188.SH）以 125.21 亿元的税费继续稳居全省第一名，遥遥领先于其他上市公司。海尔智家（600690.SH）缴纳税费 100.68 亿元，历史上首次超过百亿元，位居全省第二。除上述两家公司外，潍柴动力（000338.SZ）、万华化学（600309.SH）和青岛啤酒（600600.SH）3 家公司纳税额均超过 50 亿元（见表 4-6）。上述 5 家公司合计缴纳税费 425.30 亿元，占全省上市公司的 36.11%。2021 年，全省共有 162 家上市公司缴纳税费实现增长。其中，国美通讯（600898.SH）同比增长 899.19%，居于首位。山东海化（000822.SZ）、*ST 雅博（002323.SZ）和三维化学（002469.SZ）增幅也位居前列，同比分别增长 446.99%、445.05% 和 422.93%。在缴纳税费出现下跌的上市公司中，冠中生态（300948.SZ）、青岛双星（000599.SZ）、雪松发展（002485.SZ）、道恩股份（002838.SZ）和征和工业（003033.SZ）5 家企业跌幅均超过 60%，征和工业（003033.SZ）以 74.80% 的跌幅成为下跌幅度最大的公司。上述 5 家公司除冠中生态（300948.SZ）外，其余 4 家净利润均出现负增长。

表 4-6 2021 年山东上市公司缴纳税费（TOP10） 单位：亿元，%

股票代码	股票简称	缴纳税费	增长	城市	属性
600188.SH	兖矿能源	125.21	13.59	济宁	地方国有
600690.SH	海尔智家	100.68	25.56	青岛	集体企业
000338.SZ	潍柴动力	75.91	0.61	潍坊	地方国有
600309.SH	万华化学	69.99	77.29	烟台	地方国有
600600.SH	青岛啤酒	53.50	8.22	青岛	地方国有
600027.SH	华电国际	46.38	-16.44	济南	央企
000830.SZ	鲁西化工	24.20	251.26	聊城	央企
603858.SH	步长制药	23.08	9.10	菏泽	外资企业
000951.SZ	中国重汽	22.41	88.34	济南	地方国有
600022.SH	山东钢铁	20.41	50.61	济南	地方国有

资料来源：Wind、山东省亚太资本市场研究院。

除了分析上市公司缴纳税费的绝对值外，还要考虑企业占用社会资源的多少。以纳税主体缴纳的税款除以其占用的资产总额得到的比例称为纳税贡献率，即单位总资产税收贡献，这样更能展示上市公司税费质量。Wind 数据显示，以支付的各项税费除以资产总计，2021 年山东上市公司纳税贡献率为 2.24%，比全国高出 1.07 个百分点，比上年高出 0.16 个百分点。国美通讯（600898.SH）、维远股份（600955.SH）、沃华医药（002107.SZ）和青岛啤酒（600600.SH）4 家公司纳税贡献率居全省前列，且均超过 10%，分别为 17.89%、13.03%、12.11% 和 11.49%（见表 4-7）。上市公司纳税贡献率除了与所属行业外，还与当年财务经营状况有关。与 2020 年相比，2021 年国美通讯（600898.SH）、维远股份（600955.SH）、山东海化（000822.SZ）、石大胜华（603026.SH）和鲁西化工（000830.SZ）5 家公司纳税贡献率出现较大提高，分别比上年提高 16.15 个、6.70 个、5.89 个、5.86 个和 5.37 个百分点。152 家上市公司纳税贡献率出现下降，其中，跌幅较大的公司为智洋创新（688191.SH）、冠中生态（300948.SZ）、青岛食品（001219.SZ）和道恩股份（002838.SZ），分别比上年下跌 4.00 个、4.32 个、5.22 个和 7.03 个百分点。

表 4-7　2021 年山东上市公司纳税贡献率（TOP10）

单位：亿元，%，百分点

股票代码	股票简称	城市	行业	缴纳税费	纳税贡献率	增长
600898.SH	国美通讯	济南	商业贸易	1.11	17.89	16.15
600955.SH	维远股份	东营	化工	12.03	13.03	6.70
002107.SZ	沃华医药	潍坊	医药生物	1.41	12.11	1.79
600600.SH	青岛啤酒	青岛	食品饮料	53.50	11.49	-0.42
603858.SH	步长制药	菏泽	医药生物	23.08	9.62	0.38
603026.SH	石大胜华	东营	化工	4.40	9.37	5.86
603223.SH	恒通股份	烟台	交通运输	1.45	8.36	4.31
301015.SZ	百洋医药	青岛	医药生物	3.84	8.36	0.79
000915.SZ	华特达因	临沂	医药生物	3.26	8.29	2.17
002088.SZ	鲁阳节能	淄博	建筑材料	3.07	8.04	1.77

资料来源：Wind、山东省亚太资本市场研究院。

分城市上市公司来看，青岛凭借其上市公司数量和公司规模优势，以缴纳税费 280.97 亿元位居全省第一；济南由于聚集了大量上市公司总部，以 213.98 亿元位居全省第二；烟台超越 2020 年的济宁位居全省第三，缴纳税费 153.13 亿元。另外，临沂、泰安、枣庄和日照 4 个城市上市公司税费均不足 10 亿元。与 2020 年相比，全省仅日照上市公司缴纳税费出现下降（见表 4-8）。截至 2021 年末，日照上市公司万通液压（830839.BJ）和日照港（600017.SH）纳税额均出现下降。相反，2021 年聊城、东营和滨州 3 市上市公司缴纳税费均出现大幅增长，其中，聊城主要是受到鲁西化工（000830.SZ）的影响，其税费同比增长 251.23%，东营主要是受到维远股份（600955.SH）的影响，其税费同比增长 350.56%，滨州主要是受到滨化股份（601678.SH）的影响，其税费同比增长 208.48%。从各市上市公司纳税贡献率来看，菏泽以 8.63% 的贡献率位居全省首位，日照以 0.77% 的贡献率位居全省最末。

表4-8 2021年山东省各城市上市公司缴纳税费统计   单位：亿元，%

城市	缴纳税费	同比增长	全省占比	纳税贡献率
青岛	280.97	12.73	23.85	1.77
济南	213.98	14.39	18.17	1.47
烟台	153.13	29.46	13.00	2.66
济宁	148.28	13.57	12.59	4.00
潍坊	122.27	6.59	10.38	2.34
淄博	74.95	40.65	6.36	3.00
德州	38.74	69.72	3.29	4.64
聊城	29.55	194.94	2.51	5.25
威海	26.34	13.65	2.24	1.86
东营	25.28	120.47	2.15	6.48
菏泽	23.25	8.89	1.97	8.63
滨州	19.73	98.78	1.68	4.07
临沂	8.10	37.04	0.69	2.57
泰安	5.69	60.28	0.48	4.24
枣庄	5.37	30.88	0.46	3.08
日照	2.28	-21.58	0.19	0.77

资料来源：Wind、山东省亚太资本市场研究院。

分公司属性来看，2021年地方国有上市公司缴纳税费585.07亿元，占全省的49.67%，纳税总额几乎占全省上市公司的一半，说明山东国有上市公司是纳税贡献的主要力量，成为国民经济的重要支柱。民营上市公司以237.64亿元的纳税额位居次位，成为全省税收贡献的重要力量。与上年相比，其他类上市公司税收贡献增速较快，同比增长64.72%。民营上市公司增长较慢，与全省营造良好营商环境，对民营企业实施减税降费有关。从纳税贡献率来看，不同性质上市公司纳税率差异较大，外资企业纳税贡献率最高，达6.21%，而公众企业纳税贡献率最低，为0.60%（见表4-9）。

表4-9 2021年山东不同属性上市公司缴纳税费统计   单位：亿元，%

公司属性	缴纳税费	同比增长	全省占比	纳税贡献率
地方国有	585.07	25.27	49.67	2.90
民营	237.64	14.55	20.18	2.47
集体	127.37	20.54	10.81	4.10
央企	98.79	17.51	8.39	2.50
公众	90.08	18.88	7.65	0.60
外资	38.24	36.83	3.25	6.21
其他	0.72	64.72	0.06	1.11

资料来源：Wind、山东省亚太资本市场研究院。

按照申万一级行业标准，2021年，山东化工、采掘、家用电器和汽车四大行业上市公司缴纳税费均超过百亿元，其中，与上年相比，家用电器和汽车为新晋入行业。山东化工、采掘、家用电器等行业上市公司在全国具有较强优势，行业内聚集了万华化学（600309. SH）、兖矿能源（600188. SH）、海尔智家（600690. SH）、海信视像（600060. SH）等知名企业。与2020年相比，多数行业上市公司缴纳税费出现上涨，化工、建筑装饰和钢铁行业增幅较大，均超过50%，万华化学（600309. SH）、鲁西化工（000830. SZ）、双一科技（300690. SZ）、滨化股份（601678. SH）等化工企业营业收入和净利润出现大幅上涨，从而缴纳税费也跟随上涨。全年仅有通信、纺织服装和公用事业行业上市公司缴纳税费出现下降，同比分别下降8.08%、10.61%和11.90%。其中，公用事业上市公司中主要受到华电国际（600027. SH）的影响。从各行业上市公司纳税贡献率来讲，由于食品饮料（包括酒水）税率较高，因此其纳税贡献率也在行业中居前列，2021年纳税贡献率为7.57%（见表4-10）。

表4-10　2021年山东不同行业上市公司缴纳税费统计　　单位：亿元，%

行业	缴纳税费	同比增长	全省占比	纳税贡献率
化工	213.73	74.58	18.14	3.59
采掘	137.62	17.46	11.68	4.15
家用电器	117.71	20.68	9.99	4.41
汽车	104.17	11.35	8.84	2.93
医药生物	87.62	11.69	7.44	4.31
食品饮料	66.78	4.55	5.67	7.57
公用事业	51.60	-11.90	4.38	2.21
银行	50.25	2.61	4.27	0.36
交通运输	48.47	25.45	4.12	1.67
机械设备	47.23	7.00	4.01	3.02
轻工制造	46.01	32.07	3.91	2.46
有色金属	38.78	9.37	3.29	2.11
电气设备	23.58	4.88	2.00	2.44
钢铁	20.41	50.61	1.73	2.81
房地产	19.79	26.84	1.68	2.71
计算机	17.14	34.84	1.46	2.33
建筑装饰	17.01	65.22	1.44	1.53
非银金融	16.56	31.44	1.41	0.78
商业贸易	13.44	14.06	1.14	3.04
建筑材料	10.16	40.22	0.86	4.56
电子	8.58	0.25	0.73	1.27
纺织服装	5.89	-10.61	0.50	1.61
国防军工	3.94	32.69	0.33	0.63
农林牧渔	3.48	10.30	0.30	0.81
传媒	2.96	28.81	0.25	1.13
通信	2.79	-8.08	0.24	1.11
综合	2.07	16.54	0.18	3.57
医疗生物	0.13	17.50	0.01	5.07

资料来源：Wind、山东省亚太资本市场研究院。

4.2.3 四省上市公司税收贡献比较

税收收入是指国家按照预定标准,向经济组织和居民无偿地征收实物或货币所取得的一种财政收入。一般而言,税收收入包括国内税收收入和海关代征进口税收收入。税收是经济运行的重要晴雨表,收入质量的高低直接关系政府的宏观调控能力。基于对新冠肺炎疫情的精准防控,2021年我国经济出现大面积恢复,绝大部分省份经济均出现强劲反弹。其中,广东、江苏、浙江、山东四省增长率均进入前10位。由于国内税收收入源于各地工商企业的效益创收,所以和各地的经济规模相关性比较大。

2021年国内税收收入过万亿元的省(市)共有6个,分别是广东、江苏、上海、北京、浙江、山东。其中广东省以22653亿元排名第1,这个排名与广东省GDP的全国位次相匹配。山东的表现也比较突出,2021年山东省国内税收收入首次突破了万亿元,达10330.0亿元,同比增长18.22%。需要说明的是,由于2021年大部分省(市)的税收高增速是建立在2020年下跌的基础上的,因此,衡量各省(市)疫情前后的整体经济运行状况,两年平均增速是一个重要指标。从国内税收收入两年平均增速看,浙江省以9.83%排名第一位。此外,广东、江苏和山东两年税收平均增速也超过了5%(见表4-11)。

表4-11 全国各省市国内税收收入TOP10(2020—2021年) 单位:亿元,%

排序	地区	税收(2021年)	税收(2020年)	同比增长	两年平均增速
1	广东	22653.0	20273.5	11.74	5.79
2	江苏	15656.1	14064.5	11.32	5.44
3	上海	15318.4	13052.7	17.35	5.75
4	北京	13990.9	12085.9	15.76	3.35
5	浙江	13736.7	11753.9	16.87	9.83
6	山东	10330.0	8737.6	18.22	5.73
7	四川	6322.3	5679.7	11.31	6.55
8	河南	5266.9	5070.8	3.87	0.89
9	湖北	5124.3	4068.3	25.95	0.29
10	河北	5064.3	4661.8	8.63	1.48

注:口径不包含海关代征和进口税收。
资料来源:各省市税务部门、山东省亚太资本市场研究院。

2021年,广东、江苏和浙江上市公司缴纳税费分别为5819.11亿元、1610.78亿元和1826.06亿元,分别是山东的4.94倍、1.37倍和1.55倍。其中,广东拥有一批大型上市公司和金融机构,如万科A(000002.SZ)、中国平安(601318.SH)、招商银行(600036.SH)、保利发展(600048.SH)等,共计缴纳税费5819.11亿元,占四省的55.77%。但值得一提的是,山东上市公司缴纳税费首次突破千亿元。与上年相比,四省上市公司缴纳税费均实现增长,其中,浙江增速最快,达36.17%,广东最低,为8.69%(见图4-3)。平均来看,四省上市公司平均缴纳税费4.73亿元/家,其中,广东平均每家上市公司缴纳税费 7.65 亿元,在四省中居于第 1 名;山东以 4.38 亿元/家居于第 2 名,浙江、江苏两省分别为 3.02 亿元/家、2.83 亿元/家,但四省上市公司平均缴纳税费均小于全国 8.65 亿元/家的平均水平。从四省上市公司平均纳税贡献率来看,根据四省上市公司缴纳税费与总资产的比例,四省中山东最高,贡献率为 2.24%(见图 4-4)。与上年相比,四省上市公司纳税贡献率均出现下降,说明全国经济全面恢复,摆脱疫情影响向好的方向发展。

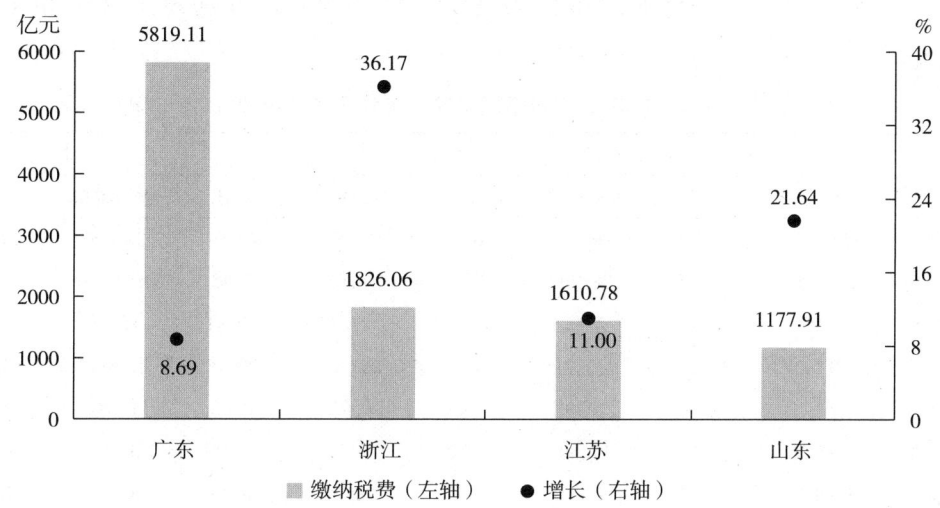

图 4-3　2021 年四省上市公司缴纳税费及增幅

(资料来源:Wind、山东省亚太资本市场研究院)

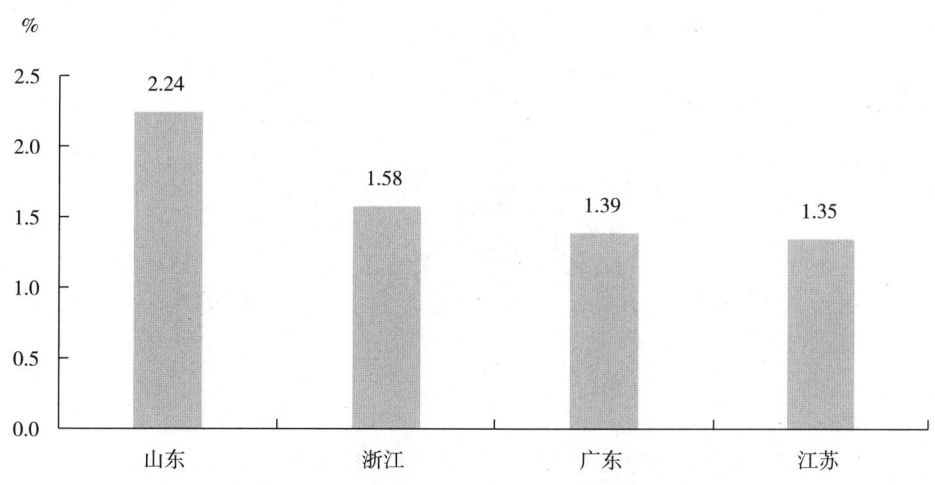

图 4-4　2021 年四省上市公司纳税贡献率

(资料来源:Wind、山东省亚太资本市场研究院)

从上市公司所有制属性看,四省不同所有制属性上市公司纳税额占本省上市公司纳税总额比重各不相同。根据 Wind 标准划分的七类所有制公司中,四省不同所有制上市公司纳税占比差距较大。广东以公众上市公司为主,其纳税占比高达44.55%;江苏和浙江相类似,以民营上市公司为主,其纳税占比分别为49.23%、61.81%;山东则以地方国有上市公司为主,其纳税占比为49.67%。四省中,地方国有上市公司在纳税贡献中均占有较大比重。相对来讲,广东不同属性上市公司纳税相对均衡(见表4-12)。从纳税贡献率来看,广东和山东外资上市公司纳税贡献率较高,分别为4.50%和6.21%;江苏不同属性上市公司纳税贡献率较为均衡,江苏和浙江同样,两省中央国有上市公司纳税贡献率较高,分别为3.34%和4.70%(见图4-5)。

表4-12 2021年四省不同属性上市公司缴纳税费统计　　单位:亿元,%

公司属性	广东		江苏		山东		浙江	
	缴纳税费	占比	缴纳税费	占比	缴纳税费	占比	缴纳税费	占比
地方国有	668.84	11.49	586.41	36.41	585.07	49.67	381.26	20.88
公众企业	2592.14	44.55	88.76	5.51	90.08	7.65	182.06	9.97
集体企业	0.99	0.02	2.21	0.14	127.37	10.81	10.78	0.59
民营企业	1077.05	18.51	792.91	49.23	237.64	20.18	1128.71	61.81
其他企业	—	—	1.29	0.08	0.72	0.06	10.87	0.60
外资企业	100.16	1.72	11.60	0.72	38.24	3.25	31.88	1.75
央企	1379.92	23.71	127.60	7.92	98.79	8.39	80.50	4.41
合计	5819.10	100	1610.78	100	1177.91	100	1826.06	100

资料来源:Wind、山东省亚太资本市场研究院。

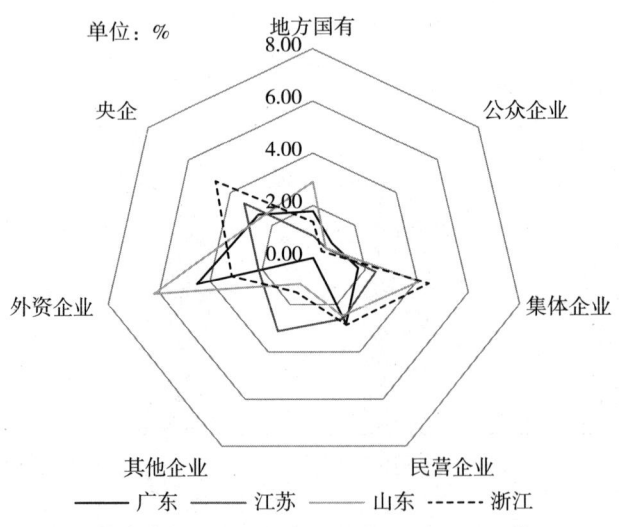

图4-5 2021年四省不同属性上市公司纳税贡献率比较

(资料来源:Wind、山东省亚太资本市场研究院)

4.3 上市公司研发投入情况

4.3.1 全国上市公司研发投入

党的十八大以来,我国加快实施科技创新战略。党的十八届五中全会提出"五大发展理念",把创新驱动作为"五大发展理念"之首。根据国家统计局公布的数据,2021年我国全社会研究与发展(R&D)经费投入达到27864亿元,比上年增长14.2%,延续了"十三五"以来两位数增幅的态势。[①] 按不变价计算,R&D经费增长9.4%,高于"十四五"规划提出的年均增长不低于7%(不变价)的预期目标,实现良好开局。2021年我国研发投入强度达到2.44%[②],比上年提高0.03个百分点,已接近OECD国家疫情前2.47%的平均水平。世界知识产权组织2021年发布的全球创新指数(GII)显示,中国科技创新能力在132个经济体中排名第12位,较上年再提升两位,稳居中等收入经济体首位;自2013年起,中国排名保持持续稳定上升势头,9年间上升了23个位次。

基础研究是科技创新的"总开关"。2021年我国R&D经费中基础研究经费为1696亿元,比上年增长15.6%,增速较上年加快5.8个百分点,恢复到疫情前两位数的增长水平。基础研究经费占R&D经费比重达到6.09%,比上年提高0.08个百分点,扭转了上年因疫情影响占比下降的局面。我国R&D经费保持稳定较快增长,反映了各地区各部门落实新发展理念的成效。但也要看到,与世界科技强国相比,中国R&D经费投入在规模、结构和效能等方面仍有不足,未来应进一步加快推进科技政策落实落地,完善多元化投入机制,为实现高水平科技自立自强提供有力支撑。

2018年11月5日,国家主席习近平在首届中国国际进口博览会开幕式发表主旨演讲时指出,在上海证券交易所设立科创板并试点注册制。科创板的设立提高了对上市公司科创属性的要求,极大地发挥了资本市场服务和促进科技创新的作用。截至2021年末,科创板上市公司已经达到377家。在科创板的带动下,上市公司科技创新全面加速。Wind数据显示,2021年沪深两市共有4244家上市公司披露年度研发投入情况,研发费用总计11732.33亿元,占全国研发投入的42.11%,比上年增长25.67%。共有15家上市公司研发费用均超过百亿元,合计2641.71亿元,占研发费用总额的22.52%。中国建筑(601668.SH)以399.27亿元的研发费用位居第一,中国中铁(601390.SH)、中国交建(601800.SH)、中国铁建(601186.SH)分

---

① 数据来源:https://m.gmw.cn/baijia/2022-01/27/35475986.html。
② 研发费用占比也称研发强度(Research and Development Intensity),是2016年公布的管理科学技术名词。根据《管理科学技术名词》的定义,研发费用占比是指研发投入占某组织或地区当期生产总值的比例,即R&D经费与GDP之比。

别位居第二、第三和第四,研发投入分别为247.56亿元、225.87亿元和202.54亿元,排名前四的上市公司均超过200亿元。通常建筑行业经常被认为是传统行业,科研费用投入较低。梳理数据后我们发现,研发费用排名前4位上市公司均属于建筑装饰行业,和土木工程关联紧密。在研发投入前100的企业名单中,有12家建筑工程类企业上榜。研发投入排名前20的企业中占比四成(见表4-13)。2021年中国建筑(601668.SH)攻克"卡脖子"技术,增强建筑领域的"中国创造"能力,全年投入科研经费399.27亿元,投入强度首次超过2%。实现碳纤维千吨级索锚体系世界首次大型工程应用,成功研发工程建造软件底层图形平台技术,并发布自有软件品牌。推动建筑领域绿色低碳转型,加快5G智慧工地推广应用。报告期内,公司荣获国家科学技术进步奖5项,其中一等奖2项;荣获詹天佑奖15项,鲁班奖35项,获奖数量和质量再创历史新高。

表4-13 2021年上市公司研发费用TOP20　　　　单位:亿元,%

排名	股票代码	股票简称	省份	行业	研发费用	增长
1	601668.SH	中国建筑	北京	建筑装饰	399.27	56.44
2	601390.SH	中国中铁	北京	建筑装饰	247.56	13.36
3	601800.SH	中国交建	北京	建筑装饰	225.87	12.41
4	601186.SH	中国铁建	北京	建筑装饰	202.54	8.86
5	600104.SH	上汽集团	上海	汽车	196.69	46.83
6	000063.SZ	中兴通讯	广东省	通信	188.04	27.08
7	601857.SH	中国石油	北京	采掘	167.29	6.24
8	601669.SH	中国电建	北京	建筑装饰	160.88	5.37
9	601618.SH	中国中冶	北京	建筑装饰	159.01	29.00
10	601766.SH	中国中车	北京	机械设备	130.85	-1.98
11	000333.SZ	美的集团	广东省	家用电器	120.15	18.74
12	600028.SH	中国石化	北京	化工	114.81	13.83
13	600019.SH	宝钢股份	上海	钢铁	113.71	30.30
14	601138.SH	工业富联	广东省	电子	108.35	7.94
15	000725.SZ	京东方A	北京	电子	106.69	39.96
16	600170.SH	上海建工	上海	建筑装饰	98.93	21.92
17	688235.SH	百济神州-U	北京	医药生物	95.38	6.66
18	601868.SH	中国能建	北京	建筑装饰	87.89	29.55
19	600690.SH	海尔智家	山东省	家用电器	83.57	21.82
20	002415.SZ	海康威视	浙江省	电子	82.52	29.36

资料来源:Wind、山东省亚太资本市场研究院。

从研发费用占比来看,2021年披露研发费用的4244家沪深两市上市公司合计实现营业收入52.73万亿元,研发费用合计1.17万亿元,研发费用占比(研发费用占营业收入的比例)为2.22%,比上年提高0.29个百分点。科创板公司整体研发费用占比大。2021年,披露研发费用的398家科创板上市公司的研发费用占比中位数为8%,大幅超过A股整体水平,研发费用占比超过10%的公司有172家,在科创板公司中占比超四成。分行业来看,医药生物行业表现突出。研发费用占比排名前10的上市公司中,有8家为医药生物公司,且多数为科创板上市药企。其中,迪哲医药-U(688192.SH)、神州细胞-U(688520.SH)等公司排名居前,研发费用均是其公司营收的数倍甚至数十倍(见表4-14)。不过,由于公司核心产品均处于在研状态,因而研发费用占比不具有参考性。全年有8家上市公司研发费用占比超过100%,其中科创板上市公司7家,创业板上市公司1家。值得一提的是,2021年沪深两市136家公司研发费用占比超过20%,523家超过10%,不同层次研发费用占比的上市公司数量均比上年出现提升。

表4-14　2021年上市公司研发费用占比TOP10　　　单位:亿元,%

股票代码	股票简称	省份	行业名称	营业收入	研发费用	研发费用占比
688192.SH	迪哲医药-U	江苏	医药生物	0.10	5.88	5710.40
688520.SH	神州细胞-U	北京	医药生物	1.34	7.33	545.17
688221.SH	前沿生物-U	江苏	医药生物	0.41	1.72	424.96
688091.SH	上海谊众-U	上海	医药生物	0.04	0.13	324.51
688266.SH	泽璟制药-U	江苏	医药生物	1.90	5.09	267.59
688256.SH	寒武纪-U	北京	电子	7.21	11.36	157.51
688235.SH	百济神州-U	北京	医药生物	75.89	95.38	125.69
300367.SZ	*ST网力	北京	计算机	1.09	1.21	110.90
688108.SH	赛诺医疗	天津	医药生物	1.94	1.49	76.63
430047.BJ	诺思兰德	北京	医药生物	0.57	0.43	75.98

资料来源:Wind、山东省亚太资本市场研究院。

按照申万一级行业来看,建筑装饰、电子行业上市公司研发投入表现突出,研发费用分别为1912.66亿元、1405.13亿元。建筑业是国民经济的重要支柱产业,与整个国家经济的发展、人民生活的改善有着密切的关系。近年来,我国建筑业加快转型升级,产业规模不断扩大,建造能力不断增强,对经济社会发展、城乡建设和民生改善作出了重要贡献。2021年,全国建筑业总产值为26.39万亿元,同比增长6.2%,增幅持续提升,建筑业发展韧性凸显。建筑业上市公司研发费用已连续多年在行业中位居首位。电子行业中,产业互联网、5G、人工智能、物联网、大数据、云计算、机器人、芯片、集成电路等成为技术创新应用的新焦点。电子行业上市公司研发费用增长明显,这些行业的上市公司是属于通过研发筑高壁垒、提升竞争力的企业类型。研发是企业未雨绸缪为将来做积累,是未来业绩增长的重要基础。从研发费用占比上来看①，计算机行业上市公司位居行业前列，其研发费用占比高达8.57%，远高于其他行业。电子、机械设备等五大研发费用占比超过了4%。交通运输、房地产等九大行业研发费用占比均小于1%（见图4-6）。

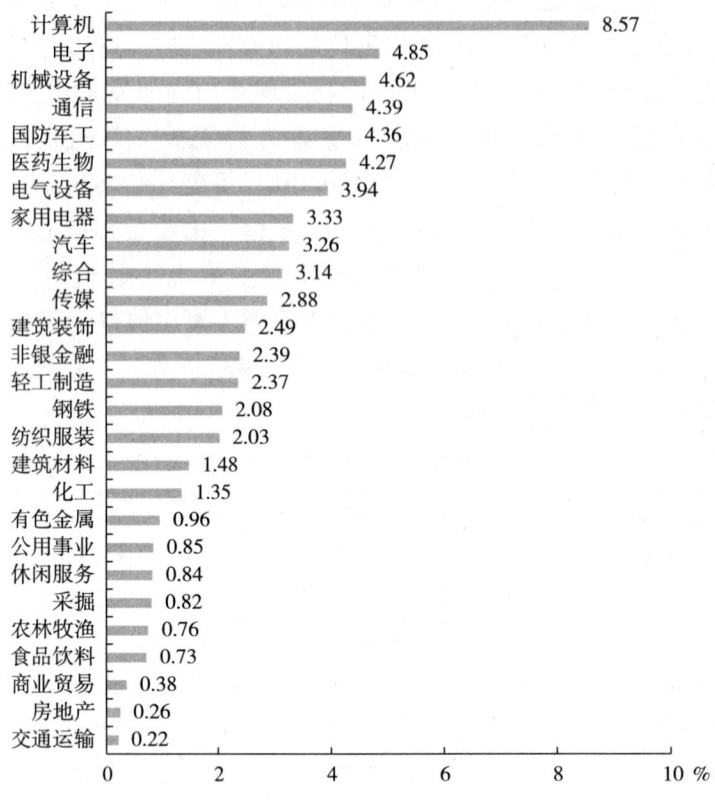

注：不包含北交所上市公司。

图4-6 2021年全国上市公司所属行业研发费用占比

（资料来源：Wind、山东省亚太资本市场研究院）

4.3.2 山东上市公司研发投入

根据Wind数据，2021年山东有247家上市公司披露了年度研发费用，247家公司研发费用合计645.70亿元②，占全省研发投入的34.90%③，同比增长24.63%，增速比全国低1.04个百分点；研发费用占比为2.51%，比上年提高0.23个百分点。研发费用超过10亿元的有12家上市公司，数量比上年多出3家，12家上市公司研发费用合计356.19亿元，占全年上市公司的55.16%，头部上市公司研发费用支出

---

① 不包含北交所上市公司。
② 本书默认为2021年山东全部上市公司研发费用。
③ 截至2022年7月，山东省2021年研究与试验发展（R&D）经费并未公布，报告按照比2020年增长10%的增幅，得出2021年山东省R&D经费为1850.09亿元。

远大于其他企业。

海尔智家（600690.SH）研发费用超越潍柴动力（000338.SZ）升至全省第一，两家公司研发费用均超过50亿元，研发费用分别为83.57亿元、68.88亿元（见表4-15）。2021年，根据IPRdaily发布的《2021全球智慧家庭发明专利Top100》排行榜，海尔智家（600690.SH）以4535件公开的专利申请数量居于榜首。2021年GEA在美国连续第四年被IoT Breakthrough授予年度最佳智能家电公司。2021年，潍柴动力（000338.SZ）以自主创新为主线，加大研发投入，加快卡脖子关键核心技术突破，取得一系列科技成果，2022年1月，发布全球首款本体热效率51.09%的柴油机，刷新全球纪录；搭载340马力CVT智能拖拉机亮相国家"十三五"科技创新成就展。公司加速新工艺技术及智能转型，实现了从批量生产模式向小批量多品种的定制化敏捷制造的转变，突破了一批先进工艺技术，为打造最具品质竞争力的产品提供了坚实保障。

表4-15 2021年山东上市公司研发费用TOP20　　　单位：亿元，%

股票代码	股票简称	行业	研发费用	增长	研发费用占比
600690.SH	海尔智家	家用电器	83.57	21.82	3.67
000338.SZ	潍柴动力	汽车	68.88	14.54	3.38
002241.SZ	歌尔股份	电子	41.70	21.72	5.33
600309.SH	万华化学	化工	31.68	55.07	2.18
000977.SZ	浪潮信息	计算机	29.21	10.85	4.36
600022.SH	山东钢铁	钢铁	19.98	54.55	1.80
600060.SH	海信视像	家用电器	18.51	6.37	3.96
000488.SZ	晨鸣纸业	轻工制造	14.54	14.08	4.40
600219.SH	南山铝业	有色金属	13.74	-7.22	4.78
000498.SZ	山东路桥	建筑装饰	12.57	68.43	2.19
600188.SH	兖矿能源	采掘	11.40	123.67	0.75
000830.SZ	鲁西化工	化工	10.41	79.36	3.27
601966.SH	玲珑轮胎	化工	9.34	22.36	5.03
600760.SH	中航沈飞	国防军工	6.63	130.34	1.94
000951.SZ	中国重汽	汽车	6.02	29.03	1.07
002408.SZ	齐翔腾达	化工	5.79	113.33	1.66
600966.SH	博汇纸业	轻工制造	5.56	98.85	3.42
300308.SZ	中际旭创	通信	5.41	6.85	7.03
002078.SZ	太阳纸业	轻工制造	5.38	30.98	1.68
002498.SZ	汉缆股份	电气设备	4.86	20.69	5.41

资料来源：Wind、山东省亚太资本市场研究院。

2021年，全省上市公司研发费用共计645.70亿元，营业收入25759.15亿元，研发费用占比为2.51%。全省研发费用占比超过10%的上市公司共有17家，其中，排名靠前的3家公司中孚信息（300659.SZ）、数字人（835670.BJ）、睿创微纳（688002.SH）研发费用占比均超过20%，分别为25.44%、24.87%、23.47%（见表4-16）。2021年，中孚信息（300659.SZ）优化研发人员结构，吸纳了一批经验丰富的专业人才，培养和造就了一支专业性强、结构合理的创新型研发团队。全年研发费用总额占营业收入的比重由18.35%增长至29.59%。公司为提高产品竞争力，持续加大产品及解决方案的研发投入，储备关键技术研发人员，构建具备核心竞争力的技术能力体系。数字人（835670.BJ）是一家在北交所上市的数字医学领域软件开发企业，主要为各类医学院校及医院提供医学教育信息化产品及整体解决方案。2021年公司研发费用同比提升20%至2082万元，保持了较高的研发强度。2021年1月，数字人（835670.BJ）开发的"高清数字人虚拟解剖台系统""数字人高清断层3D打印模型"被中国解剖学会组织专家认定为"达到国际领先水平"。2021年4月，公司研发的"智能心肺复苏急救培训系统"被山东省医学会组织专家评价为：弥补了国内现有产品的不足，达到了国内领先水平。公司获得省市科技项目立项，拥有13项发明专利，62项著作权。

表4-16 2021年山东上市公司研发费用占比TOP20　　　　　单位：亿元，%

股票代码	股票简称	公司属性	研发费用	研发费用占比
300659.SZ	中孚信息	民营企业	3.23	25.44
835670.BJ	数字人	民营企业	0.21	24.87
688002.SH	睿创微纳	民营企业	4.18	23.47
300183.SZ	东软载波	地方国有	1.57	17.34
300479.SZ	神思电子	民营企业	0.60	16.27
688579.SH	山大地纬	其他企业	1.02	15.94
603421.SH	鼎信通讯	民营企业	3.90	13.84
688677.SH	海泰新光	外资企业	0.41	13.35
600756.SH	浪潮软件	地方国有	2.42	13.24
300996.SZ	普联软件	民营企业	0.74	12.65
301185.SZ	鸥玛软件	其他企业	0.25	12.07
002376.SZ	新北洋	公众企业	3.18	12.02
300830.SZ	金现代	民营企业	0.71	11.79
688139.SH	海尔生物	集体企业	2.36	11.12
688191.SH	智洋创新	民营企业	0.69	10.52
605001.SH	威奥股份	民营企业	0.63	10.27
688557.SH	兰剑智能	民营企业	0.62	10.22
688309.SH	*ST恒誉	民营企业	0.08	9.76
688136.SH	科兴制药	民营企业	1.23	9.57
002581.SZ	未名医药	民营企业	0.38	9.55

资料来源：Wind、山东省亚太资本市场研究院。

按照申万一级行业来看，2021年全省共有14个行业的上市公司研发费用超过10亿元，其中，化工、家用电器行业研发费用分别以119.22亿元、107.85亿元位居前两位；传媒、公用事业等6个行业研发费用均不足1亿元（见表4-17）。需要指出的是，即使化工、家用电器、汽车、电子等行业研发费用排名靠前，也主要是由于行业内聚集了像万华化学（600309.SH）、海尔智家（600690.SH）、潍柴动力（000338.SZ）、歌尔股份（002241.SZ）等行业头部公司，这些头部公司是行业研发费用的主力军。整体来看，医疗生物、通信、电子和计算机4个行业研发费用占比高于5%。2021年，山东17家科创板上市公司研发费用合计18.73亿元，平均每家上市公司支出1.10亿元，低于全省上市公司2.61亿元的水平；科创板上市公司科研投入率为8.75%，高出全省6.24个百分点。研发投入是衡量科创板上市公司"含科量"的关键指标，高投入比例反映了其科创属性和科创企业的巨大发展潜力。

表4-17　2021年山东不同行业上市公司研发费用　　单位：亿元，%

行业	研发费用	增长	研发费用占比
化工	119.22	35.58	2.63
家用电器	107.85	18.39	3.67
汽车	83.91	15.38	2.97
电子	46.67	25.35	5.73
计算机	43.35	12.26	5.24
医药生物	41.99	19.46	3.19
机械设备	34.64	25.79	3.46
轻工制造	32.73	26.88	3.06
有色金属	22.77	-0.74	1.88
电气设备	22.58	8.96	4.57
钢铁	19.98	54.55	1.80
建筑装饰	16.51	61.60	2.42
采掘	13.30	127.74	0.78
通信	10.89	15.47	9.53
国防军工	6.63	130.34	1.94
纺织服装	5.57	17.94	2.96
建筑材料	4.08	32.79	2.96
农林牧渔	3.38	13.76	1.74
食品饮料	2.76	20.06	0.39
交通运输	2.62	115.19	0.20
房地产	1.36	52.66	0.92
综合	1.25	74.87	3.32

续表

行业	研发费用	增长	研发费用占比
传媒	0.88	101.39	0.57
公用事业	0.46	6.31	0.04
医疗生物	0.21	19.66	24.87
商业贸易	0.09	-6.15	0.03
非银金融	0.05	2.66	0.04

资料来源：Wind、山东省亚太资本市场研究院。

从山东上市公司不同属性看，地方国有上市公司研发费用最多，达到257.10亿元，其次是民营上市公司，达217.50亿元。公众企业、央企、外资和其他企业研发费用相对较少。从科研投入率来看，集体企业研发费用占比达3.71%，在7种属性上市公司中唯一超过3%，主要是海尔智家（600690.SH）的贡献。民营上市公司以2.93%的研发费用占比位居第2，民营上市公司在研发上的高强度投入反映出民营经济坚持以创新驱动发展的发展战略，将为山东经济的可持续发展带来源源不断的推动力（见图4-7）。

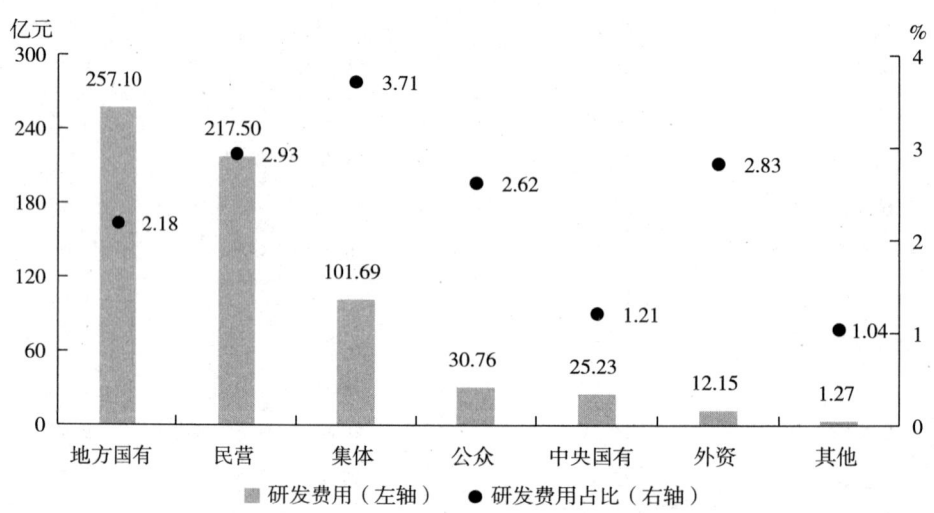

图4-7 2021年山东不同属性上市公司研发费用及研发费用占比

（资料来源：Wind、山东省亚太资本市场研究院）

2021年，山东上市公司研发人员数量合计为142341人，比上年增长10.53%，占全部员工数量的11.24%，比上年提高0.68个百分点。研发人员数量与公司研发费用成正比，研发费用排名靠前的海尔智家（600690.SH）、歌尔股份（002241.SZ）、潍柴动力（000338.SZ），其研发人员数量同样靠前，分别为22161人、12895人、10421人，剩下其他上市公司研发人员数量均在万人之下。从研发人员数量与员工总数占比来看，东软载波（300183.SZ）、世纪天鸿（300654.SZ）、山大地纬（688579.SH）、普联软件（300996.SZ）、中孚信息（300659.SZ）、鸥玛软件（301185.SZ）6家上市公司占比均超过50%。从不同属性看，民营上市公司研发人员数量为57040人，远高于其他属性上市公司研发人员数量（见图4-8）。但从研发人员与总员工数量占比来看，其他属性上市公司占比高达52.71%，远高于其他属性上市公司。

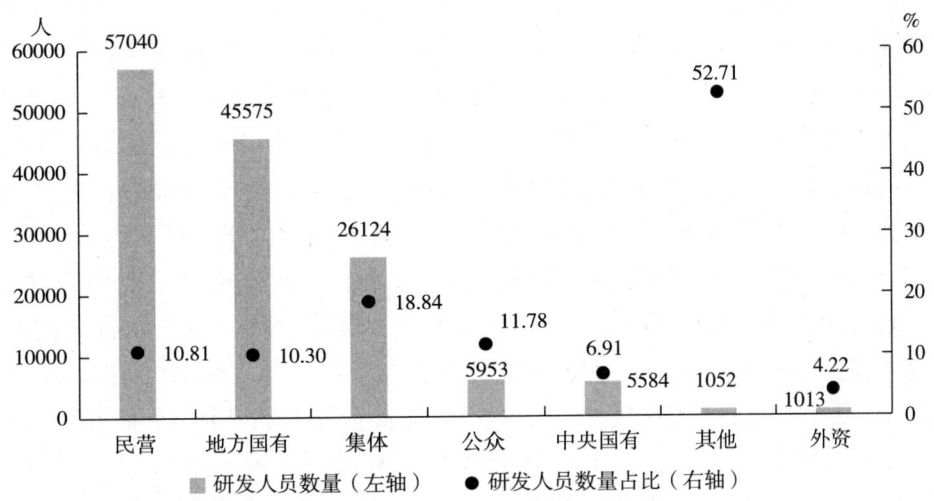

图4-8 2021年山东不同属性上市公司研发人员数量及与总员工数量占比

（资料来源：Wind、山东省亚太资本市场研究院）

4.3.3 四省上市公司科研投入

2021年全国研究与试验发展（R&D）经费支出为27864亿元，比上年增长14.2%，研发经费投入强度①为2.44%，比上年提高0.04个百分点。浙江R&D经费支出约为2131.96亿元，研发经费投入强度约为2.9%，比上年提高0.1个百分点，财政一般公共预算支出中科技支出为579亿元，比上年增长22.5%②。江苏R&D经费支出为3432.74亿元，研发经费投入强度为2.95%，比上年提高0.1个百分点，R&D人员为92.4万人，比上年增长3.82%。③ 广东R&D经费支出为3800亿元，研发经费投入强度为3.14%，全省研发人员突破110万人，发明专利有效量、PCT国际专利申请量等指标均居全国首位。④ 山东R&D经费支出为1850.09亿元，研发经

---

① 研发经费投入强度为研究与试验发展（R&D）经费与GDP的比值。数据来源：http://www.stats.gov.cn/tjsj/zxfb/202202/t20220227_1827960.html。
② 数据来源：http://tjj.zj.gov.cn/art/2022/2/24/art_1229129205_4883213.html。
③ 数据来源：http://www.js.gov.cn/art/2022/3/31/art_64797_10398993.html。
④ 数据来源：https://baijiahao.baidu.com/s?id=1734523383558926485&wfr=spider&for=pc。

费投入强度为 2.10%。① 四省 R&D 经费支出合计 11214.79 亿元，占全国的 40.25%。

2021 年四省上市公司研发费用共计 4550.33 亿元，占全国上市公司的 38.78%；四省上市公司平均研发费用占比为 2.41%。四省上市公司研发费用最高的省份是广东，为 2034.85 亿元，占四省总量的 44.72%。由于上市公司数量较少，山东以 645.70 亿元位居四省最末（见表 4-18）。从四省上市公司平均研发费用来看，广东和山东均超过 2 亿元/家，江苏和浙江均在 1 亿~2 亿元/家。从研发费用占比来看，四省整体差距相对较小，整体为 2.20%~2.70%（见表 4-18）。从四省研发费用头部上市公司来看，广东中兴通讯（000063.SZ）、美的集团（000333.SZ）、工业富联（601138.SH）排名靠前，研发费用均超过百亿元，3 家公司研发费用合计 416.54 亿元，占本省的 20.47%，所属行业为通信、家用电器、电子行业。江苏恒瑞医药（600276.SH）、徐工机械（000425.SZ）、国电南瑞（600406.SH）、南钢股份（600282.SH）排名靠前，研发费用均超过 20 亿元，4 家公司研发费用合计 129.06 亿元，占本省的 16.01%，所属行业为医药生物、机械设备、电气设备、钢铁行业。浙江海康威视（002415.SZ）、荣盛石化（002493.SZ）、大华股份（002236.SZ）排名靠前，研发费用均超过 30 亿元，3 家公司研发费用合计 156.19 亿元，占本省的 14.69%，所属行业为电子、化工、电子行业。山东前 4 家上市公司研发费用合计 225.83 亿元，占本省的 34.97%，显示出山东上市公司研发费用严重集中于头部企业，所属行业为家用电器、汽车、电子、化工行业。从四省头部上市公司所属行业来看，科研投入较多的行业多为汽车、电子和家用电器等行业。

表 4-18 2021 年四省上市公司研发费用及研发人员统计

单位：亿元，人，亿元/家，%

省份	研发费用	研发人员数量	平均研发费用	研发费用占比	研发人员数量占比
广东	2034.85	489507	2.67	2.28	8.88
江苏	806.24	203295	1.41	2.61	12.37
山东	645.70	142341	2.40	2.51	11.24
浙江	1063.54	226488	1.76	2.49	11.33

注："研发人员数量占比"是研发人员数量与员工总数的占比。
资料来源：Wind、山东省亚太资本市场研究院。

从行业来看，广东电子、家用电器、通信等行业上市公司研发费用支出靠前，三大行业上市公司研发费用均超过 200 亿元。其中，电子行业上市公司研发费用高达 592.66 亿元，占本省上市公司投入的 29.13%。江苏机械设备、电子、医药生物行业上市公司研发费用较多，研发费用分别为 131.59 亿元、122.43 亿元、119.54 亿元。浙江电子、化工、电气设备行业上市公司研发费用相对较多，研发费用分别为

---

① 此处按照 2020 年山东省研发经费投入强度，网址 http：//www.gov.cn/xinwen/2021-09/22/content_5638653.htm。

154.27亿元、148.15亿元、102.28亿元。山东化工、家用电器行业上市公司研发费用较多，分别为119.22亿元、107.85亿元。从各行业上市公司平均研发费用来看，广东钢铁、家用电器行业相对较多，平均超过10亿元/家。江苏钢铁、医药生物行业偏多，均超过2亿元/家。浙江电子、钢铁、计算机、有色金属行业偏多，均超过3亿元/家。山东上市公司所属行业平均研发费用在四省中差距最大，家用电器、钢铁、电子行业均超过10亿元/家。从科研投入率来看，广东的通信行业、山东的休闲服务行业、江苏和浙江的计算机行业研发费用占比均超过10%，分别位居各自省份前列（见表4-19）。

表4-19 2021年四省上市公司所属行业科研投入统计

单位：亿元，亿元/家，%

行业	广东			江苏			山东			浙江		
	研发费用	平均研发费用	研发费用占比	研发费用	平均研发费用	研发费用占比	研发费用	平均研发费用	研发费用占比	研发费用	平均研发费用	研发费用占比
采掘	—	—	—	—	—	—	13.30	3.32	0.78	0.32	0.16	2.73
传媒	18.56	0.60	2.06	7.59	0.69	2.35	0.88	0.22	0.57	60.99	2.10	5.54
电气设备	93.40	2.52	5.58	79.54	1.56	3.27	22.58	1.41	4.57	102.28	2.44	3.97
电子	592.66	4.29	4.17	122.43	2.15	4.37	46.67	11.67	5.73	154.27	5.32	8.30
房地产	30.22	1.16	0.23	2.22	0.28	0.08	1.36	0.34	0.92	1.33	0.10	0.11
纺织服装	10.38	0.65	2.08	5.39	0.49	0.88	5.57	0.80	2.96	21.76	0.73	2.35
非银金融	0.51	0.05	0.00	0.04	0.01	0.01	0.05	0.02	0.04	1.31	0.16	0.14
钢铁	14.30	14.30	3.14	30.42	5.07	2.90	19.98	19.98	1.80	17.96	3.59	1.77
公用事业	45.18	1.67	1.56	4.97	0.31	0.63	0.46	0.11	0.04	26.13	1.19	1.33
国防军工	17.71	2.53	8.78	8.85	0.98	5.23	6.63	6.63	1.94	3.15	1.58	5.03
化工	53.44	1.05	3.08	66.28	0.90	2.45	119.22	2.25	2.63	148.15	2.39	2.71
机械设备	82.85	1.26	3.05	131.59	1.46	4.66	34.64	0.99	3.46	73.56	0.87	4.02
计算机	149.06	2.48	5.47	30.05	2.31	15.13	43.35	3.94	5.24	67.18	3.05	14.50
家用电器	235.69	11.78	3.25	11.23	1.25	4.89	107.85	26.96	3.67	31.34	1.36	3.45
建筑材料	19.44	1.62	2.73	2.81	0.56	3.32	4.08	0.82	2.96	14.96	1.50	2.99
建筑装饰	24.60	0.82	2.85	32.17	1.79	3.44	16.51	2.75	2.42	42.80	2.52	1.74
交通运输	32.02	1.33	0.66	5.03	0.42	1.24	2.62	0.20	0.20	14.90	2.13	0.17
农林牧渔	14.10	2.01	0.85	1.20	0.40	0.54	3.38	0.26	1.74	1.09	0.55	0.93
汽车	108.15	5.69	3.10	39.23	1.01	4.07	83.91	6.45	2.97	86.15	1.79	4.18
轻工制造	44.29	1.23	3.01	10.11	0.78	2.76	32.73	2.73	3.06	37.42	1.01	3.07
商业贸易	1.18	0.12	0.09	27.04	2.08	0.54	0.09	0.02	0.03	1.46	0.16	0.59
食品饮料	16.20	1.35	2.57	3.98	0.66	0.96	2.76	0.25	0.39	2.84	0.26	1.12
通信	246.90	7.96	11.31	40.61	2.71	3.83	10.89	3.63	9.53	8.67	0.72	3.03

续表

行业	广东			江苏			山东			浙江		
	研发费用	平均研发费用	研发费用占比	研发费用	平均研发费用	研发费用占比	研发费用	平均研发费用	研发费用占比	研发费用	平均研发费用	研发费用占比
休闲服务	0.30	0.15	0.93	0.04	0.01	0.16	0.21	0.21	24.87	0.65	0.22	3.93
医药生物	136.36	2.62	3.71	119.54	2.99	7.49	41.99	1.62	3.19	98.14	1.92	3.83
有色金属	23.03	1.77	2.47	18.08	1.29	2.84	22.77	2.53	1.88	39.61	3.05	1.63
综合	15.65	1.96	5.60	1.66	0.33	1.50	1.25	0.42	3.32	0.35	0.17	0.69

注：表中数据不包含上交所上市公司。Wind数据中上市银行均没有显示研发费用，因此表中不包括银行业。

资料来源：Wind、山东省亚太资本市场研究院。

从不同性质上市公司来看，广东、江苏和浙江三省民营上市公司研发费用均占据主要位置，三省民营上市公司研发费用分别为1071.74亿元、532.01亿元和815.89亿元，在七类性质公司中占比分别为52.67%、65.99%和76.71%，而山东以地方国有上市公司为主，占比为39.82%，民营上市公司占比为33.68%。从不同性质上市公司平均研发费用来看，广东和江苏公众企业较多，浙江地方国有企业较多，山东则以集体企业较多。从四省上市公司科研投入率来看，广东的外资企业、江苏的其他企业、山东的集体企业和浙江的中央国有企业投入率较高（见表4-20）。

表4-20 2021年四省不同性质上市公司科研投入统计

单位：亿元，亿元/家，%

公司属性	广东			江苏			山东			浙江		
	研发费用	平均研发费用	研发费用占比	研发费用	平均研发费用	研发费用占比	研发费用	平均研发费用	研发费用占比	研发费用	平均研发费用	研发费用占比
中央国企	150.33	1.39	1.20	95.81	1.23	2.10	25.23	0.40	1.21	91.87	1.37	8.45
外资企业	54.21	0.89	4.41	14.14	0.40	4.01	12.15	0.87	2.83	26.94	1.42	3.54
其他企业	—	—	—	1.03	0.51	4.79	1.27	0.14	1.04	14.84	7.42	3.17
民营企业	1071.74	2.07	3.68	532.01	1.28	3.22	217.50	1.35	2.93	815.89	1.68	3.41
集体企业	0.02	0.02	0.02	0.11	0.05	0.41	101.69	33.90	3.71	1.88	0.23	0.42
公众企业	601.24	17.18	1.64	81.90	4.82	3.20	30.76	3.85	2.62	18.13	1.07	1.31
地方国企	157.30	4.14	1.63	81.24	4.06	1.19	257.10	23.37	2.18	93.99	15.66	0.64

资料来源：Wind、山东省亚太资本市场研究院。

从2021年四省民营上市公司研发费用来看，山东民营上市公司研发投入情况非常严峻。2021年全省民营上市公司科研投入为175.12亿元，虽然比上年增长24.20%，但横向比较来看，仅相当于广东的1/5，浙江的1/4，江苏的2/5。截至2022年7月末，由于2021年山东R&D经费暂未公布，根据本小节（4.3.3）首段计算的数据，2021 年四省民营上市公司研发费用与本省 R&D 经费占比，浙江为 38.27%，广东为 28.20%，江苏为 15.50%，山东为 11.76%（见图 4-9）。如果仅从民营上市公司科研投入全省占比这一项指标，可以判断，浙江、广东等省民营上市公司已经成为全省科研投入主力军。进一步分析民营上市公司研发费用占比，2021 年山东仅为 2.93%（见表 4-20）。根据中国证监会关于科创板 IPO 上市相关规定，R&D 经费占营业收入比重超过 5% 是最基本的条件，上述民营上市公司 R&D 统计数据和计算结果可以解释为什么近年来山东省上市公司数量与其他省市差距越来越大，也可以解释为什么近年来山东省申请科创板上市的企业、独角兽企业的数量大幅落后于其他省市。

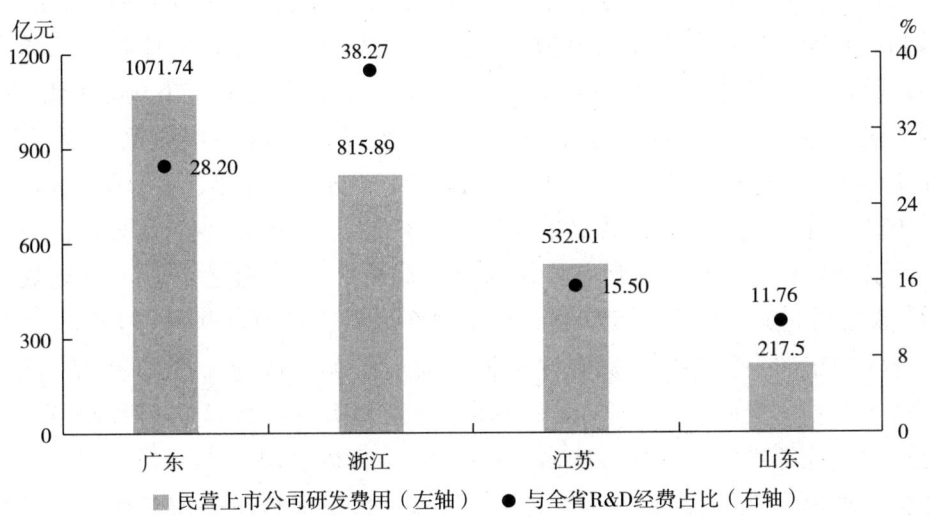

图 4-9 2021 年四省民营上市公司研发费用及与本省 R&D 经费占比

（资料来源：四省统计局、Wind、山东省亚太资本市场研究院）

科创板代表了我国新经济发展方向，同时也是新动能所在。随着我国经济新旧动能的转换，新的部分比重不断上升，传统行业在资本市场中占比会逐步下行，因此，从科创板上市公司科研投入也可看出四省经济发展差异。江苏在四省中科创板上市公司数量最多，是山东数量的 4 倍，其科研投入也位居四省首位，科研投入是山东的 5 倍。从科创板公司研发人员数量来看，广东省虽然科创板公司数量相比江苏少，但其科研人员数量却高达 22317 人，人才即意味着实力，未来广东科创板上市公司发展潜力巨大。从研发费用占比来看，山东以 8.75 的比率独占鳌头，考虑到山东上市公司数量偏少，且多为科创板头部优秀上市公司，并不能代表未来全省科创板整体情况。从科创板上市公司平均科研投入来看，浙江以 1.59 亿元/家位居四省首位，山东以 1.10 亿元/家位居末位（见表 4-21）。从以上分析可以看出，如果从四省科创板上市公司质量上看，山东较为优秀，但随着高质量科创板公司上市后，未来数量更多、质量普通的上市公司登陆科创板后，才能体现出山东真正的科创板公司水平。

表4-21 2021年四省科创板上市公司研发情况统计

单位：家，人，亿元，%，亿元/家

省份	上市公司数量	研发人员数量	研发费用	研发费用占比	平均研发费用
广东	59	22317	83.21	6.93	1.41
江苏	71	19336	91.05	7.33	1.28
山东	17	5431	18.73	8.75	1.10
浙江	32	11565	51.01	5.84	1.59

资料来源：Wind、山东省亚太资本市场研究院。

2021年是北交所和新三板改革发展历史上极具重要意义的一年。全年贯穿改革主线，坚持系统观念，扎实谋划、稳步推进，圆满完成北交所设立开市，持续优化新三板制度功能。改革取得突破性成效，市场服务中小企业和实体经济高质量发展的能力显著增强。整体来看，在北交所"龙头"撬动作用下，市场运行稳中向好，市场功能进一步恢复，市场韧性进一步增强，市场信心进一步提振。截至2021年末，北交所上市公司共82家，战略新兴产业、先进制造业、现代服务业等占比87%，2021年全市场发行598次，合计融资281亿元，其中，41家公司公开发行融资75亿元，已有2家北交所上市公司启动再融资，持续满足企业大额高效融资需求；532家公司完成定向发行557次，融资206亿元，其中自办发行122次，融资10亿元，全年拟定向发行募集金额同比增长55%，小额、快速、按需融资功能进一步发挥。宣布设立北交所以来，公开发行效率显著提升，股票认购倍数翻倍；定向发行结构优化，外部投资者认购金额占比提高16个百分点。[①]

北交所聚焦"专精特新"中小企业，与新三板形成全链条服务体系，继续坚持向沪深交易所转板制度。北京证券交易所将整体平移精选层各项基础制度，同时精选层的挂牌公司可直接在北交所上市，省去了之前较为繁杂的转板过程；此后，创新层、基础层的挂牌公司将是北交所上市公司的主要来源，满足原精选层准入条件的即可申请到北交所上市。这样有利于打造支持中小企业持续成长的市场服务体系，形成创投基金和股权投资基金——区域性股权市场——新三板——交易所市场的全链条服务体系，持续支持中小企业科技创新，促进科技和创新资本融合。相较于创业板、科创板，北交所的服务对象将会"更早、更小、更新"，也即北交所将聚集于"专精特新"中小企业。根据证监会公布的信息，北交所仍会坚持向沪深交易所的转板机制，即北交所上市公司在达到相应条件之后仍可申请转板至创业板、科创板上市。

从四省北交所上市公司来看，江苏上市公司数量、研发费用占比领先于其他三省，广东上市公司整体研发费用、平均研发费用位居四省之首。山东上市公司数量

---

① 资料来自《北交所、新三板2021年市场改革发展报告》，网址 http://www.bse.cn/important_news/200011776.html.

虽然高于浙江,但研发费用不及浙江。四省北交所上市公司研发情况如表4-22所示。

表4-22 2021年四省北交所上市公司研发情况统计

单位:家,亿元,%,亿元/家

省份	上市公司数量	研发费用	研发费用占比	平均研发费用
广东	10	7.72	5.40	0.77
江苏	13	3.83	6.00	0.29
山东	7	1.13	4.58	0.16
浙江	3	1.13	3.37	0.38

资料来源:Wind、山东省亚太资本市场研究院。

山东作为制造业大省,中小企业众多,后备上市力量相对雄厚。山东省国民经济和社会发展统计公报数据显示,2021年山东省市场活力不断释放,年末实有民营经济市场主体数量增长12.1%。新登记市场主体235.6万户,同比增长6.4%。截至2021年末,山东在北交所(拟)上市企业9家,位列全国第5位。此外,私募基金管理机构836家,比上年增加129家,管理基金规模3255.75亿元,比上年增加674.03亿元。推动企业上市是有效降低融资成本、提升企业素质、促进动能转换的重要途径。资本市场的鲁企"后备军"不断扩大。

山东为做好企业上市培育工作,推动建立全省先进制造业和"专精特新"专项上市后备资源库,目标让入库企业不少于1000家,引导企业更好地对接资本市场。根据山东证监局数据,截至2022年第一季度末,山东拟上市公司总数123家,其中待注册8家,在审核19家,在辅导96家,梯次推进的格局较为稳固,上市后劲仍较足。同时在高端装备、生物医药等领域,企业上市规模可观,加之"专精特新"企业培育工作不断取得进展,频频有山东企业登陆北交所,这也反映了山东省新旧动能转换及"专精特新"企业培育的成果。

第 5 章 典型上市公司经营绩效分析

《国务院关于进一步提高上市公司质量的意见》提出，资本市场在金融运行中具有牵一发而动全身的作用，上市公司是资本市场的基石。提高上市公司质量是推动资本市场健康发展的内在要求，是新时代加快完善社会主义市场经济体制的重要内容。在前面 4 章中，我们对全省上市公司经营绩效和市值管理绩效进行了全面分析，尤其是通过与广东、浙江和江苏三省的比较分析，可以看到山东上市公司发展质量的明显差距。在这一章中，我们再对全省上市公司中的典型上市公司进行分析，目的是希望找出提高山东省上市公司质量的有效途径。笔者认为，对于绩优上市公司、进入 500 强上市公司以及作为我国资本市场创新前沿的科创板上市公司等典型细分群体的经营绩效进行深入分析，有利于我们从整体上把握山东上市公司的基本发展规律和变化特征，可为企业部门和政府决策部门提供参考。从数量意义上来说，每个细分群体的上市公司数量并不多。本报告关注的重点在于，从各个细分群体的典型特征出发，跟踪和评估绩优上市公司、绩差上市公司以及科创板上市公司的经营绩效与变化，总结山东省头部公司经营业绩的新动向、尾盘上市公司凸显出来的新问题、代表创新发展方向的科创板上市公司的新特点。本章首先考察进入 500 强上市公司和科创板上市公司的整体表现、山东科创板上市公司的经营绩效变动情况；继而对依据上市公司经营绩效评价办法①，评选出的 2021 年"山东最佳经营绩效上市公司"与"山东最差经营绩效上市公司"（均为 10 家）进行分析。

5.1 中国上市公司 500 强中的山东公司

本书所指的 500 强上市公司，是指营业总收入进入前 500 名的沪深上市公司。通过分析 500 强上市公司中山东公司的分布情况，可以了解山东较大规模上市公司在全国的地位，以及与其他省市之间的差距。截至 2021 年末，全国上市公司 500 强

---

① 评价上市公司经营绩效，首先要评价这家上市公司当前的创造营业收入的能力和盈利能力，两项指标决定企业的抗风险能力及股票的内在价值；其次要从营业收入和净利润的增长率来看上市公司的成长性，两项指标影响市场投资者对上市公司价值的预期。本书使用营业收入、净利润、营业收入增长率、净利润增长率四项指标对 2021 年山东上市公司的经营绩效进行评价，分别赋予上述四项指标 25% 的权重并进行打分，进而加总得出上市公司经营绩效的总体评价（评价方法见第 2 章）。

营业总收入合计 523609.08 亿元,同比增长 20.82%,增速比上年提高 16.6 个百分点。前 500 强营业总收入占全国上市公司的 80.69%,占比较上年下降了 1.17 个百分点,平均每家上市公司营业总收入为 876.23 亿元,比上年提高 9.44 亿元。全国上市公司 500 强净利润合计 43598.27 亿元,同比提高 17.67%。500 强公司净利润合计占全国上市公司的 82.08%,500 强上市公司平均净利润为 87.20 亿元,比上年降低 13.1 亿元。2021 年山东有 27 家上市公司进入 500 强,比 2020 年减少 2 家,数量占比为 5.40%,全国排名第 6 位(见表 5-1)。山东 27 家上市公司营业总收入为 17184.57 亿元,占 500 强营业总收入的 3.28%,比 2020 年降低 0.37 个百分点,平均总营业收入为 636.47 亿元;27 家公司净利润合计 1073.56 亿元,平均净利润为 39.76 亿元,占 500 强净利润的 2.46%,比 2020 年提高 0.11 个百分点。山东上市公司营业收入占全国上市公司营业收入的比重为 3.97%,净利润占全国的比重为 3.57%。

表 5-1 2021 年中国上市公司 500 强 TOP10 省市

单位:亿元,亿元/家

区域	入围家数	净利润	平均额	营业总收入	平均额
北京	75	21545.85	287.28	216024.88	2880.33
广东	71	6404.09	90.20	69711.59	981.85
上海	50	3922.70	78.45	51079.49	1021.59
浙江	50	1800.22	36.00	26172.62	523.45
江苏	36	774.08	21.50	18024.19	500.67
山东	27	1073.56	39.76	17184.57	636.47
福建	19	1427.83	75.15	27317.10	1437.74
安徽	17	576.36	33.90	8444.21	496.72
河北	14	-66.94	-4.78	7757.52	554.11
辽宁	12	307.85	25.65	9376.19	781.35

资料来源:Wind,山东省亚太资本市场研究院。

对比入围中国上市公司 500 强的省市,北京、广东、上海等地上市公司的营业收入规模较大、获利能力较强。北京作为经济决策中心和科教文卫中心,500 强中 1/3 的央企聚集于此,在 500 强入围企业数、平均营业收入水平和平均净利润水平等方面均位居全国第一。广东由于聚集了大量金融、地产、电器等上市公司,位列 500 强家数全国排名第 2 位。上海作为国际经济、金融、贸易、航运、科技创新中心,依靠其高度发达的金融业和制造业入围 500 强家数全国前三。山东虽然在四省中居于末位,但是由于入围上市公司中国有企业占比较高,这些公司平均营业总收入水平和平均净利润均高于江苏和浙江。2021 年入围中国上市公司 500 强中的山东 27 家上市公司营业总收入均超过 150 亿元,其中国有企业占比为 55.56%(见表 5-2)。

表 5-2　2021 年中国上市公司 500 强山东企业名单　　单位：亿元，%

排序	股票代码	股票名称	公司属性	营业总收入	净利润	净利率
1	600690.SH	海尔智家	集体企业	2275.56	132.17	5.81
2	000338.SZ	潍柴动力	地方国有企业	2035.48	115.62	5.68
3	600188.SH	兖矿能源	地方国有企业	1519.91	185.67	12.22
4	600309.SH	万华化学	地方国有企业	1455.39	250.39	17.20
5	600022.SH	山东钢铁	地方国有企业	1108.51	29.62	2.67
6	600027.SH	华电国际	中央国有企业	1044.22	-67.54	-6.47
7	002241.SZ	歌尔股份	民营企业	782.21	43.07	5.51
8	000977.SZ	浪潮信息	地方国有企业	670.48	20.30	3.03
9	000498.SZ	山东路桥	地方国有企业	575.22	27.51	4.78
10	000951.SZ	中国重汽	地方国有企业	560.99	16.69	2.97
11	600180.SH	瑞茂通	民营企业	476.43	8.21	1.72
12	600060.SH	海信视像	公众企业	468.01	15.95	3.41
13	002237.SZ	恒邦股份	地方国有企业	413.83	4.27	1.03
14	002408.SZ	齐翔腾达	民营企业	348.92	24.47	7.01
15	600760.SH	中航沈飞	中央国有企业	340.88	16.96	4.98
16	600547.SH	山东黄金	地方国有企业	339.35	-1.95	-0.58
17	000488.SZ	晨鸣纸业	地方国有企业	330.20	20.90	6.33
18	002078.SZ	太阳纸业	民营企业	319.97	29.67	9.27
19	000830.SZ	鲁西化工	中央国有企业	317.94	46.20	14.53
20	600600.SH	青岛啤酒	地方国有企业	301.67	32.56	10.79
21	600219.SH	南山铝业	集体企业	287.25	37.19	12.95
22	600426.SH	华鲁恒升	地方国有企业	266.36	72.54	27.23
23	002589.SZ	瑞康医药	民营企业	210.60	3.82	1.81
24	002726.SZ	龙大美食	民营企业	195.10	-8.48	-4.35
25	601966.SH	玲珑轮胎	民营企业	185.79	7.89	4.24
26	601058.SH	赛轮轮胎	民营企业	179.98	13.42	7.46
27	603708.SH	家家悦	民营企业	174.33	-3.54	-2.03
28	600966.SH	博汇纸业	外资企业	139.82	8.34	5.97
29	300677.SZ	英科医疗	民营企业	138.37	70.05	50.62

资料来源：Wind，山东省亚太资本市场研究院。

5.2 科创板上市公司

5.2.1 科创板上市公司整体表现

推进科创板改革并试点注册制，是党中央、国务院做出的重要决策部署，是资本市场建设承上启下的重要环节,是深化资本市场改革、完善资本市场基础制度、提升资本市场功能的重要安排,对于完善我国资本市场体系,助力粤港澳大湾区建设,促进国民经济整体良性循环和经济高质量发展具有重大意义。自2019年7月22日开市至2021年末,已有近400家公司成功在科创板注册上市,首发募集资金达5千亿元,市值规模接近6万亿元。科创板公司立足科技创新,深耕科创主业,整体业绩延续高增长态势,实现了营业收入、净利润同比大幅上升,研发费用占比继续保持高位,成为创新驱动发展的重要践行者,资本市场高质量发展集群初步显现。

截至2021年末,共有377家企业实现科创板注册上市。从地域分布情况来看,江苏、广东、上海、北京、浙江五省市共有272家科创板上市公司,占比达到72.15%,山东省有17家科创板上市公司,位居全国第6位(见图5-1)。按照中国证监会大类行业划分,有72家属于专用设备制造业,71家属于计算机、通信和其他电子设备制造业,52家属于软件和信息技术服务业,47家属于医药制造业,其他行业上市公司数量相对较少。前四大类行业共有242家,占科创板全部上市公司的64.19%,体现出科创板突出信息技术、医药生物、先进制造业的典型特征。从战略新兴产业的分类来看,新一代信息技术产业有132家,生物产业有83家,高端装备制造产业有65家,新材料产业有50家,其他产业上市公司数量相对较少(见表5-3)。前四大类战略新兴产业共有330家,占全部上市公司数量的87.53%。从IPO融资情况来看,330家上市公司合计融资4493.55亿元,平均每家公司IPO融资13.62亿元。

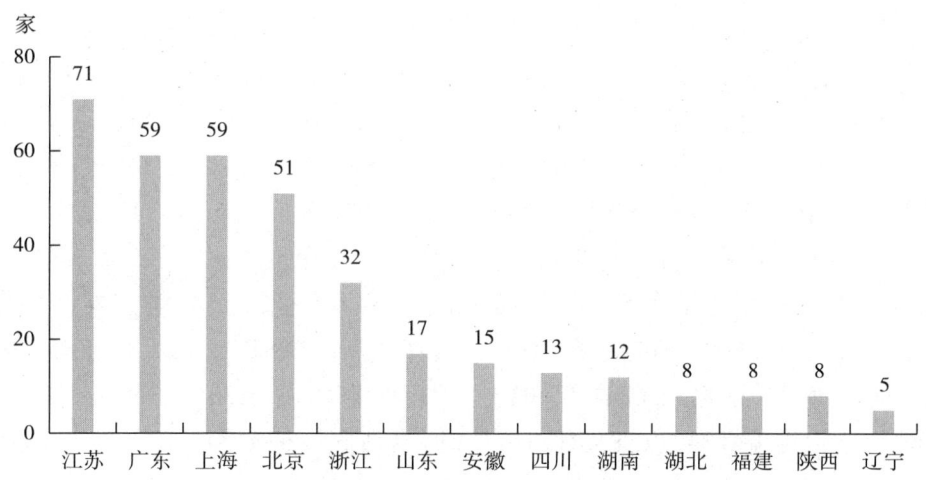

图5-1 2021年科创板上市公司地域分布TOP10

(资料来源:Wind,山东省亚太资本市场研究院)

表5-3 2021年科创板上市公司战略新兴产业分类　　　　单位：%

行业	家数	占比
新一代信息技术产业	132	35.01
生物产业	83	22.02
高端装备制造业	65	17.24
新材料产业	50	13.26
节能环保产业	22	5.84
新能源产业	14	3.71
新能源汽车产业	6	1.59
相关服务业	4	1.06
数字创业产业	1	0.27
合计	377	100

资料来源：Wind，山东省亚太资本市场研究院。

5.2.2 山东科创板公司表现

2021年，山东省共有8家上市公司登陆科创板，主要分布于制造业和信息传输、软件和信息技术服务业。山东省科创板企业数量的高速增长，不仅体现了山东的科创实力，也彰显了山东企业进军资本市场的决心和力度。近年来，山东省深入实施创新驱动发展战略，加快创新型省份建设，推进新旧动能转换重大工程，积极引导金融资源向科技领域配置，加快推进科技型企业科创板上市，探索促进科技成果转化的科技金融新机制。山东省不断加快构建科技金融服务体系，鼓励各市建立多种形式的科技金融服务中心，构建省市联动的科技金融服务体系，提供政策咨询、融资对接、辅导培训等服务，重点加强对科创板企业全方位保姆式科技金融服务。

截至2021年末，山东省共有17家企业登陆科创板，其中，新风光（688663.SH）、青达环保（688501.SH）、云路股份（688190.SH）、海泰新光（688190.SH）、威高骨科（688161.SH）、英科再生（688087.SH）、科汇股份（688087.SH）和智洋创新（688191.SH）8家于2021年完成上市。17家上市公司共分布在7个地市，其中，济南有5家，青岛5家，淄博3家，济宁1家，烟台1家，德州1家，威海1家（见表5-4）。按照战略新兴产业一级分类来看，睿创微纳（688002.SH）、山大地纬（688579.SH）和智洋创新（688191.SH）属于新一代信息技术产业，海尔生物（688139.SH）、华熙生物（688363.SH）、科兴制药（688136.SH）、威高骨科（688161.SH）和海泰新光（688190.SH）属于生物产业，奥福环保（688021.SH）、恒誉环保（688309.SH）、青达环保（688501.SH）和英科再生（688087.SH）属于节能环保产业，高测股份（688556.SH）、新风光（688663.SH）和科汇股份（688087.SH）属于新能源产业，兰剑智能（688557.SH）属于高端装备制造产业。

表 5-4 山东科创板上市公司基本情况（2019—2021年） 单位：亿元

股票代码	股票简称	上市年份	城市	产业分类	年末市值	募资额
688021.SH	奥福环保	2019	德州	节能环保产业	40.92	5.23
688363.SH	华熙生物	2019	济南	生物产业	745.44	23.69
688139.SH	海尔生物	2019	青岛	生物产业	287.96	12.31
688002.SH	睿创微纳	2019	烟台	新一代信息技术产业	349.64	12.00
688136.SH	科兴制药	2020	济南	生物产业	56.17	11.09
688557.SH	兰剑智能	2020	济南	高端装备制造产业	19.98	5.03
688579.SH	山大地纬	2020	济南	新一代信息技术产业	52.00	3.25
688309.SH	*ST恒誉	2020	济南	节能环保产业	16.81	4.96
688556.SH	高测股份	2020	青岛	新能源产业	109.23	5.83
688663.SH	新风光	2021	济宁	新能源产业	66.04	5.07
688501.SH	青达环保	2021	青岛	节能环保产业	20.75	2.50
688190.SH	云路股份	2021	青岛	新材料产业	142.18	13.99
688677.SH	海泰新光	2021	青岛	生物产业	81.85	7.79
688161.SH	威高骨科	2021	威海	生物产业	254.88	15.00
688087.SH	英科再生	2021	淄博	节能环保产业	125.66	7.30
688681.SH	科汇股份	2021	淄博	新能源产业	21.08	2.50
688191.SH	智洋创新	2021	淄博	新一代信息技术产业	33.82	4.35

资料来源：Wind，山东省亚太资本市场研究院。

山东17家科创板上市公司IPO融资总额为141.90亿元，占科创板IPO融资总额的2.79%，平均每家公司融资额为8.35亿元，较科创板平均值低38.01%。2021年，新上市的8家科创板公司，威高骨科（688161.SH）融资额最高，为15.00亿元，青达环保（688501.SH）和科汇股份（688087.SH）融资额最低，为2.50亿元，整体来说，新上市公司的规模较小。截至2021年末，科创板山东板块总市值为2424.43亿元，占科创板总市值的4.07%。其中，华熙生物（688363.SH）市值高达745.44亿元，在全部377家科创板上市公司中位居第13名。

2021年，山东17家科创板上市公司全部实现盈利，合计实现净利润40.00亿元，同比增长18.10%；实现营业收入214.13亿元，同比增长35.97%（见表5-5）。整体来看，科创板上市公司在2021年继续保持营业收入的快速增长，但并未同步转化为净利润的增长。相对于较为成熟的主板上市公司来说，科创板上市公司更加注重科技创新的转化能力，营业收入的增长是更为重要的参考指标。较高的营收增速表明，山东科创板上市公司整体发展态势良好。

表 5-5 2021 年山东科创板上市公司财务经营指标统计   单位：亿元，%

股票代码	股票名称	净利润	同比增长	营业收入	同比增长
688002.SH	睿创微纳	4.59	-21.49	17.80	14.02
688021.SH	奥福环保	0.62	-21.15	3.96	26.06
688087.SH	英科再生	2.40	10.36	19.90	17.14
688136.SH	科兴制药	0.96	-30.67	12.85	5.32
688139.SH	海尔生物	8.49	121.07	21.26	51.63
688161.SH	威高骨科	6.91	23.07	21.54	18.08
688190.SH	云路股份	1.20	24.93	9.36	30.82
688191.SH	智洋创新	0.70	-23.55	6.56	30.62
688309.SH	*ST恒誉	-0.09	-120.62	0.85	-51.56
688363.SH	华熙生物	7.76	20.24	49.48	87.93
688501.SH	青达环保	0.64	26.33	6.28	12.62
688556.SH	高测股份	1.73	193.39	15.67	109.97
688557.SH	兰剑智能	0.81	-3.88	6.04	33.66
688579.SH	山大地纬	1.03	13.04	6.38	28.68
688663.SH	新风光	1.16	8.77	9.43	11.72
688677.SH	海泰新光	1.17	22.03	3.10	12.53
688681.SH	科汇股份	0.55	-1.27	3.69	10.96

资料来源：Wind，山东省亚太资本市场研究院。

具体来说，高测股份（688556.SH）营业收入为 15.67 亿元，同比增长 109.97%，净利润也维持在 1.73 亿元的较高水平，公司业务呈现出高增长性、高利润率、高估值的特点；华熙生物（688363.SH）营业收入为 49.48 亿元，同比增长 87.93%，净利润为 7.76 亿元，同样具有高增长、高利润率、高估值的特点。

5.3 山东最优经营绩效上市公司

根据第 2 章的评选结果，我们把山东上市公司中经营绩效得分前 10 名称为山东最优经营绩效上市公司。本节主要对 2013—2021 年出现在榜单里的上市公司进行分析，希望发现并总结这些绩优上市公司经营中的优势，以便在其他山东上市公司的经营绩效管理中起到借鉴意义。

5.3.1 2021 年绩优上市公司

根据第 2 章评出的结果，2021 年山东上市公司经营绩效最佳公司分别是万华化学（600309.SH）、山东路桥（000498.SZ）、山东钢铁（600022.SH）、鲁西化工（000830.SZ）、华鲁恒升（600426.SH）、歌尔股份（002241.SZ）、兖矿能源

（600188.SH）、齐翔腾达（002408.SZ）、瑞茂通（600180.SH）、太阳纸业（002078.SZ）（见表5-6）。

与2020年相比，山东路桥（000498.SZ）、山东钢铁（600022.SH）和歌尔股份（002241.SZ）3家公司蝉联经营绩效最佳公司。从所有制性质看，2021年经营绩效最佳上市公司中，有5家地方国有企业、4家民营企业和1家央企，民营企业的数量连续两年增长，在数量上几乎已与地方国有企业持平。这一现象可能表明，传统上山东重国有轻民营的经济发展格局正发生变化，新旧动能转化的成效正逐渐显现，民营经济的规模和活力开始成为区域经济发展的新动力。

表5-6 2021年山东最优经营绩效上市公司   单位：亿元，%

排名	股票代码	股票名称	总得分	净利润	同比增长	营业收入	同比增长
1	600309.SH	万华化学	99.77	250.39	140.42	1455.38	98.19
2	000498.SZ	山东路桥	93.15	27.51	86.45	575.22	67.03
3	600022.SH	山东钢铁	89.15	29.62	87.49	1108.51	26.95
4	000830.SZ	鲁西化工	88.49	46.20	459.97	317.94	80.73
5	600426.SH	华鲁恒升	88.32	72.54	303.33	266.36	103.10
6	002241.SZ	歌尔股份	85.81	43.07	51.03	782.21	35.47
7	600188.SH	兖矿能源	83.84	185.67	171.54	1519.91	-29.30
8	002408.SZ	齐翔腾达	82.81	24.47	137.89	348.92	41.34
9	600180.SH	瑞茂通	80.99	8.21	423.49	476.43	29.94
10	002078.SZ	太阳纸业	78.23	29.67	50.76	319.97	48.21

资料来源：Wind，山东省亚太资本市场研究院。

从经营指标来看，2021年山东经营绩效最佳上市公司营业收入合计7170.85亿元，占全省上市公司营业收入的比重为27.84%。整体上，最佳上市公司具有较高的营收增长速度，同比增长23.30%。除兖矿能源（600188.SH）之外的其余9家上市公司均出现大幅增长，平均增长50.17%，最大增幅为103.10%，最小增幅为26.95%。其中，兖矿能源（600188.SH）的营收同比增长虽为负值，但其营业收入已经处于高水平，具有很高的发展潜力。整体数据非常亮眼，充分表明了最佳公司的市场活力。

山东经营绩效最佳上市公司净利润合计717.34亿元，占全省上市公司净利润总额的比重为27.46%。从纵向比较来看，万华化学（600309.SH）、鲁西化工（000830.SZ）、华鲁恒升（600426.SH）、兖矿能源（600188.SH）、齐翔腾达（002408.SZ）、瑞茂通（600180.SH）6家公司净利润同比增幅超过100%，其中，鲁西化工（000830.SZ）、瑞茂通（600180.SH）净利润同比增幅超过400%，其余4家公司净利润同比增幅虽未超过100%，但整体上净利润增长较为明显，增幅均介于50%~100%。

从最佳上市公司构成的变化看，有英科医疗（300677.SZ0）、中国重汽

(000951. SZ)、龙大肉食（002726. SZ）、海信视像（600060. SH）、山东黄金（600547. SH）、蓝帆医疗（002382. SZ）、中航沈飞（600760. SH）7家上市公司退出榜单前十。其中，中国重汽（000951. SZ）、龙大肉食（002726. SZ）、山东黄金（600547. SH）、蓝帆医疗（002382. SZ）4家上市公司较2020年净利润有所下降。特别地，龙大肉食（002726. SZ）、山东黄金（600547. SH）这2家上市公司净利润均为负值，当前已经处于亏损状态。另外，山东黄金（600547. SH）营收同比增长为－46.70%，当前营收出现大幅滑坡，已经产生预警信号。英科医疗（300677. SZ0）、海信视像（600060. SH）、中航沈飞（600760. SH）均属于业务稳定发展的公司，净利润水平优秀，营业收入规模高企，但其增长速度平缓，未来净利润和营业收入增长的空间来自产品价格的提升。值得一提的是，营业规模超过千亿元的兖矿能源（600188. SH）再次进入榜单前十，其营收增长率出现负值是由于营业规模超过了千亿元收入已处于高水平，营收增速指标难以维持连年高速增长。

2020年，新冠肺炎疫情始料未及地席卷全球，对经济发展产生全面而深刻的影响，在与疫情抗击的过程中，具有大消费、基建、抗通胀、防疫等关键特征的企业因势而生，一些优质的公司正在顺势逐渐壮大。2021年入榜企业主要以景气度较高的大消费行业和化工行业为主，说明山东新旧动能转换项目实施在资本市场得到体现，一些优质的新兴公司正在逐渐壮大。2021年入榜企业则具有大消费、基建、抗通胀、化工等关键特征，以歌尔股份（002241. SZ）、太阳纸业（002078. SZ）为代表的大消费概念股，延续了上年的特征，表明随着国内市场消费能力的提升，消费已经成为驱动区域经济发展的主要力量之一，构建以国内大循环为主体、国内国际双循环相互促进的新发展格局成为新时代特点，生产满足国内市场超大规模市场需求的产品、提供满足国内超大规模市场的服务，是上市公司成长为优秀公司的必由路径。山东路桥（000498. SZ）、瑞茂通（600180. SH）为代表的基建概念股入选，体现了国内基础设施建设的庞大需求，也反映了"一带一路"倡议带来的潜在市场空间，借助百年不遇的国内基础设施建设高峰发展阶段，利用"一带一路"沿线国家和地区基础设施升级的历史机遇，基建行业仍长期向好。山东钢铁（600022. SH）、兖矿能源（600188. SH）受钢铁、煤炭等矿产相关行业通胀预期影响，产品价格上行带来景气周期，进而转化为营收和净利润的增长，反映了新冠肺炎疫情背景下，美欧各国竞相释放货币流动性的同时，而不能增加真实产出，造成全球范围内的通胀预期。预计大宗商品价格仍将继续维持上涨预期，资源类股票业绩有进一步改善的空间。万华化学（600309. SH）、鲁西化工（000830. SZ）、华鲁恒升（600426. SH）、齐翔腾达（002408. SZ）是典型的化工企业。2021年上半年，受国内外疫情反复影响，国内复工复产并未充分展开，整体基础化工行业并没有表现出较高的超额收益情况。下半年以来，在全球大力推行"双碳"和新旧动能转换的背景下以及相关政策的支持，化工材料生产技术逐渐实现国产替代化，生产规模逐渐放量。另外，2021年年初至年末，布伦特原油期货结算价上涨50.2%，NYMEX天然气期货收盘价上涨47.6%，国内煤炭价格一度上涨189.7%，最后2个月回落至年初水平。在能源品大幅上涨的背景下，各类化工产品价格也有较大程度的上行。整体来看，2021年"后程发力"，趋势向好，有较为明显的超额收益。

5.3.2 历年最优经营绩效上市公司分析

2013—2021年累计共有27家山东上市公司入选最佳绩优上市公司（见表5-7）。本节通过分析近9年来最佳绩优上市公司名单的变化情况以及名单内典型公司在提升经营绩效方面上的举措，旨在探索山东上市公司高质量发展的一般性做法，为落实国务院《关于进一步提高上市公司质量的意见》（国发〔2020〕14号）要求提供经验。

表5-7 山东最佳绩优上市公司统计（2013—2021年） 单位：次

序号	股票代码	股票简称	入选次数	入选年份	公司分类	行业分类
1	000338.SZ	潍柴动力	7	2013、2014、2015、2016、2017、2018、2019	地方国企	汽车
2	600309.SH	万华化学	7	2013、2014、2015、2016、2017、2018、2021	地方国企	化工
3	600690.SH	海尔智家	6	2013、2014、2015、2016、2018、2019	其他	家用电器
4	002241.SZ	歌尔股份	6	2013、2014、2016、2019、2020、2021	民营	电子
5	600022.SH	山东钢铁	6	2013、2015、2017、2018、2020、2021	地方国企	钢铁
6	600188.SH	兖矿能源	6	2014、2016、2017、2018、2019、2021	地方国企	采掘
7	600027.SH	华电国际	5	2013、2014、2015、2018、2019	央企	公用事业
8	000951.SZ	中国重汽	4	2013、2014、2017、2020	地方国企	汽车
9	600060.SH	海信视像	4	2013、2014、2015、2020	其他	家用电器
10	000488.SZ	晨鸣纸业	4	2013、2015、2016、2017	地方国企	轻工制造
11	600600.SH	青岛啤酒	4	2013、2014、2015、2019	地方国企	食品饮料
12	600547.SH	山东黄金	3	2016、2019、2020	地方国企	有色金属
13	000498.SZ	山东路桥	3	2019、2020、2021	地方国企	建筑装饰
14	000830.SZ	鲁西化工	3	2017、2018、2021	央企	化工
15	002078.SZ	太阳纸业	3	2017、2018、2021	民营	轻工制造
16	002726.SZ	龙大美食	2	2019、2020	民营	食品饮料
17	000977.SZ	浪潮信息	2	2014、2018	地方国企	计算机
18	002589.SZ	瑞康医药	2	2016、2017	民营	医药生物
19	600426.SH	华鲁恒升	2	2018、2021	地方国企	化工
20	002408.SZ	齐翔腾达	2	2017、2021	民营	化工
21	600180.SH	瑞茂通	2	2016、2021	民营	交通运输
22	300677.SZ	英科医疗	1	2020	民营	医药生物

续表

序号	股票代码	股票简称	入选次数	入选年份	公司分类	行业分类
23	002382.SZ	蓝帆医疗	1	2020	民营	医药生物
24	600760.SH	中航沈飞	1	2020	央企	国防军工
25	002458.SZ	益生股份	1	2019	民营	农林牧渔
26	002470.SZ	ST金正	1	2015	民营	化工
27	200152.SZ	*ST山航B	1	2015	央企	交通运输

注：按照齐鲁财富行业分类方法。

资料来源：Wind，山东省亚太资本市场研究院。

通过2013—2021年历年最佳绩优上市公司名单来看，潍柴动力（000338.SZ）、万华化学（600309.SH）、海尔智家（600690.SH）、歌尔股份（002241.SZ）、山东钢铁（600022.SH）、兖矿能源（600188.SH）、华电国际（600027.SH）7家上市公司的经营绩效表现稳定，9年中至少有5年进入榜单前十。另外，中国重汽（000951.SZ）、海信视像（600060.SH）、晨鸣纸业（000488.SZ）、青岛啤酒（600600.SH）分别有4次进入榜单前10名。

梳理多次入选的最佳上市公司可以发现，它们具有以下特征：第一，入选公司所在行业具有一定的行业垄断特征，如电力、煤炭、钢铁等；第二，公司产品面向全国甚至全球市场的需求，并受到市场认可，顺应了行业发展的规律，取得市场竞争优势地位；第三，重视研发能力，入选公司科研能力普遍较强，在某些生产环节或者生产品上掌握核心技术；第四，重视环保，生产过程符合国家环保要求，具有很强的社会责任感；第五，重视公司治理和市场开拓，管理人员具备很强的再学习能力。

潍柴动力（000338.SZ）和万华化学（600309.SH）是仅有的两家曾经7次获入选年度最优经营绩效的上市公司。其中，潍柴动力（000338.SZ）2013—2019年连续7年均入选经营绩效最佳榜单，2020—2021年连续两年未进入前10。该公司是我国最具综合实力的汽车及装备制造集团之一。在动力总成、整车机械、液压控制零部件、新能源电池、汽车ECU及零部件领域处于领先地位，拥有最全面的发动机、变速箱、车轴黄金产业链，经过多年发展，已经成功构筑起了动力总成、整车整机、智能物流等产业板块协同发展的格局，2021年发布了全球首款柴油发动机，热效率达到51.09%，再次打破纪录。潍柴动力（000338.SZ）在2021年实现营业收入2035.48亿元，同比增长3.07%；归母净利润为115.62亿元，同比增长2.55%。在重卡行业销量下滑的情况下，该公司继续加大研发投入，加快关键核心技术攻关，提升产品竞争力，发动机市场占有率提升了2.8个百分点，约为30.7%，抵消了部分不利的市场因素。同时受益于消费格局的变化，以及企业对仓储自动化和更新换代需求的增加，该公司智能物流业务收入大幅增长。

万华化学（600309.SH）在 2013—2018 年连续 6 年入选山东上市公司经营绩效最佳，2021 年再次进入前十。2021 年，全球主要经济体疫苗接种率提升，经济复苏，全球化工产品市场需求提振。但部分海外装置受极端天气、疫情等因素影响，出现了供应短缺，造成全球化工供应链大幅波动，供需阶段性失衡，全球化工产品价格提升。该公司围绕可持续发展的主题，以"降本提效"为管理主题，积极响应"双碳"国家战略，持续提升全员的降本提效的意识，推进 MDI、ADI、TDI 等核心制造技术的迭代升级，丙烯酸及酯、PVC 等石化装置的优化，装置运转稳定性及运行水平处于行业领先水平。

海尔智家（600690.SH）在 2013—2016 年、2018—2019 年曾 6 次入选山东上市公司经营绩效最佳。海尔在海外疫情反复的大背景下，2021 年海外业务收入、盈利能力再创新高，其依旧交出亮眼答卷的最主要原因之一便是海尔前瞻性全球化战略布局。在向海外市场扩张的过程中，海尔向海外市场扩张主要采用"海尔＋本土行业龙头品牌"并行的双线模式。高端家电市场放量，卡萨帝进入收获期。卡萨帝作为海尔高端家电市场局的最重要品牌，经过多年探索，坚持以解决用户痛点为导向，将艺术融入家电设计美学，是国内领先的高端全套家电解决方案提供者。2021 年，在中国市场，卡萨帝销售收入突破百亿元大关，达到 129 亿元，同比增长超过 40%；在美国市场，旗下高端子品牌 Monogram/Café/GE Profile 增速超过 40%。2021 年末，该公司公布了设立小家电事业部的投资计划，未来将加大对新兴家电品类的投资，比如清洁类家电、厨房小家电、个人护理家电等。在丰富的小家电市场，通过对高增长潜力品类的聚焦投入，海尔智家有机会在未来 3 年为公司贡献 10% 的收入规模，并且可以成为海尔智慧全屋场景的重要环节。小家电业务开拓将借助海尔品牌力量、全球化规模、深入用户洞察和产品定义的能力，同时将采取共建生态联盟的方式，通过合作来加速实现。海尔智家将充分利用中国庞大的小家电生产制造能力，整合全球技术资源，为全球用户提供健康、智能、快乐的小家电消费体验。

歌尔股份（002241.SZ）有 6 年入选山东经营绩效最佳上市公司。公司 2021 年营业收入 782.21 亿元，同比增长 35.47%，实现归母净利润 42.75 亿元，同比增长 50.09%。在新冠肺炎疫情席卷全球的大背景下，全球消费者对于线上远程办公、社交娱乐、运动健康等相关智能硬件设备的需求显著提升，以 VR 虚拟现实、TWS 智能无线耳机、智能可穿戴、智能家用电子游戏机及配件等为代表的新兴智能硬件产品市场维持稳定快速的增长态势。该公司近年来积极布局智能手机之外的智能硬件业务领域，并持续秉持"精密零组件＋智能硬件整机"的产品战略，积极推动声学、光学、微电子、结构件等精密零组件和虚拟/增强现实、智能无线耳机、智能可穿戴、智能家居等智能硬件产品业务的发展，特别是 VR 虚拟现实、TWS 智能无线耳机、智能家用电子游戏机及配件等领域内的业务取得了较快增长。2021 年，智能硬件业务营收 328.09 亿元，同比增长 85.87%，占营收比重为 41.9%，相较 2020 年，所占营收比重有所增加。收入增长的主要原因为 VR 头显等产品高速增长，以及游戏机等品类拓展。

山东钢铁（600022.SH）在 2013 年、2015 年、2017 年、2018 年、2020 年、2021 年 6 次入选经营绩效最佳上市公司。2021 年，该公司应对钢铁市场形势变化，严格落实国家产能产量"双控"政策，全年累计生产生铁 1187 万吨，钢 1478 万吨，钢材（不含商品坯）1449 万吨，较 2020 年分别下降 14.24%、9.18%、7.77%；营业收入 1108.51 亿元，归母净利润 29.62 亿元，同比分别增长 26.92%、87.49%。2021 年全年，该公司成功开发了莫桑比克 LNG 工程用热轧 H 型钢、低温储罐支柱专用型钢、高端叉车用新型门架槽钢、高强韧小单重叉车横梁钢等型钢产品；开发了供重齿风电用 18CrNiMo7-6、20CrMnMoH 齿轮钢；开发的 GCr15A 高级优质轴承钢进入汽车制造中端市场，大大提升了公司的核心竞争力。

2021 年是中国"十四五"规划的开局之年，也是开启"双碳"战略的元年。伴随国内外疫情多发、全球经济持续复苏，在国内外多重因素影响下，钢铁市场宽幅震荡，均价大幅上行，铁矿石、焦炭等原燃料价格大幅波动。从整个行业来看，受国外需求恢复较快、全球大宗商品价格上涨等因素影响，2021 年钢铁行业总体运行态势良好，效益呈前高后低走势，创历史最高。受疫情反复、高通胀、美联储宽松货币政策退出等因素影响，2022 年全球经济运行面临较大不确定性。随着"双控""双碳"政策的实施及长期影响，发展低碳冶金及节能降耗将会成为钢铁行业未来一段时间技术攻关的重要内容。同时，预计未来我国钢铁行业的集中度将进一步提高，规模效应和生产效率将进一步提升，行业结构将逐步改变。钢铁生产也将由量转向质，不断提高钢材质量，生产高附加值的品种，提高科技含量，是提升钢铁企业竞争力的重要途径。

兖矿能源（600188.SH）在 2014 年、2016 年、2017 年、2018 年、2019 年、2021 年 6 次入选经营绩效最佳上市公司。2021 年，煤炭行业在国家"双碳"战略背景下，发展方式、产业结构加速变革调整，安全高效智能化开采和煤炭清洁高效利用加快推进，行业供应保障能力和上下游产业协同发展能力不断提升。该公司作为华东地区最大煤炭生产商，国内动力煤龙头，积极布局山东、陕蒙、澳洲三大煤炭基地，是国际化程度最高的国有大型煤企，产能规模庞大、产销量平稳增长。由于煤化工行业"能耗双控"政策调控力度加大，产能扩张受限，供应持续偏紧，产品价格在高位运行，公司 2021 年业绩得到改善，营业收入为 1519.91 亿元；归母净利润为 185.67 亿元，同比增长 171.54%，盈利水平创出历史新高。

华电国际（600027.SH）在 2013 年、2014 年、2015 年、2018 年、2019 年 5 次入选经营绩效最佳上市公司。在全球减排降碳大背景下，国家出台《2030 年前碳达峰行动方案》。在积极推动能源转型的同时，由于受新能源攻击波动较大等因素影响，世界能源安全仍然面临严峻挑战，从国内来看，我国能源资源禀赋是富煤、贫油、少气,煤电在较长一段时间内仍然要承担电力兜底保障作用。该公司作为中国最大型的综合性能源公司之一,其主要业务为建设、经营发电厂,包括大型高效的燃煤燃气发电机组及多项可再生能源项目,即向本公司发电资产所在的区域销售电力产品和热力产品,以满足当地社会和经济发展的需求。该公司 2021 年营业收入为 1044.22 亿元,同比增长 15.07%,其中销售电力产品和热力产品收入约占本公司主营业务收入的 89%。本公司燃煤发电装机约占本公司控股装机容量的 79%,燃气发电、水力发电等清洁能源发电装机约占 21%。

中国重汽(000951.SZ)在 2013 年、2014 年、2017 年、2020 年 4 次入选经营绩效最佳上市公司。2021 年上半年,受"国六"排放升级,治超治限持续推动等政策法规影响,需求不断增长。下半年,受上半年的"国五"车辆提前预挂,油气价格高涨、"双限双控"政策等因素影响,重卡市场终端需求表现低迷,全年呈现"前高后低"的走势。2021 年,公司继续加大研发投入,在节能及新能源、智能驾驶、车联网等方面推动产品类型及结构不断优化升级,全新一代高端黄河重卡批量推广,氢燃料电池重卡多场景示范应用,无人驾驶电动集卡批量交付,中国重汽黄河自主品牌雪蜡车服务冬奥会,填补了国内空白。

海信视像(600060.SH)在 2013 年、2014 年、2015 年、2020 年 4 次入选经营绩效最佳上市公司。2021 年,公司全面推进系统化"先进制造"和数智化"高效运营"的深度变革。随着技术的厚积薄发,该公司引领市场需求的细分产业孵化速度快速提升,在夯实"1+4"产业结构基础上,进一步完成了相互协同、相互支撑、独立发展的"1+(4+N)"产业结构升级,该公司 2021 年实现营业收入 468.01 亿元,同比增长 19.04%;净利润为 15.95 亿元,同比增长 4.57%;扣非后归母净利润为 7.96 亿元,同比增长 77.61%;主营业务收入同比增长 21.92%,经营性现金流同比增长 433.42%,抗风险能力大幅提升,公司经营基本面稳步提升。

晨鸣纸业(000488.SZ)2013 年、2015 年、2016 年、2017 年 4 次入选经营绩效最佳上市公司。造纸行业是国民经济的基础产业之一,与社会经济发展和人民生活息息相关。在社会需求升级、环保政策加码、技术持续进步、资源供给变化共同驱动下,低端产能加速去化,造纸行业格局持续优化。此外,2021 年间"禁废令"全面实施,使得原料结构转型的重要性再度升级,"限塑令"催生"以纸代塑"需求,白卡纸市场前景更加广阔,同时,相继发布的"双碳""双控"政策对制造业的环保水平提出了更高的要求。综观 2021 年,大宗商品价格大幅上涨、能源成本显著提高,为中国制造业的发展带来了新的考验,造纸行业概莫能外。尽管如此,作为中国造纸龙头企业,2021 年该公司业绩依然实现了稳步增长,营业收入 330.20 亿元,同比增长 7.43%,实现归母净利润 20.90 亿元,同比增长 9.62%。充分展现出强劲的发展韧性。

青岛啤酒(600600.SH)在 2013 年、2014 年、2015 年、2019 年 4 次入选经营绩效最佳上市公司。"青岛啤酒"品牌是我国首批十大驰名商标之一,在国内外市场具有强大的品牌影响力和较高的知名度，青岛啤酒产品主要面对中高端啤酒消费市场进行推广和销售，并保持了在国内中高端市场的领先地位。以崂山啤酒为代表的其他品牌产品主推大众消费市场销售，与主品牌产品共同构成了覆盖全国市场的完善的品牌和产品结构体系。2021年，面对新冠肺炎疫情多点散发及消费不振的严峻挑战，青岛啤酒（600600.SH）通过增销量、调结构、提费效，积极开源节流、降本增效，进一步提升管理效率，多措并举实现了经营业绩的持续较大幅度增长，实现产品销量793万千升，其中主品牌青岛啤酒实现销量432.9万千升，同比增长11.6%。2021年该公司实现营业收入201.67亿元，同比增长8.67%；归母净利润为32.56亿元，同比增长39.93%。

从行业分布来看，2013—2021年最佳绩优上市公司大多集中在家用电器、采挖、化工、汽车、食品饮料等行业，代表了山东上市公司中的优势行业，同时也反映了山东的产业结构的基础性特征。整体来看，山东产业结构仍然"偏重"，传统产业比重仍然"偏高"，战略新兴产业发展步伐亟须加快。但近年来，随着新旧动能转换工程的实施，山东也有一些特色新兴产业逐渐形成独特优势，如山东的海洋产业、医药生物产业、装备制造业等，在全国居于领先地位，发展势头良好。

5.4 最差经营绩效上市公司分析

《国务院关于进一步提高上市公司质量的意见》提出，完善退市标准，简化退市程序，加大退市监管力度。严厉打击通过财务造假、利益输送、操纵市场等方式恶意规避退市行为，将缺乏持续经营能力、严重违法违规扰乱市场秩序的公司及时清出市场。加大对违法违规主体的责任追究力度。支持投资者依法维权，保护投资者合法权益。

根据第2章评选结果，我们把山东上市公司中经营绩效得分后10名称为山东最差经营绩效上市公司，低市值和连续亏损的上市公司未来面临巨大的退市风险和退市压力。本节主要对2013—2021年出现在绩效差榜单里的上市公司：国美通讯（600898.SH）、威奥股份（605001.SH）等进行分析，希望发现这些绩效差上市公司经营中普遍存在的问题，按照深化金融供给侧结构性改革要求，加强资本市场基础制度建设，大力提高上市公司质量。为建设规范、透明、开放、有活力、有韧性的资本市场，促进经济高质量发展提供有力支撑。

5.4.1 2021年最差经营绩效上市公司

根据第2章评价结果，得出2021年国美通讯（600898.SH）、威奥股份（605001.SH）、*ST恒誉（688309.SH）等上市公司经营绩效得分在全省上市公司中排名后10位，入选最差经营绩效公司（见表5-8）。

表 5-8　2021 年山东最差经营绩效上市公司　　　　　单位：亿元，%

股票代码	股票名称	总得分	净利润	同比增长	营业收入	同比增长
000416.SZ	民生控股	25.21	0.16	-58.38	0.07	-40.52
002094.SZ	青岛金王	24.24	-0.18	-96.92	31.53	-21.21
300479.SZ	神思电子	24.13	-1.76	-1738.44	3.66	-2.52
600212.SH	江泉实业	23.50	-0.20	-202.76	2.43	-12.28
603021.SH	山东华鹏	22.17	-3.66	-575.03	8.57	-13.83
300237.SZ	美晨生态	20.39	-3.87	-1557.22	20.76	-32.28
000409.SZ	云鼎科技	20.22	0.35	-64.90	5.08	-76.51
688309.SH	*ST恒誉	18.56	-0.09	-120.62	0.85	-51.56
605001.SH	威奥股份	18.55	-2.08	-226.90	6.15	-47.12
600898.SH	国美通讯	17.97	-0.51	-80.57	2.36	-74.92

资料来源：Wind，山东省亚太资本市场研究院。

从经营指标来看，2021 年山东最差经营绩效上市公司中，民生控股（000416.SZ）与*ST恒誉（688309.SH）两家公司的营业收入均不足 1 亿元，在全部 269 家山东上市公司中分别位列倒数第一、倒数第四①，业务几乎近于停摆。经营绩效最差的 10 家上市公司，营业收入同比均出现大幅下降，平均减少 37.28%，最大降幅为 76.51%，最小的降幅也接近 3%。在营业收入大幅减少的情形下，10 家公司净利润大多为负数，其中，山东华鹏（603021.SH）亏损 3.66 亿元，美晨生态（300237.SZ）亏损 3.87 亿元。业务萎缩、营业收入减少和大面积亏损是 10 家公司成为最差经营绩效上市公司的共同原因。

从公司所有制属性看，经营绩效最差的 10 家上市公司中，有 3 家地方国企，分别是云鼎科技（000409.SZ）、美晨生态（300237.SZ）、山东华鹏（603021.SH）；1 家外资企业，即国美通讯（600898.SH）；6 家民营企业，分别是威奥股份（605001.SH）、*ST 恒誉（688309.SH）、江泉实业（600212.SH）、神思电子（300479.SZ）、青岛金王（002094.SZ）、民生控股（000416.SZ）。而 2020 年、2019 年分别有 5 家、6 家民营企业进入最差绩效上市公司榜单。根据我们历年编写的研究报告数据，一方面，存在数量众多的民营企业，主营产品未能及时跟上市场的迭代变化，竞争力减退，经营绩效恶化；另一方面，国有企业的身份，并不保证永远立于不败之地。

经营绩效差的公司，也各有各的问题。有的是受到所处行业不景气影响，导致经营状况恶化，比如新潮能源（600777.SH）。公司主营业务为石油及天然气的勘

---

① 2021 年，民生控股（000416.SZ）营收仅 0.07 亿元，*ST 恒誉（688309.SH）营收 0.85 亿元。

探、开采及销售,核心资产是位于美国的两处油田。受清洁能源的推广及新冠肺炎疫情的叠加影响,2020年,公司面临了自开展油气开发业务以来最严峻的生存考验。2021年,由于石油生产商出于对行业不确定性的担忧和对资本开支约束等方面的考虑,近年来普遍性地减少了钻井开支等因素,此外,美国最大产油地区2月的寒冷天气和8月的飓风也减少了石油的正常生产量。有的是受到新冠肺炎疫情冲击以及大环境的影响,比如美晨生态(300237.SZ)。更多绩效差的公司是因为自身经营困难所导致的,比如山东华鹏(603021.SH)2021年业绩亏损的主要原因为公司玻璃板块业务受能耗双控、限电及生产使用的矿产资源、大宗原辅材料价格上涨等多重因素影响,加之对存在减值迹象的资产计提相应的减值准备。

5.4.2 历年最差经营绩效上市公司分析

根据统计数据2013—2021年山东最差经营绩效上市公司累计有52家(见表5-9),较上年新增1家。与历年入选经营绩效最佳上市公司的数量(28家)相比可以发现,2013—2021年入选绩效最差上市公司的数量总和(52家)明显大得多,每年新增进入最差绩效名单的上市公司较多,2020年有3家公司是新进入最差名单的上市企业,2021年有7家公司是新进入最差名单的上市企业。

表5-9 山东最差经营绩效上市公司统计(2013—2021年)　　单位:次

序号	股票代码	股票名称	入选次数	入选年份	公司分类	行业分类
1	600385.SH	*ST金泰	5	2015、2016、2017、2018、2020	民营	有色金属
2	600212.SH	江泉实业	3	2015、2018、2021	民营	综合
3	000409.SZ	云鼎科技	3	2014、2019、2021	地方国企	其他
4	600777.SH	新潮能源	3	2014、2016、2020	其他	采掘
5	002581.SZ	未名医药	3	2013、2019、2020	民营	医药生物
6	600579.SH	克劳斯	3	2013、2016、2017	央企	机械设备
7	002248.SZ	华东数控	3	2013、2015、2018	民营	机械设备
8	002458.SZ	益生股份	3	2013、2015、2017	民营	农林牧渔
9	000416.SZ	民生控股	2	2018、2021	民营	非银金融
10	002374.SZ	中锐股份	2	2018、2020	民营	建筑装饰
11	600807.SH	济南高新	2	2017、2020	其他	房地产
12	300105.SZ	龙源技术	2	2015、2016	央业	电气设备
13	600319.SH	*ST亚星	2	2014、2020	地方国企	化工
14	002485.SZ	雪松发展	2	2014、2020	民营	纺织服装
15	000506.SZ	中润资源	2	2014、2017	民营	房地产
16	002234.SZ	民和股份	2	2013、2017	民营	农林牧渔
17	002490.SZ	山东墨龙	2	2013、2016	地方国企	机械设备
18	600766.SH	*ST园城	2	2013、2016	民营	有色金属
19	300237.SZ	美晨生态	1	2021	地方国企	建筑装饰

续表

序号	股票代码	股票名称	入选次数	入选年份	公司分类	行业分类
20	603021.SH	山东华鹏	1	2021	地方国企	轻工制造
21	002094.SZ	青岛金王	1	2021	民营	化工
22	688309.SH	*ST恒誉	1	2021	民营	机械设备
23	605001.SH	威奥股份	1	2021	民营	机械设备
24	300479.SZ	神思电子	1	2021	民营	计算机
25	600898.SH	国美通讯	1	2021	其他	商业贸易
26	600076.SH	康欣新材	1	2020	地方国企	轻工制造
27	300175.SZ	朗源股份	1	2020	民营	农林牧渔
28	200152.SZ	*ST山航B	1	2020	央企	交通运输
29	300208.SZ	青岛中程	1	2019	地方国企	电气设备
30	603779.SH	威龙股份	1	2019	公众	食品饮料
31	002476.SZ	宝莫股份	1	2019	民营	化工
32	300391.SZ	康跃科技	1	2019	民营	机械设备
33	002537.SZ	海联金汇	1	2019	民营	计算机
34	000423.SZ	东阿阿胶	1	2019	央企	医药生物
35	002086.SZ	ST东洋	1	2018	民营	农林牧渔
36	600784.SH	鲁银投资	1	2017	地方国企	其他
37	002041.SZ	登海种业	1	2017	民营	农林牧渔
38	000720.SZ	新能泰山	1	2017	央企	公用事业
39	000655.SZ	金岭矿业	1	2016	地方国企	采掘
40	000677.SZ	恒天海龙	1	2016	民营	化工
41	002073.SZ	软控股份	1	2016	民营	机械设备
42	002469.SZ	三维化学	1	2016	民营	建筑装饰
43	000680.SZ	山推股份	1	2015	地方国企	机械设备
44	002671.SZ	龙泉股份	1	2015	外资	建筑材料
45	002193.SZ	如意集团	1	2014	民营	纺织服装
46	002545.SZ	东方铁塔	1	2014	民营	化工
47	002379.SZ	宏创控股	1	2014	民营	有色金属
48	600760.SH	中航沈飞	1	2014	央企	国防军工
49	000822.SZ	山东海化	1	2013	地方国企	化工
50	300343.SZ	联创股份	1	2013	民营	传媒
51	002655.SZ	共达电声	1	2013	民营	电子
52	300308.SZ	中际旭创	1	2013	民营	通信

资料来源：Wind，山东省亚太资本市场研究院。

山东经营绩效最差上市公司中，*ST金泰（600385.SH）5次出现在名单里，成为自2013年以来入选次数最多的上市公司；江泉实业（600212.SH）、云鼎科技

（000409.SZ）、新潮能源（600777.SH）、未名医药（002581.SZ）、克劳斯（600579.SH）、华东数控（002248.SZ）和益生股份（002458.SZ）7家公司均3次出现在最差上市公司名单；民生控股（000416.SZ）、中锐股份（002374.SZ）、济南高新（600807.SH）等10家公司均2次出现在名单中；美晨生态（300237.SZ）、山东华鹏（603021.SH）、青岛金王（002094.SZ）等34家公司均1次出现在最差绩效上市公司名单中。从绩差上市公司入选次数分布情况来看，有超过3/5的公司属于偶发跌入经营绩效最差上市公司名单中，18家公司有两次及以上进入黑榜名单，占山东上市公司总数的6.69%。

这些绩差上市公司，除了其中少数公司因行业周期性因素、经营环境负面冲击因素、政策冲击因素等影响短期出现经营状况恶化外，多数公司（尤其是多次出现在榜单中的公司）普遍存在主营业务竞争力不强、市场规模小且难以拓展的情况，营收规模和市值规模相对较小，未来改善经营绩效的空间有限。这些绩差股一般分为两种情况：一是因为行业或公司自身经营问题，导致业绩低迷，市值不断缩水，这种情况通常会致使上市公司披星戴帽，即变为ST或*ST公司；二是受行业和市场因素影响，股价持续下跌，容易引发股票质押平仓危机。截至2021年末，山东省约有2/3的上市公司存在股票质押情况，山东省上市公司股票质押有以下4个特点及问题：其一，山东省传统行业的上市公司股票质押现象比较突出，股票质押规模相对较大。其二，民营企业融资难问题推高了这些上市公司的股票质押风险。其三，一些上市公司实际控制人、控股股东质押份额占其持股数量的比例较高。其四，上市公司股票质押比例与其经营状况存在较强关联性。基本趋势是，大股东质押比例越高，上市公司潜在的经营风险就越大。这些经营绩效较差的上市公司，市值规模小，且较大比例存在股票质押平仓风险，容易成为异地产业基金或政府投资平台资金的并购重组标的，对于山东资本市场而言，存在上市公司壳资源流失的潜在风险。

*ST金泰（600385.SH）5次入选经营绩效最差名单。公司作为一家化学制药行业的企业，主营业务是医药原料药的研发、生产及销售。*ST金泰多年来屡次实现保壳，但其主业也并无根本好转。*ST金泰方面也坦承，山东金泰本部经营困难，不能按规定履行纳税义务，职工的薪酬和社保费未按时发放和缴纳，截至2021年12月31日，山东金泰拖欠职工的薪酬以及欠缴社保费、税款及滞纳金合计9262.54万元，存在较大的债务压力。山东金泰合并财务报表累计亏损45562.55万元，合并报表发生净亏损127.80万元，山东金泰本部发生净亏损1226.28万元。公司盈利能力不佳、资产较差，为保壳只能疲于奔命，无暇提升生产经营，最终陷入越保越差的怪圈。

江泉实业（600212.SH）3次入选经营绩效最差名单。该公司的主营业务包括热电业务、铁路专用线运输业务。按照年初制定的发展战略，在做好原有业务稳定运营的基础上，积极探索新的业务转型方向，最终通过收购绿能慧充数字技术有限公司实现向新能源和储能业务转型。该公司通过收购绿能慧充数字技术有限公司100%股权实现向新能源和储能业务转型。绿能慧充是一家集充电、储能、微电网产品的研发、生产和销售，充电场站投资、建设、运营及维护，充电平台和能源管理平台于一体的新能源生态服务商。2021年是新能源汽车产业机遇与挑战并存的一年，一方面，新车产销量创新高，头部大厂及造车新势力势如破竹；另一方面，部分主机厂则陷入了各种各样的发展困局之中。其中，芯片短缺仍将持续；同时，人才争夺、突破新能源汽车技术瓶颈等也给新能源的发展带来了挑战。芯片短缺的主要原因有两个，一是疫情打乱了原有汽车芯片供应链体系，导致2021年全球汽车行业严重缺芯。二是汽车电动化、智能化正在加大芯片使用量，将从传统燃油车的600~700颗/辆提升至新能源汽车的1600颗/辆以上，进一步拉长汽车芯片短缺周期。根据AutoForecast Solutions最新数据，截至2021年12月19日，由于汽车芯片供应短缺，已造成全球汽车减产1027.2万辆；其中中国市场累计减产198.2万辆，预计2022年全年减产214.8万辆。2021年公司全年实现营业收入24279.96万元，同比减少12.28%；公司全年营业利润为-1993.26万元，净利润为-2007.50万元。

云鼎科技（000409.SZ）3次入选经营绩效最差名单。公司聚焦工业互联网服务，向信息化技术服务及煤气化专业技术服务领域纵深发展，为客户提供集系统研发、设计、实施、运营、维护于一体的全生命周期服务。公司所处行业属于国家战略性新兴产业新一代信息技术行业中的软件和信息技术服务业。近年来，新一轮科技革命和产业变革快速发展，互联网由消费领域向生产领域快速延伸，工业经济由数字化向网络化、智能化深度拓展，互联网创新发展与新工业革命形成历史性交汇，催生了工业互联网，有力地提升了产业融合创新水平，加快了制造业数字化转型步伐，推动了实体经济高质量发展。其中，煤气化专业技术服务业务实现营业收入0.64亿元，同比减少16.75%。2021年，公司实现归属于上市公司股东的净利润1759.75万元，同比下降76.17%，公司负债由年初增加了3.07%的比重。公司是专注于信息技术服务和工业智能化应用的高科技企业。公司所处的软件和信息技术服务行业与国家内外部政策环境、经济形势紧密相关。当前国际形势依然复杂严峻，全球性、地域性政经摩擦和冲突导致的不确定性急剧上升，国内经济运行虽呈现恢复态势，但恢复基础尚不牢固。国家对煤矿智能化建设的要求越来越高，许多科技巨头也开始渗透能源行业，智能化建设领域市场竞争日趋激烈。

新潮能源（600777.SH）3次入选经营绩效最差名单。该公司核心业务为石油及天然气的勘探、开采以及销售。该公司全部油气资产位于美国得克萨斯州二叠纪盆地。该公司2021年实现合并净利润365150697.04元，其中归属于母公司所有者的净利润为365150697.04元。2021年末母公司未分配利润余额为-1765579654.10元。2021年，随着新冠肺炎疫苗接种率的提高、疫情相关限制的放松以及世界经济恢复性的增长，全球石油需求较上年有所增长。国际能源署（IEA）在其2022年1月石油行业报告中的数据显示：2021年，全球石油需求增长约550万桶/天。由于主要石油生产国自 2020 年 12 月开始削减了石油产量，加上石油生产商出于对行业不确定性的担忧和对资本开支约束等方面的考虑，近年来普遍性地减少了钻井开支等因素，导致 2021 年石油供应的步伐没有跟上需求增长的速度。此外，美国最大产油地区因为 2 月的寒冷天气和 8 月的飓风也减少了石油的正常生产量。根据 IEA 2021 年 12 月石油行业报告的数据，2021 年全球石油供应量增长仅为 150 万桶/天。公司业务受环保政策、国际石油价格的影响较大。因业务模式单一，成本转嫁能力较差，营收规模和盈利状况往往会随着国际油价的涨落而变动。2021 年，受国际石油价格走高的影响，该公司营业收入大幅回升。但从更长远的角度来看，随着清洁能源对化石能源的替代，该公司单靠油气资源开采的盈利模式是不可取的。

5.5 典型上市公司经营绩效变动分析

本节在 2013—2021 年山东最优和最差上市公司所属行业背景变化的基础上，发现典型公司经营绩效变化原因。并希望通过典型公司经营绩效的变化情况，分析典型公司在山东新旧动能转换工程实施中，受到的影响以及发挥的作用。

5.5.1 2013—2021 年典型公司行业分布情况

2013—2021 年山东最优经营绩效上市公司主要分布在化工医药生物等行业内（见图 5-2），典型绩优公司如潍柴动力（000338.SZ）、万华化学（600309.SH）、海尔智家（600690.SH）、歌尔股份（002241.SZ）、山东钢铁（600022.SH）、兖州能源（600188.SH）、华电国际（600027.SH）、中国重汽（000951.SZ）、海信视像（600060.SH）、晨鸣纸业（000488.SZ）等。

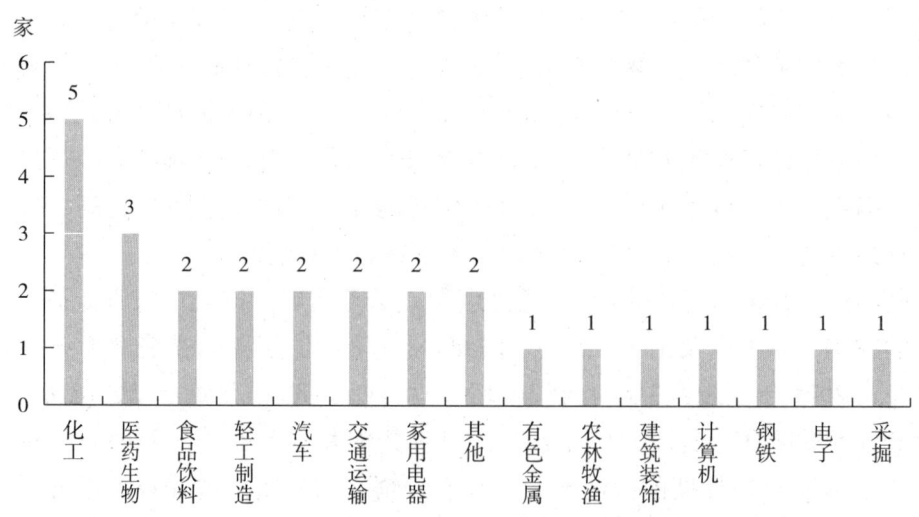

图 5-2 最优经营绩效上市公司行业分布数量（2013—2021 年）

（资料来源：Wind，山东省亚太资本市场研究院）

2013—2021年山东最差经营绩效上市公司主要分布在其他、机械设备、化工农林牧渔、建筑装饰等行业（见图5-3），典型绩差公司如ST金泰（600385.SH）、江泉实业（600212.SH）、新潮能源（600777.SH）、未名医药（002581.SZ）、克劳斯（600579.SH）、华东数控（002248.SZ）、益生股份（002458.SZ）等。

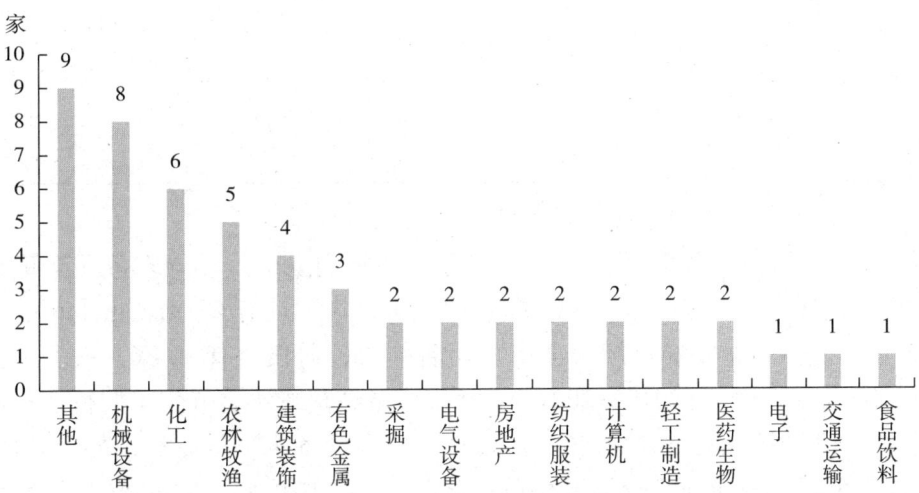

图 5-3　最差经营绩效上市公司行业分布数量（2013—2021年）

（资料来源：Wind，山东省亚太资本市场研究院）

表 5-10　山东最优/最差经营绩效上市公司行业分布（2013—2021年）

单位：家，%

	上市公司家数	绩优公司		绩差公司	
		数量	占比	数量	占比
化工	53	5	9.43	6	11.32
医药生物	26	3	11.54	2	7.69
食品饮料	11	2	18.18	1	9.09
轻工制造	12	2	16.67	2	16.67
汽车	14	2	14.29	0	0.00
交通运输	9	2	22.22	1	11.11
家用电器	4	2	50.00	0	0.00
有色金属	9	1	11.11	3	33.33
农林牧渔	13	1	7.69	5	38.46
建筑装饰	11	1	16.67	4	66.67
计算机	11	1	9.09	2	18.18
钢铁	1	1	100.00	0	0.00
电子	4	1	25.00	1	25.00
采掘	4	1	25.00	2	50.00
机械设备	35	0	0.00	8	22.86

续表

	上市公司家数	绩优公司		绩差公司	
		数量	占比	数量	占比
纺织服装	7	0	0.00	2	28.57
房地产	4	0	0.00	2	50.00
电气设备	16	0	0.00	2	12.50
银行	3	0	0.00	0	0.00
其他	22	2	9.09	9	40.91
总计	269	27	10.04	52	19.33

资料来源：Wind，山东省亚太资本市场研究院。

如表5-10所示，截至2021年末，全省共有境内上市公司269家，分布在20个行业大类中，其中，入选过最佳经营绩效的上市公司累计有27家，占上市公司总数的10.04%，进入过最差经营绩效上市公司名单的公司累计有52家，占上市公司总数的19.33%。通过对比2013—2021年最优/最差经营绩效上市公司的行业分布特征可以发现，除机械设备、纺织服装、房地产、电气设备4个行业类别外，其他16个行业都曾有公司入选最佳经营绩效榜单；除汽车、家用电器、钢铁外，其他17个行业都有公司进入过最差经营绩效名单。在所有的行业类别中，只有银行行业内的公司，历年来既没有入选过最佳绩效榜单，也没有进入过最差绩效名单；汽车、家用电器、钢铁行业，只有最佳绩效公司，没有最差绩效公司；机械设备、纺织服装、房地产、电气设备行业，只有最差绩效公司，没有最佳绩效公司；其他12个行业，既有最佳绩效公司，也有最差绩效公司。

从最优/最差经营绩效公司行业占比信息来看，机械设备行业共有35家上市公司，历年来没有一家公司入选最佳经营绩效公司，共有8家公司进入最差经营绩效名单，说明尽管山东有数量众多的机械设备上市公司，但这些公司的市场规模有限，成长瓶颈限制了公司的进一步发展。农林牧渔行业共有13家上市公司，有1家公司曾入选最佳经营绩效公司，有多达5家公司曾进入最差经营绩效名单，不良率高达38%，表明农业类上市公司容易受到生产规模与市场端的双重限制，核心竞争力不足，公司发展的天花板较低。有色金属行业共有9家上市公司，有1家公司曾入选最佳经营绩效公司，有3家公司曾进入最差经营绩效名单。矿业类上市公司本质是对资源依赖性大，易受国际大宗产品价格冲击产生负面影响，周期性特征非常明显，业绩波动大。

5.5.2 行业背景下典型公司经营绩效变动分析

为了进一步分析行业背景下的上市公司业绩变动，报告按照申万二级行业标准选取行业内上市公司进行分析。统计数据显示，山东229家上市公司分别属于71个申万二级行业，其中，化学制品行业有29家公司，专用设备行业有19家公司，通用机械、汽车零部件Ⅱ行业均有10家公司，医疗器械Ⅱ行业有9家公司，食品加工行业有8家公司，橡胶、计算机应用、化学制药、化学原料行业均有7家公司，还有20个申万二级行业均只有1家上市公司。根据2021年申万二级行业归属母公司股东净利润增长及净利润的规模，我们选取了净利润增长较高的化学制品行业，净利润几乎持平的汽车零部件Ⅱ行业和净利润减少较多的一般零售行业来进行分析，探索行业景气度对上市公司的影响。

1. 化学制品行业典型上市公司经营绩效分析

根据Wind数据，2021年化学制品行业的净利润增长在山东上市公司所分布的71个申万二级行业中位居前列，且数量较多、规模巨大。山东上市公司中归属化学制品行业的共有30家上市公司，即万华化学（600309.SH）、鲁西化工（000830.SZ）、华鲁恒升（600426.SH）、齐翔腾达（002408.SZ）、石大胜华（603026.SH）、东岳硅材（300821.SZ）、元利科技（603217.SH）、润丰股份（301035.SZ）、鲁北化工（600727.SH）、隆华新材（301149.SZ）、山东玻纤（605006.SH）、联泓新科（003022.SZ）、万润股份（002643.SZ）、泰和科技（300801.SZ）、美瑞新材（300848.SZ）、史丹利（002588.SZ）、宝莫股份（002476.SZ）、山东赫达（002810.SZ）、瑞丰高材（300243.SZ）、东方铁塔（002545.SZ）、海利尔（603639.SH）、圣泉集团（605589.SH）、先达股份（603086.SH）、日科化学（300214.SZ）、中农联合（003042.SZ）、奥福环保（688021.SH）、ST金正（002470.SZ）、双一科技（300690.SZ）、青岛金王（002094.SZ）、齐鲁华信（830832.BJ）。近年来，化学原料及化学制品制造业的规模在2017—2018年大幅增长后遭遇了中美贸易摩擦、事故频发、停产整顿、新冠肺炎疫情等多重事件影响，2019—2020年出现了小幅的下降。2021年，我国化学原料及化学制品制造业迎来了强势反弹，规模以上企业主营业务收入实现82959亿元，同比增长率超过30%，远超预期。化学制品产业作为山东的传统优势产业，拥有丰富的产业层次与完整的产业体系，产值规模已连续30年位居全国首位，其优势产业链在国内外都具有举足轻重的影响力。

万华化学（600309.SH）作为全球化运营的化工新材料公司，依托不断创新的核心技术、产业化装置及高效的运营模式，为客户提供更具竞争力的产品及解决方案，其业务涵盖聚氨酯、石化、精细化学品、新兴材料四大产业集群，主要用于生活家居、运动休闲、汽车交通、建筑工业、电子电气、个人护理和绿色能源等行业。"化工茅"万华化学已连续5年保持榜首位置，蝉联上市鲁企"盈利王"宝座，2021年也是公司实现历史性突破发展的一年。公司实现营业收入1455.38亿元，较上年同期增长98.19%；归属于上市公司股东的净利润250.39亿元，较上年同期增长140.42%；公司营业收入占化学制品行业营业收入总额的43.28%，公司净利润占行业利润总额的50.97%。万华化学实现由过去单一的以MDI聚氨酯作为绝对产品的生产企业成长为一家产业链高度整合，深度一体化的聚氨酯板块（MDI、TDI 和聚酯多元醇）、石化业务板块（C2、C3 和 C4 烯烃衍生物等）和精细化学品及新材料业务板块三大产业集群的研发型化工企业。从营收角度看，业务占 1/3 左右，石化业务营收首次超过聚氨酯板块，但从利润贡献角度看，聚氨酯还是利润核心板块。

鲁西化工（000830.SZ）目前主营业务为化工、化工新材料及化肥产品的生产销售。主要产品涵盖聚碳酸酯、己内酰胺、尼龙 6、甲酸、多元醇、甲烷氯化物、氯化石蜡、氯化苄、有机硅、尿素、复合肥等百余种，产品应用领域广泛。2021 年是公司实现历史性突破发展的一年。公司实现营业收入 317.94 亿元，较上年同期增长 80.73%；归属于上市公司股东的净利润 46.20 亿元，较上年同期增长 459.97%；公司营业收入占化学制品行业营业收入总额的 9.46%，公司净利润占行业利润总额的 9.40%。近年来，积极响应国家"调结构、转方式"的号召，充分发挥集设计研发、制造安装、运行管理、创新提升于一体的发展优势，抢抓发展机遇，注重创新，不断调整产品结构，形成了较为完善的"煤、盐、氟、硅和石化"相互关联的产品链条，走出了一条"一体化、集约化、园区化"的科学健康发展之路。

华鲁恒升（600426.SH）作为全多业联产的新型化工企业，主营业务有化工产品及化学肥料的生产销售，发电及供热业务，主要产品涵盖肥料、醋酸、有机胺、己二酸。同时提供发展规划、工程设计、项目管理、装备制造等产业化服务。2021 年是公司实现历史性突破发展的一年。公司实现营业收入 266.36 亿元，较上年同期增长 103.10%；归属于上市公司股东的净利润为 72.54 亿元，较上年同期增长 303.33%；公司营业收入占化学制品行业营业收入总额的 7.92%，公司净利润占行业利润总额的 14.77%。从数据上看，华鲁恒升 2021 年无论是净利润还是净利润增速方面都颇为亮眼，2022 年 3 月，欧盟委员会发布 2021 年全球产业研发投入 2500 强，华鲁恒升以 7.09 亿元研发投入居全球总排名第 1538 位，居全球化工企业第 70 位、全国化工企业第 8 位。根据华鲁恒升官网，2021 年，华鲁恒升不断加大研发投入，进行自主产品创新，通过提高产品附加值，推动产业向高端迈进，全年研发投入近 9 亿元，主要是依托现有产业基础延伸拓展产业链条，通过链条耦合衍生适销对路的新能源、新材料产品。

2. 汽车零部件行业典型上市公司经营绩效分析

2021 年，汽车零部件 Ⅱ 行业实现归母净利润为 117.39 亿元，同比减少 1.87%，行业净利润基本维持在高位稳定的水平。山东上市公司中归属汽车零部件 Ⅱ 行业的共有 10 家上市公司，分别为潍柴动力（000338.SZ）、天润工业（002283.SZ）、联诚精密（002921.SZ）、隆基机械（002363.SZ）、金麒麟（603586.SH）、渤海汽车（600960.SH）、兴民智通（002355.SZ）、密封科技（301020.SZ）、海泰科（301022.SZ）、征和工业（003033.SZ）。从长期视角来看，本土汽车零部件厂商由于人工成本低、产业链完善、响应速度快及规模效应显著带来的低成本优势将助力其持续全球化。短期疫情带来的格局出清，一些盈利能力本身较低、需要依靠持续投入的重资产领域，以及需要技术及供应体系前期卡位的新兴产业等领域的全球化进程有望加速。

潍柴动力（000338.SZ）是中国综合实力最强的汽车及装备制造集团之一，公司主要产品包括全系列发动机、变速箱、车桥、液压产品、重型汽车、叉车、供应链解决方案、燃料电池系统及零部件、汽车电子及零部件等，其中，发动机产品远销全球110多个国家和地区，广泛应用和服务于全球卡车、客车、工程机械、农业装备、船舶、电力等市场。2021年，公司实现营业收入2035.4770亿元，同比增长3.07%。实现归属于上市公司股东的净利润112.7484亿元，同比增长2.55%。公司营业收入占汽车零部件Ⅱ行业营业收入总额的89.32%，公司净利润占行业利润总额的98.49%。2021年，公司以自主创新为主线，加大研发投入，依托全球协同研发平台，加快"卡脖子"关键核心技术突破，取得一系列科技成果，传统动力实现了"高热效率发动机+AMT自主变速箱+车桥"动力总成的系统集成开发，动力性和舒适性大幅提升；系统仿真能力建设取得重大进展，降油耗、轻量化效果显著；240马力CVT动力总成完成开发，搭载该产品的拖拉机是我国首款自主CVT重型智能拖拉机，340马力CVT动力总成完成样机；液压动力总成在静液压装载机、压路机、农业装备等行业建立起明显的产品差异化优势。新业态、新能源、新科技加快落地，掌控了燃料电池、电机及控制器、空压机等全球新能源产业链优质资源，在新能源动力领域建立了覆盖燃料电池、混合动力、纯电动三大动力总成平台，并实现多场景应用。在电控领域，强化正向开发能力建设，已形成发动机、新能源、动力总成、液压及工程机械、智能驾驶、智慧农业等电控业务全面发展格局。

天润工业（002283.SZ）是一家生产发动机曲轴的企业，主营业务包括曲轴、连杆、铸锻件、空气悬架主要业务板块。2021年，公司实现营业收入47.2068亿元，较上年同期增长6.60%，实现归属于上市公司股东的净利润为5.4024亿元，较上年同期增长6.52%。公司生产的曲轴、连杆是内燃机核心零部件，产品成为国内外著名主机厂整机配套产品，并随主机远销20多个国家和地区，国内主流商用车发动机客户配套率达95%以上；部分系列型号的产品以及铸件产品直接出口美国、德国、英国、韩国、巴西、阿根廷等国家。2021年，公司建设完成轻卡连杆加工线1条，投资建设的4条高端曲轴自动化生产线、1条3150T热模锻压线预计2022年5—7月陆续完工。截至2021年末，公司拥有50条曲轴加工生产线，15条连杆加工生产线，2条铸造生产线，8条锻造生产线，8条铸锻件（非曲轴/连杆）深加工生产线；年可生产230万支优质锻钢和球墨铸铁曲轴、776万支胀/锯断连杆、8万吨铸件、11万吨锻件、47万支铸锻件成品（非曲轴/连杆）。空气悬架业务在2021年建设完成底盘零部件生产线3条、减振器生产线的扩产补充，组建完成了空气弹簧自动装配线、橡胶悬架系统装配线，建设完成了国内一流的商用车空气悬架系统及核心零部件检测实验室。

3. 一般零售行业典型上市公司经营绩效分析

2021年,一般零售行业实现归母净利润-2.6303亿元,同比减少324%,利润缩水量居各申万二级行业之首。山东上市公司中归属一般零售行业的共有3家上市公司,分别为利群股份(601366.SH)、家家悦(603708.SH)、银座股份(600858.SH)。2021年以来,由于新冠肺炎疫情的不断演变以及多点散发的严峻态势,导致消费市场的回暖趋势受阻。根据国家统计局数据,2021年全国社会消费品零售总额为440823亿元,比上年增长12.50%,两年平均增速仅为3.90%。扣除价格因素,2021年社会消费品零售总额比上年实际增长10.70%。同时,2021年社会消费品零售总额增速呈前高后低的态势,2021年上半年平稳运行,但到下半年因疫情较多散发导致增速下降,8月同比增速低至2.50%,之后保持在低位区间运行,到12月更低至1.70%,社会消费品零售市场发展形势严峻。同时,相较于2020年,2021年以来疫情相关的费用减免等扶持政策显著减少,加之新租赁准则的实施,导致零售企业成本费用显著增加。此外,疫情也进一步强化了消费者的线上购物习惯,直播电商、社区团购等线上业态发展迅速,挤压线下市场份额,传统零售行业面临着前所未有的冲击。

利群股份(601366.SH)是一家有着40多年历史,跨地区、多业态、综合性的股份制商业企业集团,是行业内的龙头企业。经营范围涉及商业零售、物流配送、连锁便利店、药店、房地产、餐饮、酒店、娱乐、旅游等领域。2021年,公司实现营业收入80.84亿万元,同比下降3.64%;归属于上市公司股东的净利润0.80亿万元,同比下降43.86%,截至2021年末,公司总资产为1695036.18万元,净资产为452034.86万元。2021年,新冠肺炎疫情不断演变,呈现全国多点散发的严峻态势,公司零售门店所在部分区域,如江苏、烟台、日照等均受到了疫情的冲击,导致公司扬州、淮安、日照、烟台等地的多家门店因疫情封控停业,除此之外又关闭了9家经营不达预期的南方门店,闭店产生了19000余万元的一次性费用,对公司业绩均造成严重冲击;2020年,针对新冠肺炎疫情突发的不利影响,政府出台了房租、水电、社保等费用减免政策,而2021年相关减免政策显著减少,导致公司本期费用同比增加6100余万元,影响本期利润。

在新冠肺炎疫情冲击下,零售百货行业走入短期低迷,但也成为行业龙头企业布局的机遇时期。根据对疫情冲击的判断,2021年4月,营业面积近2万平方米的胶南德信生活广场盛大开业;12月,公司投资约25亿元重点打造的总建筑面积为24万平方米、商业面积近15万平方米的大型商业综合体——西海岸金鼎广场建成并开业,公司在优势区域的市场占有率和竞争优势进一步提升。华东商贸公司经营管理提升完善。一方面,为提升门店经营质量,优化区域布局,华东商贸共关闭了海安店、滕州店、宿迁店等9家房租较高、经营不达预期的门店;另一方面,围绕淮安物流基地300公里辐射圈,继续加快社区店布局,共开业15家社区店,更好地覆盖下沉市场，满足居民日常高频次购物需求。截至2021年末，公司合计拥有大型零售门店82家、便利店及"福记农场"生鲜社区店100家、各品类集合店84家，公司零售业态更加丰富，区域布局更加合理。公司大型零售门店经营面积近230万平米，其中自有物业面积90余万平方米，占门店总经营面积的40%，自有物业可有效抵御租金上涨风险，增强公司抗风险能力。

家家悦（603708.SH）是以超市连锁为主业，以区域一体化物流为支撑，以发展现代农业生产基地和食品加工产业链为保障，以经营生鲜为特色的全供应链、多业态的综合性零售渠道商。2021年，公司实现营业收入174.33亿万元，同比增加4.52%；归属于上市公司股东的净利润-2.93亿万元，同比下降172.84%。2021年受疫情反复、消费预期转弱、渠道多元化及生鲜食品类CPI走低等因素影响，公司可比门店销售收入同比下降；因公司2020年、2021年新开门店数量较多，新区域市场拓展较快、原区域市场占有率扩大，以及逐步增加供应链的社会化服务，带动公司营业收入增长4.52%，净利润同比下降。为提高市场规模，近两年新增门店数量较多，在增加山东网络密度的同时，拓展了安徽、北京、内蒙古、江苏等新区域，新区域和新店前期培育期间毛利率相对较低、运营成本较高产生的亏损，特别是受疫情及经济环境影响新店培育成本相对增高；可比门店销售同比下降，且同期国家出台了社保减免、能源费优惠等政策，影响本期运营管理费用率上升，另外，疫情常态化门店增加了人力等防疫支出，影响可比门店利润下降；公司结合疫情影响、市场不确定性等因素综合考虑，根据审慎原则，子公司维乐惠超市、维客商业连锁计提了商誉减值损失总计约2.97亿元。

第6章 山东上市公司数字经济研究

党的十九届五中全会通过的《中共中央关于制定国民经济和社会发展第十四个五年规划和二〇三五年远景目标的建议》提出，坚持把发展经济着力点放在实体经济上，坚定不移建设制造强国、质量强国、网络强国、数字中国，推进产业基础高级化、产业链现代化，提高经济质量效益和核心竞争力。2021年10月，习近平总书记在政治局第三十四次集体学习时指出："要把握数字化、网络化、智能化方向，推动制造业、服务业、农业等产业数字化，利用互联网新技术对传统产业进行全方位、全链条的改造，提高全要素生产率，发挥数字技术对经济发展的放大、叠加、倍增作用。要推动互联网、大数据、人工智能同产业深度融合，加快培育一批'专精特新'企业和制造业单项冠军企业。"

早在2018年山东省委、省政府就开始实施数字强省战略，出台了《数字山东发展规划（2018—2022）》，并提出到2022年，构建形成数字基础设施支撑有力、数据资源体系完善、数字经济实力领先、数字化治理和服务模式创新的发展新体系，基本建成全国智慧海洋示范区、中日韩数字经济合作引领区、智能制造先行区、数字政府样板区，为新旧动能转换、乡村振兴等战略全面实施提供强力支撑。全省数字经济规模占GDP比重力争年均提高2%，达到45%以上，数字山东建设跻身全国前列。2021年7月，山东省委、省政府召开数字强省工作会议强调，要加快实现产业赋能的新突破，聚焦"十强"产业、以制造业为主干，加快推进产业数字化、数字产业化。要持续推动工业互联网业态模式创新，加快平台建设，加强政策供给，促进各方联动。近年来，山东省出台了包括《山东省"十四五"数字强省建设规划》在内的一系列重要文件，推动数字强省建设和数字经济发展，围绕数字经济重点领域编制了一批国家标准、行业标准、地方标准和团体标准；评定了省级数字经济园区与省级工业互联网园区，瞄准优秀产业集群倾斜政策、注入资金，持续优化产业发展环境，激活集聚效应，让数字经济释放更大效能。

综观全球，随着世界政治经济、国际贸易和科学技术的发展，实施数字强国战略和加快经济发展，是数字技术飞速发展和广泛应用的必然结果，最终体现为数字产业化程度和产业数字化程度的不断提升。企业作为微观经济的组成部分，既是数字技术的载体，也是数字技术的应用场景。作为企业的优秀代表，上市公司是国民经济的主力军,是推动我国经济增长的"动力源",上市公司数字化转型对推动我国数字经济发展具有重要的意义。数字化转型可以促进上市公司现有业务的升级发展,推动上市公司建立新的发展模式和增长点。数据资产的深度价值挖掘和跨产业链协同以及智能制造、智慧能源、智慧交通,是上市公司数字化转型最重要的场景,也是转型的突破口。根据中国上市公司协会调查,在推进数字化转型的企业中,多数企业认为数字化转型对公司的收入与利润有切实提升,数字化转型对企业可持续发展具有重要意义。

6.1 山东数字经济发展和企业数字化转型的环境分析

6.1.1 "十三五"以来我国数字经济发展情况

2015年5月,国务院出台的《中国制造2025》提出,新一代信息技术与制造业深度融合,正在引发影响深远的产业变革,形成新的生产方式、产业形态、商业模式和经济增长点。《中国制造2025》确定的新一代信息技术产业发展目标包括掌握新型计算、高速互联、先进存储、体系化安全保障等核心技术,全面突破第五代移动通信(5G)技术、核心路由交换技术、超高速大容量智能光传输技术、"未来网络"核心技术和体系架构,积极推动量子计算、神经网络等发展。研发高端服务器、大容量存储、新型路由交换、新型智能终端、新一代基站、网络安全等设备,推动核心信息通信设备体系化发展与规模化应用。

2016年9月,G20杭州峰会达成的《G20数字经济发展与合作倡议》认为,数字经济是指以使用数字化的知识和信息作为关键生产要素、以现代信息网络作为重要载体、以信息通信技术的有效使用作为效率提升和经济结构优化的重要推动力的一系列经济活动。互联网、云计算、大数据、物联网、金融科技与其他新的数字技术应用于信息的采集、存储、分析和共享过程中,改变了社会互动方式。国内学者研究显示,数字化、网络化、智能化的信息通信技术使现代经济活动更加灵活、敏捷、智慧,数字经济绝非是一种固定的和稳定的经济形态,它一直处在不断演化的过程之中。数字经济包含4个缺一不可的基本元素:一是建立在数字技术上的通信技术、数据存储技术以及计算机数据处理技术,二是互联网数字平台设施,三是海量数据,四是与数字经济相适应的制度体系。简单地说,就是技术、平台设施、数据和制度四个元素。因此,今天我们看到的数据(信息)存储技术、数据传输技术、云计算、大数据、人工智能、移动互联网(5G)和物联网、区块链以及计算机数据处理技术(算法)等,其实都是四大元素不断融合、相互作用的结果。①《"十四五"数字经济发展规划》则强调,数字经济是继农业经济、工业经济之后的主要经济形态,是以数据资源为关键要

---

① 孙国茂. 抓住数字经济本质,推进证券行业数字化转型[J]. 上海证券报,2021-06-22.

素，以现代信息网络为主要载体，以信息通信技术融合应用、全要素数字化转型为重要推动力，促进公平与效率更加统一的新经济形态。数字经济发展速度之快、辐射范围之广、影响程度之深前所未有，正推动生产方式、生活方式和治理方式深刻变革，成为重组全球要素资源、重塑全球经济结构、改变全球竞争格局的关键力量。"十三五"时期，我国深入实施数字经济发展战略，不断完善数字基础设施，加快培育新业态新模式，推进数字产业化和产业数字化取得积极成效。

目前国内对数字经济研究的权威机构是中国信息通信研究院（China Academy of Information and Communications，CAICT）。自 2015 年以来，CAICT 已连续 8 年发布《中国数字经济发展报告》。CAICT 将数字经济分为数字产业化和产业数字化两个部分，其中数字产业化是指信息通信产业，包括电子信息制造业、电信业、软件和信息技术服务业、互联网行业等；产业数字化是指传统产业应用数字技术所带来的产出增加和效率提升部分，包括但不限于工业互联网、智能制造、车联网、平台经济等混合型新产业、新模式和新业态。根据《中国数字经济发展报告（2022 年）》，近年来，我国数字经济发展迅速，在应对国际形势变化、抗击疫情和恢复经济发展等方面，发挥了巨大作用并呈现出一些新的特征。一是作为宏观经济"稳定器"和"加速器"的作用更加明显。2021 年，我国数字经济总量达到 45.6 万亿元，同比增长 16.2%，占 GDP 比重为 40.24%。二是数字产业化基础更加巩固。2021 年，我国数字产业化规模达到 8.4 万亿元，同比增长 11.9%，占 GDP 比重为 7.41%（见图 6 -1）。三是产业数字化发展进一步加速。2021 年，我国产业数字化规模达到 37.2 万亿元，同比增长 17.2%，占 GDP 比重达到 32.83%①（见图 6 -2）。

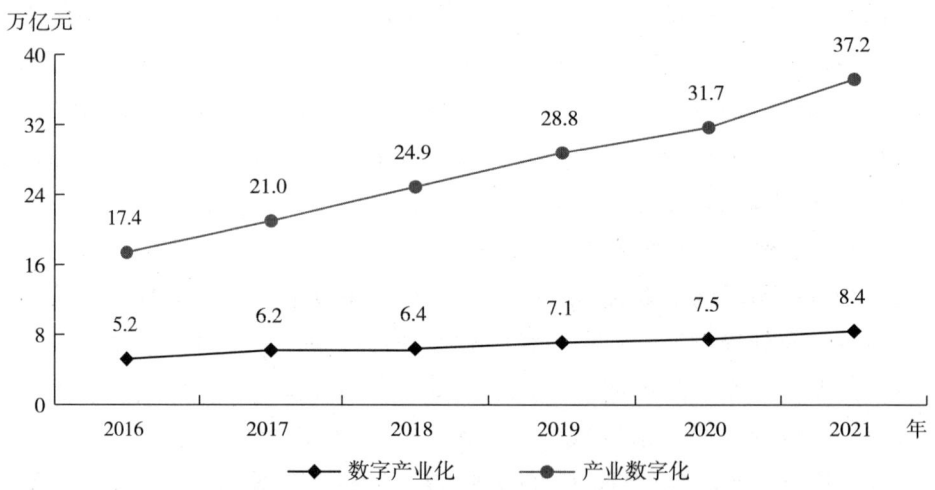

图 6 -1　我国数字产业化和产业数字化经济规模（2016—2021 年）

（资料来源：中国信息通讯研究院、山东省亚太资本市场研究院）

---

① 数据引自 CAICT《中国数字经济发展报告（2022 年）》，2022 年 7 月。

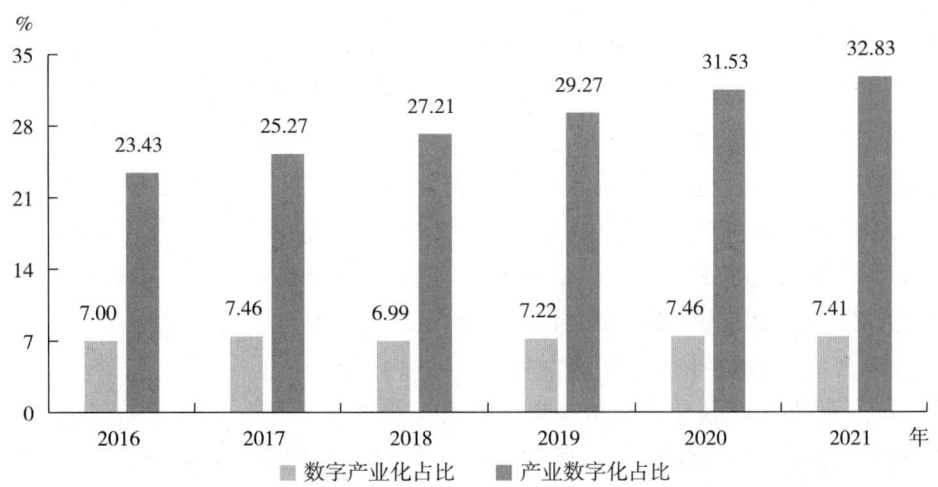

图 6-2 我国数字产业化和产业数字化经济规模占 GDP 比重（2016—2021 年）

（资料来源：中国信息通讯研究院、山东省亚太资本市场研究院）

1. 建成全球规模最大、技术领先的网络基础设施

截至 2021 年末，我国已建成 142.5 万个 5G 基站，总量占全球 60% 以上，5G 用户数达到 3.55 亿户。全国超 300 个城市启动千兆光纤宽带网络建设，千兆用户规模达 3456 万户。农村和城市实现"同网同速"，行政村、脱贫村通宽带率达 100%，行政村通光纤、通 4G 比例均超过 99%。IPv6 规模部署和应用取得显著进展，截至 2021 年末，IPv6 地址资源总量位居世界第一，IPv6 活跃用户数达 6.08 亿。算力基础设施快速发展，近 5 年算力年均增速超过 30%，算力规模全球排名第二。北斗导航卫星全球覆盖并规模应用。

2. 数据资源价值加快释放

党的十九届四中全会首次提出将数据作为生产要素参与分配，加快探索构建数据基础制度。2017—2021 年，我国数据产量从 2.3ZB 增长至 6.6ZB，全球占比 9.9%，位居世界第二。大数据产业规模快速增长，从 2017 年的 4700 亿元增长至 2021 年的 1.3 万亿元。公共数据开放取得积极进展，2017—2021 年，全国省级公共数据开放平台由 5 个增至 24 个，开放的有效数据集由 8398 个增至近 25 万个。各地积极探索数据治理规则，培育数据要素市场，促进数据流通交易和开发利用。

3. 数字技术创新能力快速提升

5G 实现技术、产业、应用全面领先，高性能计算保持优势。芯片自主研发能力稳步提升，国产操作系统性能大幅提升。人工智能、云计算、大数据、区块链、量子信息等新兴技术跻身全球第一梯队。2021 年，我国信息领域 PCT 国际专利申请数量超过 3 万件，比 2017 年提升 60%，全球占比超过 1/3。我国互联网企业更加注重创新，2017—2021 年，上市互联网企业研发投入增长 227%。

4. 数字经济发展规模全球领先

2017—2021年，我国数字经济规模从27.2万亿元增至45.5万亿元，总量稳居世界第二，年均复合增长率达13.6%，占国内生产总值比重从32.9%提升至39.8%，成为推动经济增长的主要引擎之一。数字产业规模快速壮大，2017—2021年，规模以上计算机、通信和其他电子设备制造业营收由10.6万亿元增长至14.1万亿元；规模以上软件业营收由5.5万亿元增长至9.5万亿元。数字化转型加快推进，农业生产信息化水平快速提升，工业互联网应用已覆盖45个国民经济大类，电子商务交易额从2017年的29万亿元增长至2021年的42万亿元。

5. 数字政府治理服务效能显著增强

我国电子政务在线服务指数全球排名提升至第9位，"掌上办""指尖办"已成为各地政务服务标配，"一网通办""跨省通办"取得积极成效。超过90%的省级行政许可事项实现网上受理和"最多跑一次"，平均承诺时限压缩超过一半以上。数字抗疫加速推动部门之间以及中央和地方之间的数据互通共享，健康码的普及和使用达到了前所未有的程度，对统筹推进疫情防控和经济社会发展发挥了至关重要的作用。疫情加速了数字化进程，数字化有力地支撑了疫情下经济社会发展和政府公共服务。

6.1.2 山东数字经济概况

1. 数字经济规模位居全国第三

为加快推动数字经济发展，夯实数字经济发展新优势，山东把数字经济发展列为重点。通过大数据、云计算、人工智能等赋能传统信息技术企业，培育新一代信息技术产业，再用新一代信息技术为传统经济社会发展赋能，推动数字技术与实体经济深度融合，特别是促进工业转型升级和高质量发展，使数字经济成为支撑山东经济社会发展的重要引擎。2021年，山东信息技术产业营收突破1.2万亿元，数字经济核心产业增加值占GDP比重超过6%；山东数字经济总量排名全国第三，突破3.5万亿元，占GDP的比重超过43%。① 山东将加快推进算力产业发展，加快打造算网融合高地、算力能级高地、绿色发展高地、赋能应用高地和政策环境高地五大高地。

2. 5G基站开通数量突破十万个

2021年，山东通信业克服疫情、设备供货、水涝台风等不利因素影响，圆满完成年度任务目标。全省5G投资达117.4亿元，累计开通5G基站10.1万个，16个地市的市区、县城城区均实现5G网络连续覆盖，交通枢纽、医院、大型商超等重点场景实现针对性覆盖，乡镇镇区5G覆盖比例达到100%。在沿海地区建设中、低频段5G基站超过3000个，最远覆盖距离超过50公里，省内海岸线覆盖长度超过3000公里。从全国范围来看，截至2021年末，山东已开通5G基站数量位居全国第四，仅

---

① 数据来源：https://baijiahao.baidu.com/s?id=1726358688624672642&wfr=spider&for=pc，https://www.jn-news.tv/p/910730.html。

次于广东（17万个）、江苏（13万个）和浙江（11.6万个）；山东每万人拥有基站数量为9.90个，位居全国第十六。

3. 成立首个省级政务数据隐私计算实验室

2021年12月，山东省大数据中心、智慧齐鲁（山东）大数据科技有限公司与深圳市洞见智慧科技有限公司三方达成战略合作，共同成立隐私计算技术研究与应用联合实验室，成为国内首个省级政务数据隐私计算平台。三方将树立隐私计算"政产学研金服用"创新创业共同体典范，围绕产业上下游及关联企业，构建大数据产业新生态，使数据成为推动经济高质量发展的新动能。同时，三方将发挥各自优势，通过隐私计算技术充分调动数据资源拥有方、使用方、运营方和监管方的积极性，既保障数据安全，又释放数据价值。实验室运行后，致力于开展隐私计算共性关键技术研究，努力推动多方数据融合研究，并进一步推动健全完善数据流通政策监管体系，持续开展隐私计算安全机制的论证与研究，共同开展行业相关标准制定、产品研发和联盟共建等工作。

4. 打造文旅"数智一体化"智慧文旅服务平台

为贯彻山东省委省政府关于数字化及智能相关战略部署，推动山东酒店业数字化和智能化转型升级，山东文旅集团积极打造"数智一体化"智慧文旅服务平台，实现数字营销、数字服务、数字运管一体化，提高酒店业服务效率，为酒店服务数字化与智能化提供参考和借鉴。

平台实现自助入住机、人脸识别、智能送物机器人、AI电话等数字化智能酒店服务解决方案落地，形成全程无接触、智能化的酒店服务闭环，提升数字服务效率；推进SCRM交互式会员管理平台、开放式酒店管理系统平台、智能数据分析中台、智慧酒店以及面向C端的全渠道数字化营销系统建设，搭建全渠道数字化营销矩阵，实现数据驱动业务发展；借助5G及AI技术，基于酒店场景上线AI管家、精益通等数字化移动端运营工具，实现数据驱动运营效率提升；牵头组建"山东数字化与智能化酒店产业联盟"，为在山东省内推广实施智慧酒店提供平台支撑。

目前，山东文旅集团通过"数智一体化"智慧文旅服务平台，服务管理酒店超过300家，服务会员数量超过600万个，累计实现线上交易额4.3亿元，提高整体运营效率30%以上，为酒店服务业数字化提供行业典范。[①]

5. 建成国家级互联网骨干直联点

2022年5月，济南、青岛国家级互联网骨干直联点建成开通，至此，中国国家级互联网骨干直联点开通数量达19个，山东也成为中国唯一拥有两个国家级骨干直联点的"双枢纽"省份。济南、青岛国家级互联网骨干直联点工程是"十四五"期间地方首批获批设立的互联网骨干网互联枢纽，具备全国范围网间通信流量疏通能

---

① 资料来自中国信息通信研究院《中国数字经济发展报告（2022）》，2022年7月。

力。项目总投资约为7亿元人民币，合计互联带宽共6Tbps。直联点开通后，6Tbps带宽网间链路全部开通，山东成为中国网络互联互通能力最强的省份。

山东两个直联点开通将大幅提升与外省间的跨网访问效率，如西安移动访问济南联通信源，不再南下绕转上海，可减少约1100公里的传输距离。跨省网间时延由之前的39.03ms降至29.84ms，下降23%；丢包率由0.086%降至0.024%，下降72%。同时，省内跨网访问直接在本地完成，骨干路由减少4跳左右，时延优化90%以上，丢包率趋近于零，优化网间通信效率和质量，彻底改变山东网间流量需要通过绕转外省局面。山东将用济南、青岛国家级互联网骨干直联点建成开通重大机遇，全面提速数字基础设施建设、数字产业发展、数字应用融合和数字技术创新，促进经济社会数字化、网络化、智能化发展。

6.2 山东上市公司数字经济发展概况

6.2.1 数字产业化和产业数字化

依据中国信息通信研究院将数字化经济分为两个维度"数字产业化"和"产业数字化"，2022年7月，中国上市公司协会发布的《中国上市公司数字经济白皮书（2022）》中，上市公司数字经济行业分类指标也分为"数字产业化"和"产业数字化"两个方面，从而确定了数字经济的基本范围，将其分为数字产品制造业、数字产品服务业、数字技术应用业、数字要素驱动业、数字化效率提升业五大类。

前四大类为数字产业化部分，即数字经济核心产业，是指为产业数字化发展提供数字技术、产品、服务、基础设施和解决方案，以及完全依赖于数字技术、数据要素的各类经济活动，是数字经济发展的基础。

第五大类产业数字化部分，是指应用数字技术和数据资源为传统产业带来的产出增加和效率提升，是数字技术与实体经济的融合。该部分涵盖智慧农业、智能制造、智能交通、智慧物流、数字金融、数字商贸、数字社会、数字政府等数字化应用场景，体现了数字技术已经并将进一步与国民经济各行业产生深度渗透和广泛融合。具体包括五个自行业。一是数字产品制造业，包括6个中类：计算机制造、通信及雷达设备制造、数字媒体设备制造、智能设备制造、电子元器件及设备制造、其他数字产品制造业。二是数字产品服务业，包括5个中类：数字产品批发、数字产品零售、数字产品租赁、数字产品维修、其他数字产品服务业。三是数字技术应用业，包括5个中类：软件开发、电信/广播电视和卫星传输服务、互联网相关服务、信息技术服务、其他数字技术应用业。四是数字要素驱动业，包括7个中类：互联网平台、互联网批发零售、互联网金融、数字内容与媒体、信息基础设施建设、数据资源与产权交易、其他数字要素驱动业。五是数字化效率提升业，包括9个中类：智慧农业、智能制造、智能交通、智慧物流、数字金融、数字商贸、数字社会、数字政府、其他数字化效率提升业。

截至 2021 年末，A 股 4684 家上市公司[①]均属数字经济领域。分属数字化效率提升业的公司有 3626 家，占比 78%；其次为数字产品制造业公司数量为 621 家，占比为 13%；下一个是数字技术应用业，公司数量为 371 家，占比为 8%；再下一个是数字要素驱动业，公司数量为 60 家，占比 1%；分属数字产品服务业的公司数量只有 6 家，占比不到 1%。

2021 年末上市公司总市值为 96.53 万亿元，规模稳居全球第二；全年共实现营业总收入 64.97 万亿元，占全年 GDP 总额的 56.81%；营业总收入同比增长 19.81%，远高于当年 GDP 增速；共实现净利润 5.30 万亿元，同比增长 19.56%；扣非后净利润为 4.43 万亿元，同比增长 24.39%，上市公司盈利能力进一步提升。非金融类公司实现营业总收入 54.90 万亿元，同比增长 22.63%。约八成公司实现收入增长，四成公司收入连续 3 年持续增长，近八成公司实现经营活动现金净流入，显示出较高的盈利质量。此外，上市公司海外收入同比提高 18.03%。

从上市板块方面来看，分属产业数字化的上市公司，其更多地分布在上交所与深交所主板，创业板与科创板比例略有减少；分属数字产业化也即数字经济核心产业的上市公司，有 37% 的公司在创业板上市，15% 的公司在科创板上市，比例明显高于产业数字化方面公司，这也比较符合创业板与科创板对于企业的定位。在数字经济核心产业中，创业板上市公司占比最高，为 37%，其次占比第二高的板块为深交所主板，占比 28%，上交所主板和科创板占比分别为 19% 和 15%，北交所上市公司共有 14 家属于数字经济核心产业，占比约为 1%。

从《数字经济分类》中的二级分类看，目前 A 股上市公司分布在智能制造、其他数字化效率提升业和电子元器件及设备制造类别中的最多，其中电子元器件及设备制造属数字产业化部分即数字经济核心产业，另外两个均属于产业数字化部分。

6.2.2 山东产业数字化上市公司

按照中国上市公司协会编写的《中国上市公司数字经济白皮书（2022）》，2021 年全国产业数字化上市公司为 3626 家，占全国上市公司数量的 77.41%。山东产业数字化上市公司为 243 家，位居全国第六。排名前六位的浙江、广东、江苏、上海、北京和山东产业数字化领域上市公司数量较多，占整体的 61.50%（见图 6-3）。

产业数字化大类上市公司，指应用数字技术和数据资源为传统产业带来的产出增加和效率提升，是数字技术与实体经济的融合，此大类下根据产业特点分为智能制造、智能交通、智慧物流、智慧农业、数字社会、数字商贸、数字金融和其他数字化效率

---

① 本章所指的上市公司均为 A 股上市公司，后面部分不再赘述。

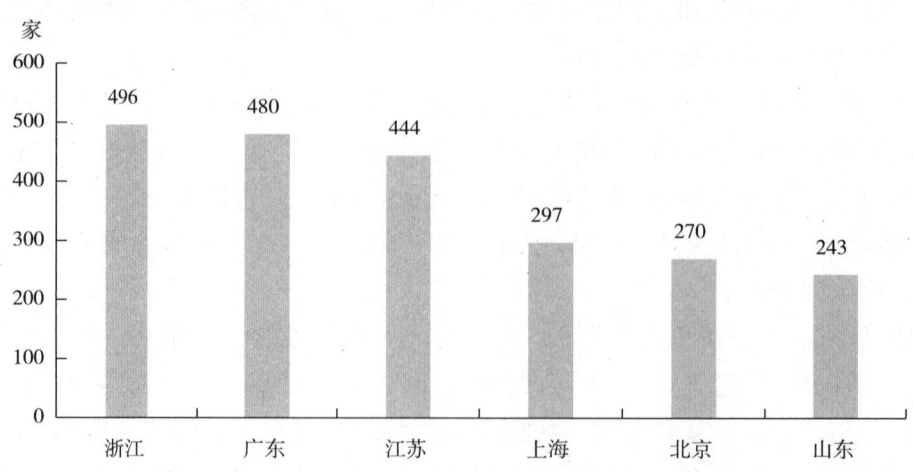

图 6-3　2021 年产业数字化上市公司数量排名靠前省市分布
（资料来源：中国上市公司协会，山东省亚太资本市场研究院）

提升。山东传统制造业企业较多，近年来随着人工智能、智能机器人、物联网等新一代互联网科技的发展，山东制造业企业向着智能化、智慧化转型。从大类上看，山东与智能制造业有关的上市公司高达 191 家，占全省 A 股的 71.54%（见图 6-4）。此外，数字商贸、数字社会、智慧建筑等领域上市公司也占据了一定位置。

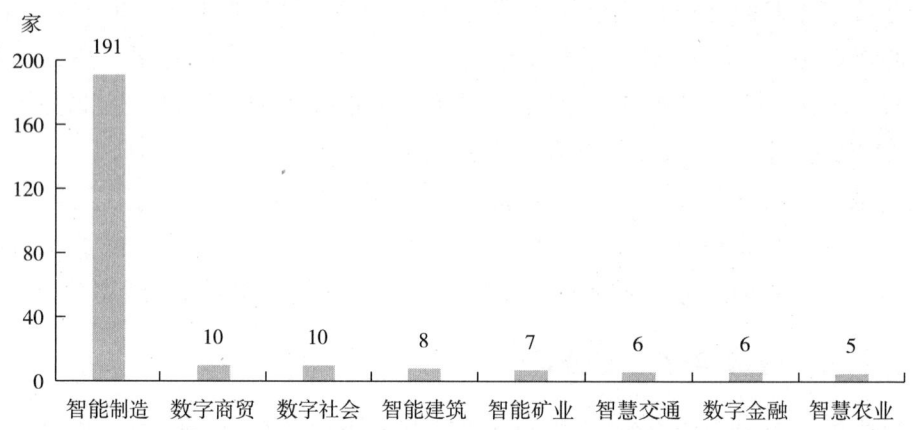

图 6-4　2021 年产业数字化上市公司数量排名靠前行业分布
（资料来源：中国上市公司协会，山东省亚太资本市场研究院）

6.2.3　山东数字产业化上市公司

中国上市公司协会发布的《中国上市公司数字经济白皮书（2022）》显示，全国数字产业化领域的上市公司有 1058 家，占上市公司数量的 22.59%，主要分布在计算机通信和其他电子设备制造业、电信广播电视和卫星传输服务、互联网和相关服务、软件和信息技术服务业等 20 个领域。数字产业化的上市公司大多集中在"电子元器件及设备制造"领域,有357家公司,占比34%;其次集中在"信息技术服务"领域,有151家公司,占比14%;"软件开发"领域有128家公司,占比12%;其余分类占比均不到10%。

细分来看,分属数字产品制造业的公司共有621家,多为"电子元器件及设备制造";分属数字技术应用业的公司共有371家,占比第一的是"信息技术服务";分属数字要素驱动业的公司有60家,占比第一的是"数字内容与媒体",有36家公司属于其中,占比60%;分属数字产品服务业类别的公司只有6家。

广东、北京、江苏、浙江和上海五省市中的上市公司数量较多,位居全国前列。山东数字产业化领域上市公司共计24家(见表6-1),位居全国第九(见图6-5),这些公司主要属于软件和信息技术服务业、计算机通信和其他电子设备制造业。与全国相比,数字内容与媒体、数字媒体设备制造、电信广播电视和卫星传输服务、数字要素驱动业等领域上市公司较少。

表6-1 2021年山东数字产业化上市公司统计

股票代码	股票名称	城市	行业(证监会行业分类标准)
000409.SZ	云鼎科技	济南	信息传输、软件和信息技术服务业—软件和信息技术服务业
600756.SH	浪潮软件	泰安	
000682.SZ	东方电子	烟台	
300183.SZ	东软载波	青岛	
603421.SH	鼎信通讯	青岛	
300659.SZ	中孚信息	济南	
300830.SZ	金现代	济南	
688579.SH	山大地纬	济南	
688191.SH	智洋创新	淄博	
300996.SZ	普联软件	济南	
301185.SZ	鸥玛软件	济南	
835670.BJ	数字人	济南	
837092.BJ	汉鑫科技	烟台	
600690.SH	海尔智家	青岛	制造业—电气机械和器材制造业
600336.SH	澳柯玛	青岛	
002242.SZ	九阳股份	济南	
600060.SH	海信视像	青岛	制造业—计算机、通信和其他电子设备制造业
000977.SZ	浪潮信息	济南	
002241.SZ	歌尔股份	潍坊	
002376.SZ	新北洋	威海	
002655.SZ	共达电声	潍坊	
300308.SZ	中际旭创	龙口	
300479.SZ	神思电子	济南	
688002.SH	睿创微纳	烟台	

资料来源:Wind,中国上市公司协会,山东省亚太资本市场研究院。

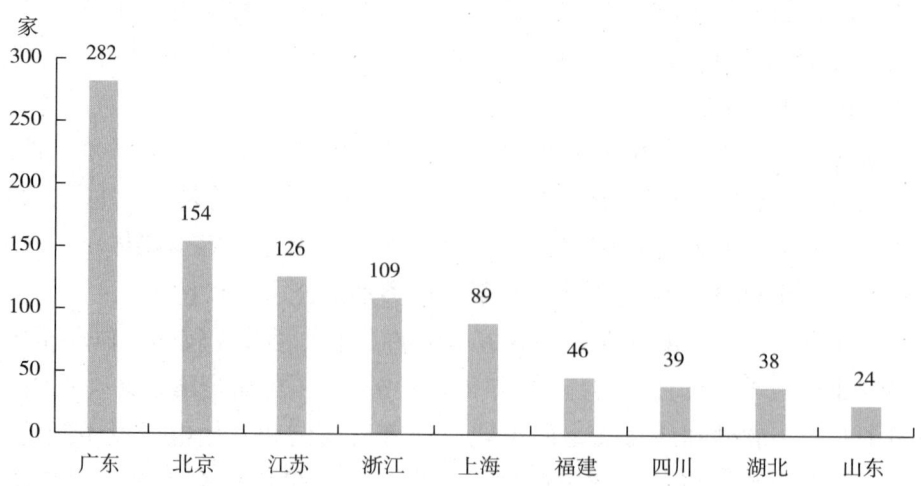

图 6-5　2021 年数字产业化上市公司数量排名靠前省市分布

（资料来源：中国上市公司协会，山东省亚太资本市场研究院）

细分来看，数字产品制造业中，山东共计 12 家上市公司，位居全国第十一，均属于电子元器件及设备制造业；数字技术应用业中，山东共计 12 家上市公司，位居全国第八；数字要素驱动业和数字产品服务业中山东上市公司数量为零。

6.3　山东数字经济核心产业上市公司分析

根据中国上市公司协会发布的《中国上市公司数字经济白皮书（2022）》中关于数字经济核心产业上市公司标准，本书把山东 24 家数字产业化上市公司列为数字经济核心产业上市公司。

6.3.1　募集资金情况

2021 年，全国 1058 家数字经济核心产业上市公司首发（IPO）融资 5521.11 亿元，电子元器件及设备制造 IPO 融资额远超过其他类别，是排名第二的通信及雷达设备制造类的 3.83 倍，IPO 融资额最少的是互联网相关服务，仅突破 300 亿元（见图 6-6）。[①] 全国仅有海康威视（002415.SZ）和工业富联（601138.SH）两家上市公司 IPO 融资额超百亿元，分别为 525.16 亿元和 267.16 亿元。

山东 24 家数字经济核心产业上市公司 IPO 融资额合计为 116.24 亿元，占全国的 2.11%。24 家上市公司中有 3 家 IPO 融资额超过 10 亿元，分别为九阳股份（002242.SZ）、睿创微纳（688002.SH）和东软载波（300183.SZ）。其中，九阳股份（002242.SZ）以 15.10 亿元的融资额位居首位。2021 年新上市的有 4 家公司，分别

---

① 数据来自中国上市公司协会发布的《中国上市公司数字经济白皮书（2022）》，2022 年 7 月。

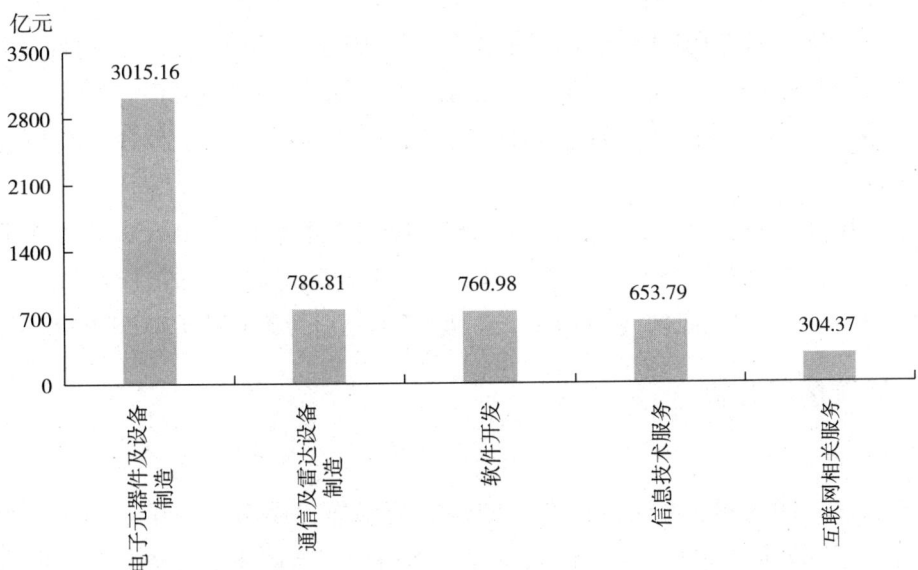

图 6-6 2021 年全国数字经济核心产业上市公司 IPO 融资情况

（资料来源：中国上市公司协会，山东省亚太资本市场研究院）

是智洋创新（688191.SH）、普联软件（300996.SZ）、汉鑫科技（837092.BJ）和鸥玛软件（301185.SZ），合计融资 15.13 亿元，均为软件和信息技术服务业（见图 6-7）。

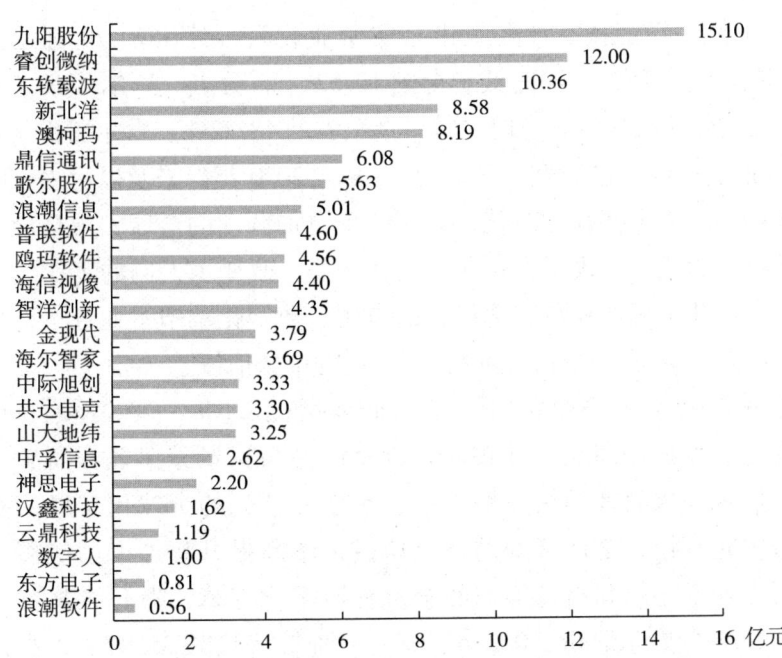

图 6-7 2021 年山东数字经济核心产业上市公司 IPO 融资情况

（资料来源：Wind，山东省亚太资本市场研究院）

增发融资是上市公司再融资的重要方式。2021年，全国数字经济核心产业上市公司增发融资额合计2030.15亿元，同比增长61.01%。其中，电子元器件及设备制造领域增发融资额最多，达1470.43亿元，并且最近3年连续增长，京东方A（000725.SZ）和蓝思科技（300433.SZ）融资额位居前两位，分别为203.33亿元和150.00亿元。

山东数字经济核心产业上市公司中，2020年仅中孚信息（300659.SZ）采用了增发融资方式，融资额为7.13亿元。2021年，两家公司采用增发方式进行融资，神思电子（300479.SZ）和中际旭创（300308.SZ）融资额分别为3.1亿元和26.99亿元。

6.3.2 经营情况分析

1. 营业收入

营业收入、净利润、经营活动产生的现金流量净额是考察一个上市公司经营情况的重要财务数据。2021年，全国数字经济核心产业上市公司营业收入合计41801.41亿元，同比增长23.27%。[①] 整体来看，电子元器件及设备制造类营业收入最高，并且其近3年增长迅速，其次是通信及雷达设备制造，软件开发与信息技术服务类整体营业收入较低，其中互联网相关服务2020年营业收入显著下降，尽管2021年出现增长，但依旧没有达到2019年水平。通信及雷达设备中排名第一的上市公司工业富联（601138.SH）2021年营业收入达4395.57亿元，居于全国数字经济核心产业上市公司首位。

2021年山东数字经济核心产业上市公司营业收入合计4670.78亿元，占全国的11.17%，同比增长12.75%，增速低于全国10.52个百分点。海尔智家（600690.SH）以2275.56亿元的营业收入位居省内之首，占全省的48.72%。歌尔股份（002241.SZ）以782.21亿元的营业收入位居第二（见图6-8）。2020年以来及以后很长时间我们将面临新冠肺炎疫情和人类共存的时代，以及一个更加波动的全球宏观环境。疫情给居民生活带来了很大影响，它改变了企业的运营环境，改变了人们的工作方式和消费者的购物模式，它加速了科技和数字化科技的应用，数字化重塑了业务运营模式，努力适应这种环境的企业会更有韧性，会收获更广泛的市场信任。

2021年，海尔智家（600690.SH）营业收入增长8.5%，其快速增长离不开数字化转型。一是充分发挥在高端品牌布局、成套产品与场景方案等方面的优势，放大单用户价值，实现高端品牌的快速增长；二是依托领先的全球化布局、积极的线上渠道转型与数字化营销、全球资源的整合协同，不断提升海外市场份额；三是通过升级与拓展触点网络布局和市场组织的全流程数字化变革，提升终端获客能力与交易转化效率。2021年歌尔股份（002241.SZ）营业收入增长35.47%，高速增长离不

[①] 数据来自中国上市公司协会发布的《中国上市公司数字经济白皮书（2022）》，2022年7月。

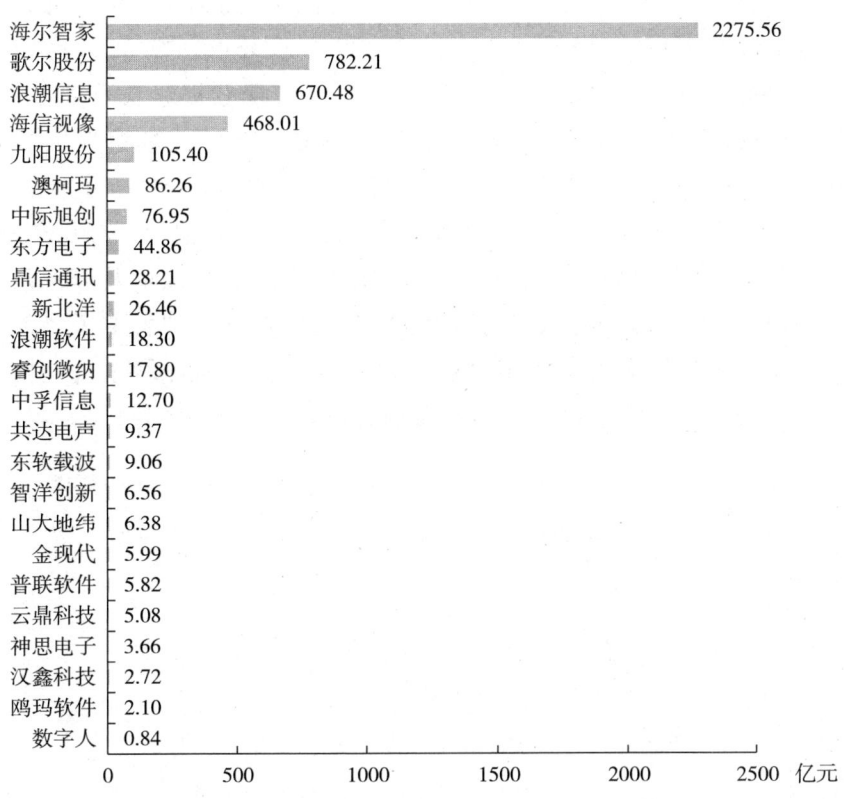

图6-8 2021年山东数字经济核心产业上市公司营业收入统计

(资料来源：Wind，山东省亚太资本市场研究院)

开其数字化制造能力。2021年，该公司在与智能制造相关的自动化、机器视觉和人工智能等领域内，该公司持续投入自主研发，同时借鉴国际领先经验，引进具有国际一流水平的先进技术和核心装备并进行系统集成，应用信息化、自动化、人工智能等技术不断改进生产制造的各个环节，推动制造模式向数字化、网络化、智能化、服务化转变，构建了面向未来的智能制造核心能力。

2. 净利润

2021年，全国数字经济核心产业上市公司实现净利润2912.61亿元，同比增长43.88%。[①] 电子元器件及设备制造领域上市公司在净利润总额和净利润增速方面均为第一；互联网相关服务在2019年净利润为负；软件开发和通信及雷达设备制造近三年净利润均缓慢提升；信息与技术服务在2019—2020年净利润出现提升，但在2020—2021年净利润有所降低。电子元器件及设备制造领域中的京东方A（000725.SZ）2021年实现净利润304.32亿元，比工业富联（601138.SH）高出104.07亿元，位居全国数字经济核心产业上市公司首位。

---

① 数据来自中国上市公司协会发布的《中国上市公司数字经济白皮书（2022）》，2022年7月。

2021年，山东数字经济核心产业上市公司实现净利润249.09亿元，占全国的8.55%，同比增长14.61%，增速低于全国29.27个百分点。在24家数字核心产业上市公司中，仅神思电子（300479.SZ）在2021年出现亏损。与营业收入相匹配，海尔智家（600690.SH）以132.17亿元的净利润位居首位，紧随其后的歌尔股份（002241.SZ）、浪潮信息（000977.SZ）和海信视像（600060.SH）净利润突破了10亿元（见图6-9）。此外，三成上市公司净利润不足1亿元。神思电子（300479.SZ）出现亏损，信息化减弱是其影响因素之一。受疫情及市场环境等方面影响，2021年部分行业客户在信息化方面的投资有所放缓，神思电子（300479.SZ）母公司与3个控股子公司均未完成年度业绩目标，其中公司控股子公司因诺微及神思朗方当期实现的经营业绩未达预期，出现商誉减值，导致公司收益减弱。

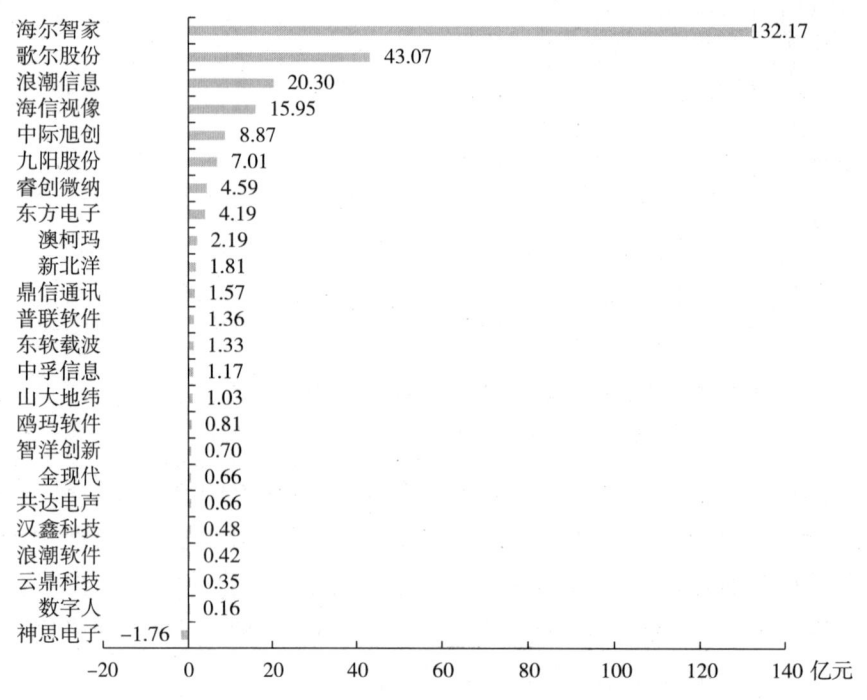

图6-9　2021年山东数字经济核心产业上市公司净利润

（资料来源：Wind，山东省亚太资本市场研究院）

3. 现金流

此处现金流分析主要是经营活动产生的现金流净额情况。2021年，全国数字经济核心产业上市公司经营活动产生的现金流净额合计3894.77亿元，同比增长0.88%。[①] 电子元器件及设备制造领域上市公司经营现金流量净额最高，达3006.67亿元。从最近3年情况来看，仅电子元器件及设备制造近3年的经营现金流量净额

---

① 数据来自中国上市公司协会发布的《中国上市公司数字经济白皮书（2022）》，2022年7月。

均是增长的,其余通信及雷达设备制造、软件开发、互联网相关服务、信息技术服务四类在2020—2021年的经营现金流量净额出现减少,其中互联网相关服务在2019—2021年之间经营现金流量净额连续减少。在数字经济核心产业上市公司中,2021年京东方A(000725.SZ)经营活动产生的现金流净额为622.71亿元,遥遥领先于其他公司。

2021年,山东数字经济核心产业上市公司经营活动产生的现金流净额合计265.47亿元,占全国的6.82%,同比下跌12.36%,增速低于全国13.24个百分点。在24家上市公司中,2021年有5家出现净额为负,其中,浪潮信息(000977.SZ)金额为 -82.9亿元,同比下降455.73%,主要是年内公司加大备货力度,存货大幅增长,相应现金流出增多所致。海尔智家(600690.SH)和歌尔股份(002241.SZ)经营活动产生的现金流净额远高于其他上市公司,分别为231.30亿元和85.98亿元(见图6-10)。与2020年相比,东软载波(300183.SZ)、汉鑫科技(837092.BJ)和金现代(300830.SZ)3家公司经营活动产生的现金流净额由负转正,而九阳股份(002242.SZ)、智洋创新(688191.SH)、新北洋(002376.SZ)和浪潮信息(000977.SZ)4家公司经营活动产生的现金流净额由正变负。

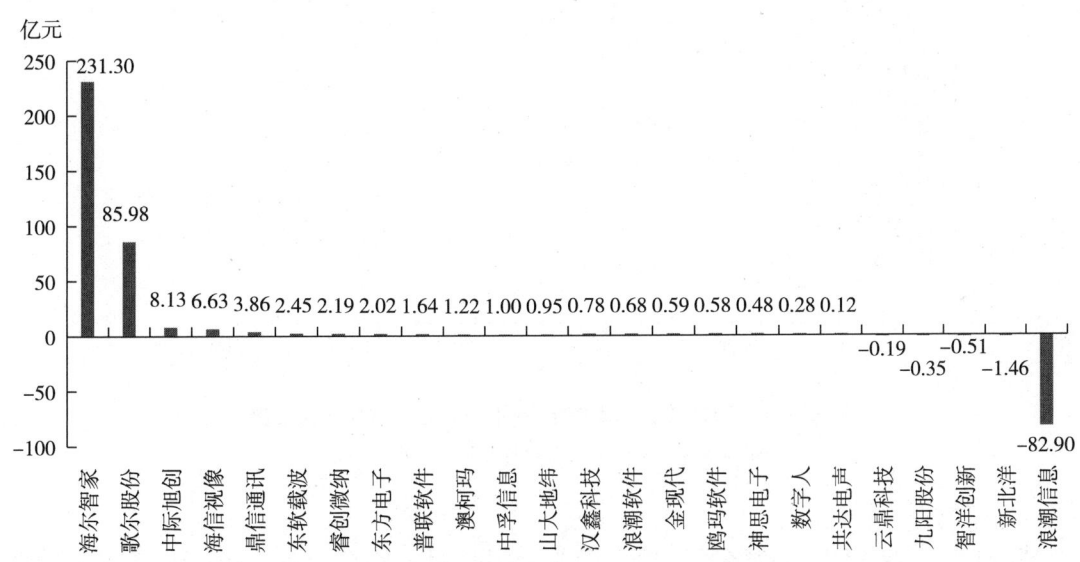

图6-10 2021年山东数字经济核心产业上市公司经营活动现金流净额统计

(资料来源:Wind,山东省亚太资本市场研究院)

6.3.3 资产规模分析

1. 总资产

2021年,24家山东数字经济核心产业上市公司总资产合计4356.99亿元,同比增长11.49%,占全省全部上市公司总资产的8.3%。其中,5家公司总资产均超过百亿元，海尔智家（600690.SH）以 2174.59 亿元位居首位，占 24 家上市公司的 49.91%（见图 6-11）。可见，山东数字经济核心产业上市公司资产规模之间差距较大。与 2020 年相比，22 家上市公司总资产出现不同程度的上涨，其中，鸥玛软件（301185.SZ）、普联软件（300996.SZ）2 家软件信息服务公司总资产同比增幅较高，均出现翻倍，增幅分别为 125.11%、107.85%。资产之所以出现大幅增加，主要是因为 2021 年两家公司新上市，IPO 所筹资金大幅增加导致。与此相反，澳柯玛（600336.SH）和九阳股份（002242.SZ）2 家公司总资产出现下跌，主要是受市场因素影响，后者营业收入和净利润均出现下滑，并且国内市场降价保市场未见效。

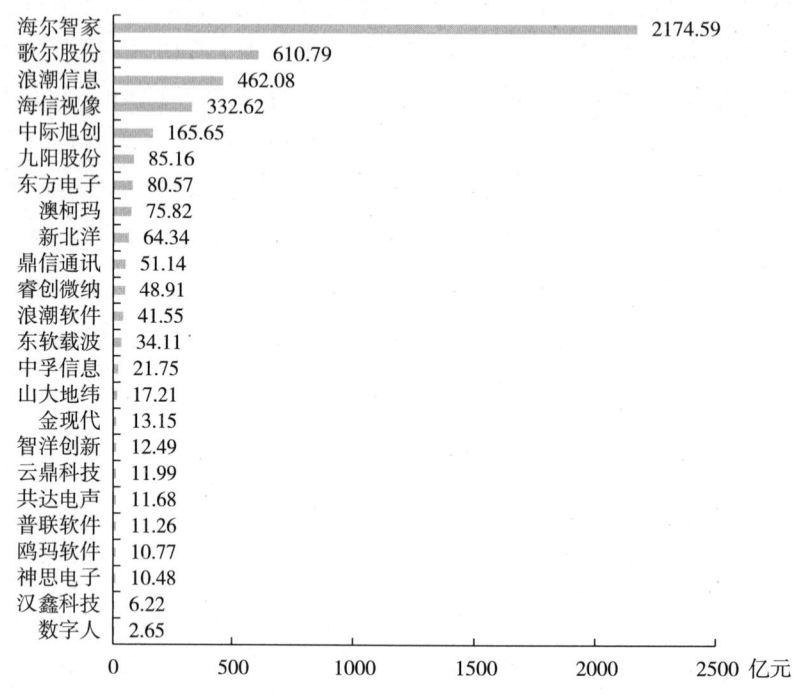

图 6-11 2021 年山东数字经济核心产业上市公司总资产

（资料来源：Wind，山东省亚太资本市场研究院）

2. 净资产

2021 年，24 家山东数字经济核心产业上市公司总资产合计 1910.78 亿元，同比增长 18.48%，占全省上市公司净资产总额的 10.85%。海尔智家（600690.SH）等 5 家公司净资产均超过百亿元，而海尔智家（600690.SH）净资产就占 24 家公司的 42.43%（见图 6-12）。与总资产不同的是，除鸥玛软件（301185.SZ）、普联软件（300996.SZ）净资产增长翻倍外，智洋创新（688191.SH）和汉鑫科技（837092.BJ）净资产也实现翻倍，4 家公司同比分别增长 127.58%、110.21%、107.07%、103.48%。上述 4 家公司均为 2021 年新上市公司，无论总资产还是净资产大幅上涨，均受 IPO 融资影响。

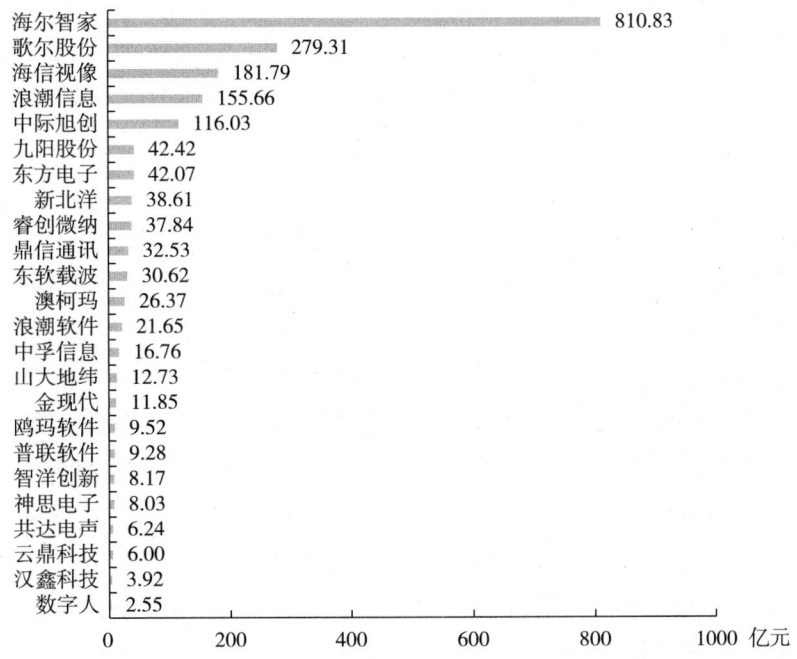

图 6-12 2021 年山东数字经济核心产业上市公司净资产

（资料来源：Wind，山东省亚太资本市场研究院）

6.3.4 资产收益率

1. ROA

总资产收益率（Return on Total Assets，ROA）是分析公司盈利能力的比率，也是衡量企业收益能力的指标。2021 年，山东数字经济核心产业上市公司净利润为 249.09 亿元，总资产为 4356.99 亿元，ROA 为 5.72%。与全省上市公司平均 ROA 相比，山东数字经济核心产业上市公司 ROA 高出 2.11 个百分点。24 家公司中，ROA 最高的是普联软件（300996.SZ），ROA 值达 12.12%；其次是科创板上市公司睿创微纳（688002.SH），ROA 值为 9.38%。除神思电子（300479.SZ）因亏损导致 ROA 为负值外，ROA 最低的是浪潮软件（600756.SH），值为 1.02%。

新上市公司普联软件（300996.SZ）主营业务是为大型集团企业提供管理信息化方案及 IT 综合服务，致力于应用云计算、大数据、人工智能等新一代信息技术，推动企业运营管理数字化、智能化。其产品、方案和服务主要聚焦于集团财务管控、资金集中管理、财务共享服务、数据应用服务以及信息系统集成等领域，正在积极拓展智慧工地、数字建造等建筑行业产业互联网相关业务。在国家政策和市场需求的双重驱动下，公司扩大战略客户服务领域，拓展细分领域的客户市场，业务规模不断扩大；加强研发投入，技术平台支撑能力不断提升，业务经营保持较好较快的增长态势，收入、利润较 2020 年同期均实现了较高提升。2021 年实现营业收入 5.82

亿元，较 2020 年同期增长 37.86%；毛利率为 46.42%，较 2020 年同期提高 3.06 个百分点；四项费用（销售费用、管理费用、研发费用、财务费用）累计发生 1.35 亿元，较 2020 年同期增长 42.74%；实现归属于母公司净利润 1.39 亿元，较 2020 年同期增长 66.18%。

2. ROE

净资产收益率（Return on Equity，ROE）反映股东权益的收益水平。2021 年，全国数字经济核心产业上市公司中，电子元器件及设备制造领域、软件开发领域、通信及雷达设备制造领域相对于另外两个领域具有压倒性优势，前 3 个领域 ROE 分别为 8.00%、6.63%、3.63%。而信息技术服务领域、互联网相关服务领域 ROE 分别为 -0.60%、-8.47%。[①] 电子元器件及设备制造有 3 家千亿元净资产上市公司，通信及雷达设备制造有 1 家千亿元净资产上市公司，而信息技术服务、软件开发和互联网相关服务中最高净资产均不超过 400 亿元。但整体来看，近 3 年来有 4 个领域 ROE 均呈下降态势，其中仅互联网相关服务领域 ROE 有所波动。全国数字经济核心产业上市公司中，电子元器件及设备制造领域上市公司大全能源（688303.SH）其 2021 年 ROE 为 55.94%，位居上市公司首位。

2021 年，山东数字经济核心产业上市公司平均 ROE 为 13.04%，高出全省上市公司平均值 2.28 个百分点。24 家上市公司中，8 家上市公司 ROE 超过 10%，其中，九阳股份（002242.SZ）以 16.53% 的 ROE 值位居第一。除神思电子（300479.SZ）外，浪潮软件（600756.SH）ROE 值为 1.95%，位居末位（见表 6-2）。净资产收益率是衡量企业盈利能力的核心指标，2010—2021 年九阳股份（002242.SZ）加权净资产收益率最低 16.38%、最高 21.62%，12 年 ROE 平均值为 19.19%，这意味着该企业平均每 100 元净资产就能为股东赚取近 20 元的净利润。2021 年公司业绩出现了下降势头。整体来看，九阳股份（002242.SZ）在豆浆机领域做到了绝对的龙头，但是同样面临着普遍性的问题就是后续增长乏力，公司拓展的新业务包括了各种其他品类的西式小家电等，未来需要持续开发新的产品和业务。

表 6-2　2021 年山东数字经济核心产业上市公司 ROA 和 ROE 统计　　单位：%

序号	股票代码	股票名称	城市	ROA	ROE
1	300996.SZ	普联软件	济南	12.12	14.70
2	688002.SH	睿创微纳	烟台	9.38	12.13
3	002242.SZ	九阳股份	济南	8.23	16.53
4	837092.BJ	汉鑫科技	烟台	7.78	12.34
5	301185.SZ	鸥玛软件	济南	7.50	8.48
6	002241.SZ	歌尔股份	潍坊	7.05	15.42
7	600690.SH	海尔智家	青岛	6.08	16.30

[①] 数据来自中国上市公司协会发布的《中国上市公司数字经济白皮书（2022）》，2022 年 7 月。

续表

序号	股票代码	股票名称	城市	ROA	ROE
8	688579.SH	山大地纬	济南	5.99	8.10
9	835670.BJ	数字人	济南	5.96	6.20
10	688191.SH	智洋创新	淄博	5.64	8.63
11	002655.SZ	共达电声	潍坊	5.61	10.51
12	300659.SZ	中孚信息	济南	5.37	6.97
13	300308.SZ	中际旭创	烟台	5.35	7.64
14	000682.SZ	东方电子	烟台	5.21	9.97
15	300830.SZ	金现代	济南	5.03	5.58
16	600060.SH	海信视像	青岛	4.80	8.78
17	000977.SZ	浪潮信息	济南	4.39	13.04
18	300183.SZ	东软载波	青岛	3.89	4.33
19	603421.SH	鼎信通讯	青岛	3.06	4.82
20	000409.SZ	云鼎科技	济南	2.91	5.81
21	600336.SH	澳柯玛	青岛	2.89	8.31
22	002376.SZ	新北洋	威海	2.81	4.68
23	600756.SH	浪潮软件	泰安	1.02	1.95
24	300479.SZ	神思电子	济南	-16.84	-21.97

资料来源：Wind，山东省亚太资本市场研究院。

6.4 山东数字经济核心产业创新能力分析

6.4.1 科研费用

创新能力是指技术和各种实践活动领域中不断提供具有经济价值、社会价值、生态价值的新思想、新理论、新方法和新发明的能力。报告衡量创新能力主要采用研发费用和研发人员数量两项指标。2021年，全国数字经济核心产业上市公司研发费用合计2958.28亿元，同比增长24.29%。[①] 在电子元器件及设备制造、信息技术服务、软件开发、通信及雷达设备制造和互联网相关服务五大领域中，研发费用3年来均呈现持续增长态势，2021年电子元器件及设备制造类研发支出总额最多，高达1462.00亿元，并且增速也最快，增幅达28.43%。在五大领域中，通信及雷达设备制造领域的中兴通讯（000063.SZ）2021年研发费用达188.04亿元，位居全国数字经济核心产业上市公司之首，其次是电子元器件及设备制造领域中的京东方A（000725.SZ），其研发费用为124.36亿元。细分来看，软件开发和互联网相关服务最高研发费用仅30亿元左右，信息技术服务最高研发费用仅20亿元左

---

① 数据来自中国上市公司协会发布的《中国上市公司数字经济白皮书（2022）》，2022年7月。

右；而通信及雷达设备制造研发费用最高则达到了188亿元，电子元器件及设备制造中研发费用最高的公司达到了124亿元。整体来看，偏制造类的上市公司研发费用更高。

2021年，山东数字经济核心产业上市公司研发费用合计211.76亿元，占全国的7.16%，同比增长18.73%，增速比全国低5.56个百分点。这些重点上市公司中海尔智家（600690.SH）、歌尔股份（002241.SZ）、浪潮信息（000977.SZ）和海信视像（600060.AH）4家公司研发费用均超过10亿元，远高于其他公司，4家公司合计173.00亿元，占山东24家重点产业上市公司的81.70%（见图6-13）。其中，海尔智家（600690.SH）以83.57亿元的研发费用位居全省首位。睿创微纳（688002.SH）深耕非制冷红外领域，坚持从红外芯片、红外探测器、热成像机芯模组到红外热像仪整机的全产业链布局，2021年公司对产品进行技术完善和革新，以提高产品的竞争力。全年研发费用为4.18亿元，同比增长82.95%，研发投入占营业收入的比例为23.47%，高强度的研发投入和新产品开发，销售市场的扩大带来了营业收入增长，实现营业收入增长14.02%。

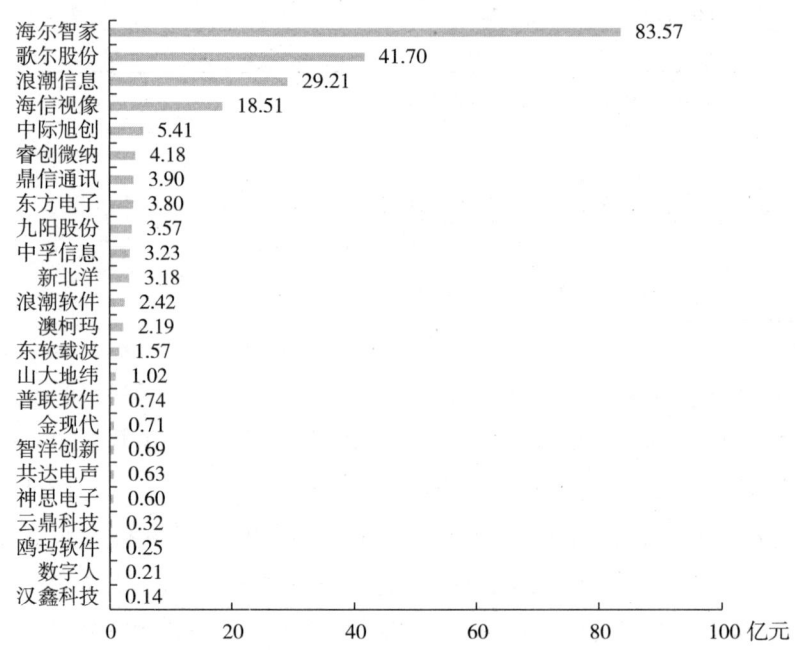

图6-13 2021年山东数字经济核心产业上市公司研发费用统计

（资料来源：Wind，山东省亚太资本市场研究院）

6.4.2 研发费用占比

研发费用占营业收入的比例是衡量一家公司重视研发程度的重要指标，根据前面章节内容，我们依然采用研发费用占比这一说法。2021年，全国数字经济核心产业上市公司研发费用占比为7.08%。[①] 5大领域上市公司中，虽然电子元器件及设备制造研发费用总额最高，但是其研发费用占比位居末位，软件开发领域虽然研发费用较低，但其研发费用占比高达17.82%，位居首位。信息技术服务与软件开发这两类的研发支出占比明显领先于其他三类，其中仅有信息技术服务类中有3家上市公司研发支出占营业收入的比例超过了50%。在五大领域中，信息技术服务领域上市公司蓝盾股份（300297.SZ）研发费用占比最高，达72.76%。软件开发领域的直真科技（003007.SZ），研发费用占比为47.47%，位居领域首位。电子元器件及设备制造领域的安路科技-U（688107.SH）研发费用占比为35.90%，位居其领域之首。

2021年，山东数字经济核心产业上市公司研发费用占比为4.53%，比全国水平低2.55个百分点。值得一提的是，超过半数的上市公司研发费用占比大于10%。中孚信息（300659.SZ）、数字人（835670.BJ）和睿创微纳（688002.SH）研发费用占比更是高于20%，分别为25.44%、24.87%和23.47%（见图6-14）。随着数字经济产业规模与发展潜力持续向好，中孚信息（300659.SZ）借助在信创市场中已经形成的领先优势，不断加大研发投入提升产品的竞争力，数据安全产品一直保持高速

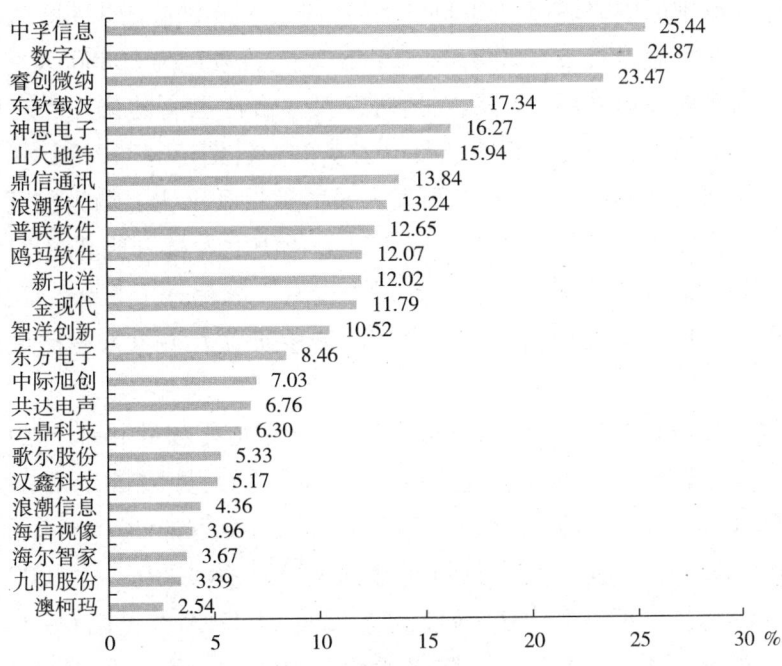

图6-14 2021年山东数字经济核心产业上市公司研发费用占比
（资料来源：Wind，山东省亚太资本市场研究院）

---

① 研发费用占比由中国上市公司协会发布的《中国上市公司数字经济白皮书（2022）》数据计算而来。

增长的态势。2021年，公司研发人员增加888人，研发费用增加1.57亿元，与2020年同期相比分别增长122.48%、94.18%。同时，为进一步开拓和巩固市场布局，营销方面也加大了投入力度。基于公司在研发和市场投入的增加，后续公司技术竞争优势将不断加强，市场布局会进一步成熟，研发和市场投入将在未来转化为效益，为公司创造利润。

6.4.3 科研人员数量

上市公司数字经济的发展以数字科技的发展为基础。要保障数字经济的高创新性、强渗透性、广覆盖性，上市公司需要储备更多科技人力资源。对上市公司研发人员数量情况分析，可考察出上市公司技术创新的实力。2021年，全国数字经济核心产业上市公司科研人员数量共计653721人，同比下跌6.40%。[①] 电子元器件及设备制造类研发人员数量依然为最高，高达285784人，与其研发支出相一致；而研发支出排名第二的通信及雷达设备制造，在研发人员排名则为第三，科研人员数量为95044人；软件开发类研发人员跃居第二，达164147人。从2020—2021年，五类领域研发人员数量均出现降低。在2021年全国数字经济核心产业上市公司中，通信及雷达设备制造领域中的中兴通讯（000063.SZ）研发人员数量达33422人，位居全上市公司之首；其次是蓝思科技（300433.SZ）研发人员数量为20880人。此外，研发人员投入总人数多的公司并不一定是人员研发投入占比也高的公司。对比研发人数与研发人数占比的前5名来看，仅有软件开发类的中科创达（300496.SZ）和互联网相关服务的游族网络（002174.SZ）在研发人员的数量和占比上均为前五。具体看占比数值，电子元器件及设备制造类中，有7家公司研发人员占比超过了80%，信息技术服务类中有3家超过了80%，软件开发中也有3家超过了80%，互联网相关服务中有一家超过了80%，而通信及雷达设备制造中研发人员投入占比最高的公司仅为62.43%。

从山东数字经济核心产业上市公司来看，研发人员数量共计54517人，同比增长15.72%，占全国的8.34%。这些公司之间科研人员数量差距较大，最多的海尔智家（600690.SH）研发人员高达22161人，占全省的40.65%。紧随其后的歌尔股份（002241.SZ）研发人员数量也超过万人，达12895人。2021年北交所新上市公司汉鑫科技（837092.BJ）研发人员数量仅47人（见图6-15）。

作为苹果的重要供应商之一，歌尔股份（002241.SZ）不断增加科研投入，2021年研发支出合计达到41.70亿元，研发人员数量达12895人，占员工总数的13.46%。歌尔股份（002241.SZ）已建立起将材料、结构、电子电路、软件算法、无线通信、先进工艺、测试、自动化等多种技术相融合的产品研发和制造平台，

---

① 科研人员数量由中国上市公司协会发布的《中国上市公司数字经济白皮书（2022）》数据计算而来。

通过跨领域技术集成,为客户提供先进的、系统化的精密零组件和智能硬件产品解决方案。该公司注重在全球范围内整合声学、光学、微电子、无线通信、精密制造、自动化等多学科领域中的优秀人才并加以培养,已建立起一支具备深厚技术实力和丰富产品项目经验的技术人才队伍,并与北京航空航天大学、清华大学、上海交通大学、哈尔滨工业大学、南京大学、东南大学、中科院长春光机所等知名高校和科研机构开展长期合作,形成开放的综合性技术研发平台,支持技术和产品的持续创新和研发。2021年公司共申请专利3468项,其中发明专利2539项,获得专利授权2675项,其中发明专利授权1036项。截至年末,公司累计申请专利25818项(其中国外专利申请3322项),其中发明专利13102项;累计获得专利授权15525项,其中发明专利授权4165项。

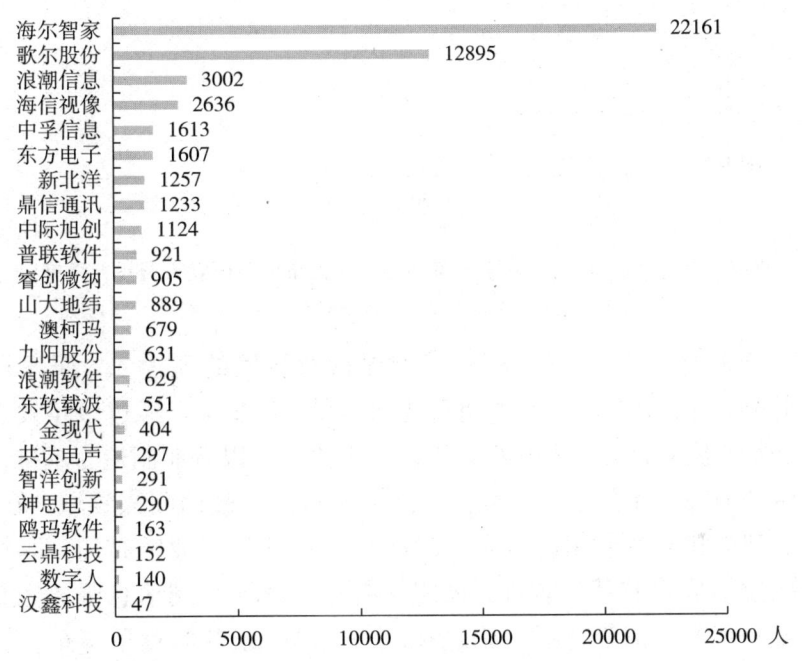

图6-15　2021年山东数字经济核心产业上市公司研发人员数量

(资料来源:Wind,山东省亚太资本市场研究院)

6.4.4　研发人员投入强度

研发人员投入强度,报告中所指的是研发人员数量占公司全部员工数量的比例。判定一家公司是否重视研发,除了看研发费用外,还应该看这家公司研发人员数量,以及研发人员投入强度。2021年,山东数字经济核心产业上市公司研发人员投入强度为19.88%,比上年提高1.69个百分点。具体来看,6家上市公司研发人员投入强度超过50%,其中东软载波(300183.SZ)和数字人(835670.BJ)更是超过六成,投入强度分别为63.70%和61.14%(见图6-16)。

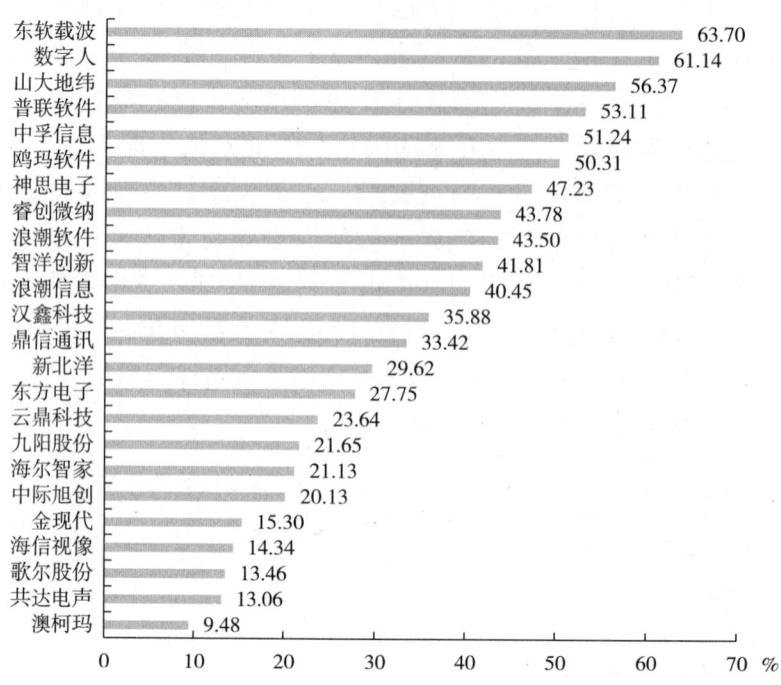

图 6-16 2021 年山东数字经济核心产业上市公司研发人员投入强度

（资料来源：Wind，山东省亚太资本市场研究院）

2021 年，东软载波（300183.SZ）持续保持对研发的高投入，研发投入金额为 1.57 亿元，同比增长 6.93%，占当期营业收入的 17.33%。经过多年发展，东软载波（300183.SZ）形成了以集成电路芯片设计为源头，以智能制造为基础，开展融合通信技术平台的研发，聚焦能源互联网、智能化这两个战略新兴领域，在集成电路、能源互联网、智能化与智能制造形成了完整的"3+1"产业链布局，既相互支撑又相互协同，构建了从"芯片、软件、模组、终端、系统"到信息服务完整独立、自主可控的研发—生产—销售体系，构筑技术—产品—服务的竞争壁垒，提升了公司核心竞争优势。在集成电路板块，上海微电子根据载波科技和智能电子的市场需求（对内）以及芯片国产替代的需求（对外），按照核心芯片研发关键指标和功能要求进行立项，组织团队按期保质保量完成芯片设计和生产测试，并将经过严格测试和验证的芯片交由公司完成"软件、模组、终端、系统及信息服务"的开发、测试、验证及资质检验。

北交所上市公司数字人（835670.BJ）自成立时就重视研发投入和研发人员的引进，与多家国内著名的医学院校专家合作，成功开发出了国内首套"中国数字人解剖系统""数字人临床手术规划系统""高精度数字人虚拟解剖台"及"数字人虚拟仿真教学系统"等系列创新性产品，并在国内两百余家医学院校和医师培训中心得到应用，缓解了医学发展过程中标本短缺、数字化不足等世界性难题。

数字经济是创新驱动型经济，其价值创造一是体现在数字经济核心产业上市公司以使用数字化的知识和信息作为关键生产要素、以现代信息网络作为重要载体、以信息通信技术的有效使用创造新经济模式方面；二是以数字技术作为效率提升和经济结构优化的重要推动力，赋能传统产业实现经济的转型升级。数字化转型是数字经济的重要组成部分，最新上市公司年报披露，上市公司营业总收入占全国经济总量比例达56.81%，上市公司是数字经济中最重要的主力军，其转型也关系到中国数字经济的成败。因此，探索上市公司数字化转型具有重要意义。

第 7 章 山东上市公司治理研究

从企业全生命周期看，公司的发展会经历一个由小到大、由简单到复杂的过程。当公司的规模较小时，所有权与经营权是统一的，企业主既是所有者，也是经营者，这是中小规模企业最高效的治理模式。随着公司经营范围和规模的逐渐扩大，特别是股份制公司的出现，公司已不属于一个人所有，公司股权呈现分散化和多元化特征，导致股东直接行使经营权的沟通成本急剧升高。另外，公司业务的复杂程度与经营规模也需要具有专业知识和运营能力的职业经理人来参与管理。由此出现了公司所有权与经营权分离的现象，进而引发了公司治理问题。

美国学者伯利和米恩斯（Berle & Means，1932）在 20 世纪早期就提出在公司中存在着所有权高度分散的情况，公司的所有者拥有公司的实际所有权，但作为代理人的公司经营者（管理者）拥有一定的控制权，容易引发第一类公司治理问题——所有者和经营者之间的利益冲突。La Porta（1999）发现在公司所有权高度集中的情形下，终极控股股东的控制权与所有权相分离，可能引发第二类公司治理问题——终极控股股东和中小股东（外部投资者）之间的利益冲突。

作为各个细分行业龙头企业的上市公司，均是经营规模较大的股份公司，在不同程度上普遍存在着第一类或第二类公司治理问题。我国上市公司的发展实践也清楚显示，在公司治理结构不完善、缺乏科学合理制衡机制的情况下，上市公司大股东侵占中小股东利益的事件时有发生、屡禁不绝，常见的手段包括财务造假、欺诈发行、掏空上市公司资产、操纵市场、内幕交易等。2022 年 4 月，证监会公布的 2021 年 20 起典型违法案例中，其中包括财务造假案例 7 个、控股股东占用上市公司资金案例 1 个、欺诈发行案例 2 个。上市公司违法违规问题的持续存在，暴露了公司治理机制存在缺陷和不足。本章以公司治理为研究视角，重点从整体上关注和考察山东上市公司的公司治理发展现状、总结分析已暴露出的违法违规问题以及典型案例分析。

7.1 山东上市公司股权结构与内部控制现状分析

早期的学术界一般认为，公司治理指的是所有者（股东）对管理者的一种监督和制衡机制，其主要特点是通过股东大会、董事会、监事会及管理层所构成的公司治理结构进行治理。在一定程度上，公司治理结构能够影响公司治理的效果。从形式上看，法律要求所有上市公司都必须建立股东大会制度、董事会制度、监事会制度、独立董事制度，各家上市公司似乎都建立了完备的公司治理结构。1998年，经济合作与发展组织（Organization for Economic Co-operation and Development，OECD）部长级理事会开创性地制定了公司治理的标准和指导方针，即《OECD 公司治理准则》（*OECD Principles of Corporate Governance*）。OECD 认为，公司治理是改善经济效益和促进投资者信心增长的一个关键性因素。公司治理涉及整个的有关公司经营管理层、董事会、股东和其他利益相关者之间的关系。公司治理也提供了一个框架而有助于确定公司发展目标、实现目标的手段、对执行过程的监控。对董事会和经营管理层推动公司和股东利益目标的实现，良好的公司治理将提供适当的激励并采用有效的监控。现已存在的有效公司治理系统，无论对于个别公司还是整个经济，都能够帮助提高信用程度，而这是市场经济正常运行所必需的。这样做的结果是，资金成本降低、企业被鼓励更有效地使用资源，因而基础更扎实了。公司治理只是诸如企业运转、宏观经济政策以及产品和要素市场的竞争水平等诸多经济范畴的一部分。公司治理结构也依赖于法律、规章和制度环境。此外还有也能够在公司运作中影响其信誉和长远成功的诸多因素，诸如商业道德伦理、环境协调意识、社会公众利益等。

现实中，上市公司的治理绩效差异极大，表明各家上市公司的公司治理水平参差不齐。一个重要的原因是，各家上市公司的股权结构千差万别，股东大会、董事会、监事会制度在形式上面向的是所有权与经营权分离的问题，没有触及所有权配置、经营权配置的问题，使得公司的内部控制出现盲点，内部控制失效，进而为出现违法违规问题埋下了隐患。

7.1.1 上市公司股权结构现状分析

在股份公司中，按照出资额的不同，股东享有不同份额的股东权益，不同股东占有股权份额的组成即为股权结构，它是公司治理的重要基础，也是公司治理的主要组成部分。上市公司的控制权由股权结构决定，进而上市公司的治理机制同样是由股权结构决定的。

股权集中度用于反映公司股权在不同股东间的分布状况，通常使用第一大股东持股比例进行度量。一般认为，大股东持股比例越高，表明上市公司的股权集中度越高；大股东持股比例越低，意味着股权较为分散，上市公司的股权集中度较低。根据股权集中度的大小，可以将上市公司分为三类：绝对控股模式、相对控股模式和股权分散模式。第一类是绝对控股模式，这一类上市公司中，第一大股东的股权占比通常超过 50%，拥有绝对的控股权。这一模式的好处是，公司大股东与上市公司的利益高度一致，大股东有足够的激励支持上市公司发展壮大，也能尽心尽力监督上市公司管理层履职；这一模式的弊端在于，上市公司内部缺乏必要的制衡力量，大股东的利益凌驾于中小股东之上，大股东和管理层有合谋的动机，有侵犯中小股东权益的潜在风险。第二类是相对控股模式，大股东持股比例介于20%~50%，这一模式在一定程度上克服了绝对控股模式的弊端，大股东不能为所欲为，中小股东的利益在制度层面能够得到较好的保障。第三类是股权分散模式，第一大股东的持股比例低于20%，上市公司可能没有实际控制人，即使是大股东也缺乏监督上市公司的激励，中小股东容易出现"搭便车"行为，公司管理层缺乏充分监督，有可能出现内部人控制，损害公司股东利益的行为。本书以第一大股东股权比例作为公司股权集中度的衡量指标，第一大股东持股比例达到或超过50%，认为是绝对控股模式；第一大股东持股比例介于20%~50%，认为是相对控股模式；第一大股东持股比例低于20%，认为是股权分散模式（见图7-1）。

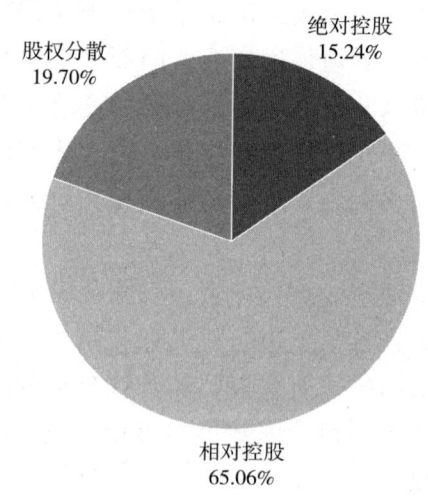

图7-1 2021年山东上市公司控股模式分类

（资料来源：Wind、山东省亚太资本市场研究院）

2021年末，山东共有269家境内上市公司，其中，41家上市公司为绝对控股模式，占全部上市公司数量的15.24%；175家上市公司为相对控股模式，占全部上市公司数量的65.06%；53家上市公司为股权分散模式，占全部上市公司数量的19.70%。

与上年相比，绝对控股公司净增加9家，增幅显著。具体来说，共有11家新增绝对控股公司，其中9家为2021年新上市公司或北交所上市公司，2家为股权集中度提升。2020年的绝对控股公司中，齐翔腾达（002408.SZ）、蔚蓝生物（603739.SH）股权集中度降低，第一大股东的持股比例降至50%以下，变为相对控股公司。另外，中国重汽（000951.SZ）第一大股东的持股比例由2020年的63.78%

降至2021年的51%。雅博股份（002323.SZ）、天鹅股份（603029.SH）由相对控股公司变为绝对控股公司，公司的股权集中度有大幅提升。

股权分散公司较2020年净增4家，其中，新增11家，减少7家。维远股份（600955.SH）、海尔智家（600690.SH）、圣泉集团（605589.SH）、青达环保（688501.SH）、齐鲁银行（601665.SH）、东软载波（300183.SZ）、ST东洋（002086.SZ）、海泰新光（688677.SH）、未名医药（002581.SZ）、普联软件（300996.SZ）、齐鲁华信（830832.BJ）为新增股权分散公司，其中，维远股份（600955.SH）等7家属于2021年新上市公司。2020年的股权分散上市公司中，ST美讯（600898.SH）、康欣新材（600076.SH）、海联金汇（002537.SZ）、汇金通（603577.SH）、胜利股份（000407.SZ）、通裕重工（300185.SZ）6家公司第一大股东持股比例增至20%以上，成为相对控股公司，而浙文互联（600986.SH）的注册地已变更为浙江，实际控制人为浙江省财政厅，山东流失一家上市公司。对于股权分散公司来说，第一大股东持股比例突然大幅增加，往往是控制权转移的信号，值得引起重视。

如表7-1所示，41家第一大股东持股比例超过50%的绝对控股上市公司，分布在青岛、济南、潍坊、烟台、淄博、威海、枣庄、济宁、临沂九地市，其中，民营企业27家，占比65.85%；9家属于地方国有企业，占比21.95%。与上年相比，新增的9家绝对控股公司全部是民营企业。绝对控股公司，尤其是民营的绝对控股公司，中小股东无力制衡大股东，容易出现大股东侵占中小股东利益的问题，即第二类公司治理问题。

表7-1 2021年山东绝对控股模式上市公司列表　　　　　　　　　单位：%

股票代码	股票简称	第一大股东持股比例	城市	公司属性
601019.SH	山东出版	76.81	济南	地方国企
301015.SZ	百洋医药	70.29	青岛	民营企业
600783.SH	鲁信创投	69.57	淄博	地方国企
300918.SZ	南山智尚	67.50	烟台	集体企业
002498.SZ	汉缆股份	66.56	青岛	民营企业
688136.SH	科兴制药	66.32	济南	民营企业
600760.SH	中航沈飞	66.10	威海	央企
002323.SZ	雅博股份	64.84	枣庄	民营企业
002485.SZ	*ST雪发	63.62	潍坊	民营企业
603029.SH	天鹅股份	60.87	济南	集体企业
430510.BJ	丰光精密	60.66	青岛	民营企业
600350.SH	山东高速	59.67	济南	地方国企
603708.SH	家家悦	59.64	威海	民营企业
688363.SH	华熙生物	59.06	济南	民营企业

续表

股票代码	股票简称	第一大股东持股比例	城市	公司属性
000655.SZ	金岭矿业	58.41	淄博	地方国企
300821.SZ	东岳硅材	57.75	淄博	民营企业
603217.SH	元利科技	57.67	潍坊	民营企业
002871.SZ	伟隆股份	57.47	青岛	民营企业
301199.SZ	迈赫股份	57.37	潍坊	民营企业
601163.SH	三角轮胎	56.84	威海	民营企业
003033.SZ	征和工业	56.77	青岛	民营企业
603755.SH	日辰股份	56.24	青岛	民营企业
837092.BJ	汉鑫科技	56.16	烟台	民营企业
600180.SH	瑞茂通	54.55	烟台	民营企业
601298.SH	青岛港	54.26	青岛	地方国企
300950.SZ	德固特	53.88	青岛	民营企业
001207.SZ	联科科技	53.77	潍坊	民营企业
600229.SH	城市传媒	53.30	青岛	地方国企
002041.SZ	登海种业	53.21	烟台	民营企业
605006.SH	山东玻纤	52.74	临沂	地方国企
603967.SH	中创物流	52.50	青岛	民营企业
600223.SH	鲁商发展	52.00	淄博	地方国企
605100.SH	华丰股份	51.90	潍坊	民营企业
003022.SZ	联泓新科	51.77	枣庄	公众企业
837242.BJ	建邦科技	51.44	青岛	民营企业
000951.SZ	中国重汽	51.00	济南	地方国企
603856.SH	东宏股份	50.83	济宁	民营企业
688161.SH	威高骨科	50.63	威海	民营企业
000869.SZ	张裕A	50.40	烟台	集体企业
002107.SZ	沃华医药	50.27	潍坊	民营企业
002242.SZ	九阳股份	50.13	济南	民营企业

数据来源：Wind、山东省亚太资本市场研究院。

如表7-2所示，截至2021年末，山东有53家上市公司的第一大股东持股比例低于20%，分布在烟台（11家）、青岛（10家）、济南（8家）、潍坊（6家）、淄博（6家）等11个地市，其中，31家属于民营企业，占比58.49%；9家属于地方国有企业，占比16.98%；9家属于公众企业，占比16.98%。这53家股权分散的上市公司，特别是其中的31家民营上市公司，大股东持股比例较低，持股比例最低的新潮能源（600777.SH）大股东持股仅有6.39%，大股东缺乏为公司整体利益考虑的积极性，小股东更是无力监督上市公司的经营管理行为，容易形成内部人控制的局面，引发第一类公司治理问题。另外，股份分散使得公司缺少主心骨，容易成为资本市场并购重组的对象，存在上市公司资源流失的潜在风险。

表7-2 2021年山东股权分散上市公司列表   单位：%

股票代码	发票简称	第一大股东持股比例	城市	公司属性
601366.SH	利群股份	19.89	青岛	民营企业
600955.SH	维远股份	19.73	东营	民营企业
600690.SH	海尔智家	19.37	青岛	集体企业
600756.SH	浪潮软件	19.09	泰安	地方国企
002083.SZ	孚日股份	18.72	潍坊	地方国企
002355.SZ	兴民智通	18.67	烟台	民营企业
600448.SH	华纺股份	18.63	滨州	地方国企
002254.SZ	泰和新材	18.56	烟台	地方国企
002589.SZ	瑞康医药	18.14	烟台	民营企业
605589.SH	圣泉集团	18.13	济南	民营企业
002374.SZ	中锐股份	17.72	烟台	民营企业
002248.SZ	华东数控	17.50	威海	民营企业
600385.SH	退市金泰	17.38	济南	民营企业
300214.SZ	日科化学	17.37	潍坊	公众企业
688501.SH	青达环保	17.29	青岛	民营企业
300779.SZ	惠城环保	17.06	青岛	民营企业
000409.SZ	云鼎科技	16.71	济南	地方国企
002671.SZ	龙泉股份	16.68	淄博	外资企业
002521.SZ	齐峰新材	16.31	淄博	民营企业
600807.SH	济南高新	16.09	济南	其他企业
601665.SH	齐鲁银行	16.09	济南	公众企业
300183.SZ	东软载波	16.06	青岛	地方国企
000726.SZ	鲁泰A	15.91	淄博	民营企业
002476.SZ	宝莫股份	15.80	东营	民营企业
002675.SZ	东诚药业	15.57	烟台	民营企业
002241.SZ	歌尔股份	15.37	潍坊	民营企业
688002.SH	睿创微纳	15.37	烟台	民营企业
002283.SZ	天润工业	15.36	威海	民营企业
000488.SZ	晨鸣纸业	15.32	潍坊	地方国企
002073.SZ	软控股份	15.24	青岛	民营企业
300840.SZ	酷特智能	14.93	青岛	民营企业
002376.SZ	新北洋	13.93	威海	公众企业
688021.SH	奥福环保	13.90	德州	民营企业

续表

股票代码	发票简称	第一大股东持股比例	城市	公司属性
000811.SZ	冰轮环境	13.78	烟台	地方国企
600212.SH	绿能慧充	13.73	临沂	民营企业
601058.SH	赛轮轮胎	13.51	青岛	民营企业
002086.SZ	ST东洋	13.22	烟台	民营企业
300175.SZ	朗源股份	12.73	烟台	民营企业
002286.SZ	保龄宝	12.71	德州	民营企业
600319.SH	亚星化学	12.67	潍坊	地方国企
688677.SH	海泰新光	12.55	青岛	外资企业
300343.SZ	联创股份	11.80	淄博	民营企业
300308.SZ	中际旭创	11.74	烟台	民营企业
002581.SZ	未名医药	11.59	淄博	民营企业
002117.SZ	东港股份	11.17	济南	公众企业
300996.SZ	普联软件	10.71	济南	民营企业
002655.SZ	共达电声	10.28	潍坊	民营企业
002339.SZ	积成电子	10.23	济南	公众企业
002958.SZ	青农商行	9.08	青岛	公众企业
830832.BJ	齐鲁华信	8.94	淄博	民营企业
603026.SH	石大胜华	8.42	东营	公众企业
601678.SH	滨化股份	7.28	滨州	公众企业
600777.SH	新潮能源	6.39	烟台	公众企业

数据来源：Wind、山东省亚太资本市场研究院。

7.1.2 上市公司内部控制现状分析

自2010年证监会等行业监管部门发文要求上市公司实施内部控制制度以来，迄今已逾10年，其间，山东上市公司在积极落实和整改内控制度方面，取得了显著成效，但也仍然存在一些不可忽视的问题。本节内容简要分析山东上市公司在实施内部控制方面的基本情况。

1. 治理结构

在所有权与经营权相分离的制度背景下，公司所有者与公司高管团队互相监督、制衡的机制，是上市公司治理的主要内容。在好的治理机制下，公司所有者能够有效监督经营者，确保经营者能够按照股东利益最大化的原则高效落实公司发展战略和重大决策；公司经营者能够得到清晰和充分的授权，优化资源配置，实现股东利益最大化的发展目标。

治理机制落实最直观的体现是治理结构，具体地说，是通过公司的组织结构来实现的，包括公司股东大会、董事会、监事会、高管团队的构成。其中，董事会还进一步设置专业委员会，包括战略委员会、审计委员会、薪酬与考核委员会、提名委员会等。这些组织结构的有效运转，是公司治理目标实现的组织保障。股东大会、董事会、监事会履职是否健康，是反映公司治理绩效的重要观察点。

从董事会人数的统计数据来看（见图7-2），山东上市公司的董事会人数为5~15人，平均每家公司董事会人数为8.50人，与全国上市公司董事会人数平均数基本一致。具体来看，山东上市公司中有124家公司（46.10%）的董事会人数为9人，是最常见的董事会规模；有56家公司（20.82%）的董事会人数为7人；有27家公司（10.04%）的董事会人数为8人；有19家公司（7.06%）的董事会人数为11人，山东上市公司董事会人数大多为7~9人。潍柴动力（000338.SZ）、青岛银行（002948.SZ）、步长制药（603858.SH）、山东章鼓（002598.SZ）、华熙生物（688363.SH）5家公司各有15名董事会成员，是山东上市公司中董事会人数最多的公司。智新电子（837212.BJ）、英科再生（688087.SH）、海程邦达（603836.SH）、泰和科技（300801.SZ）等16家公司每家仅有5名董事会成员，是董事会人数最少的公司。

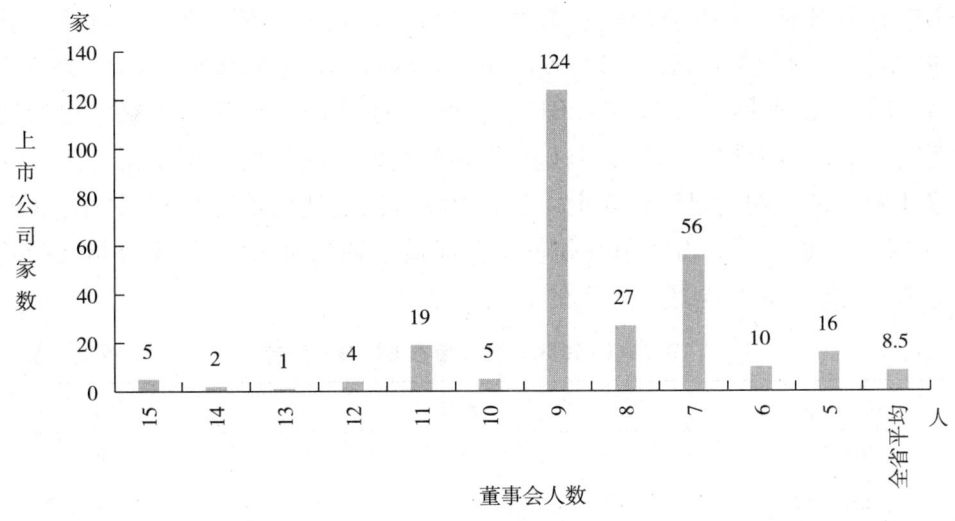

图7-2　2021年董事会人数统计

（数据来源：Wind、山东省亚太资本市场研究院）

从制度设计的角度来说，独立董事与股东及其他利益相关者不存在利益冲突，因而他们对于上市公司的判断理应较为客观、独立。实际上，在公司治理结构、股东权力缺乏必要制衡的情形下，独立董事的聘任在很大程度上也受到大股东偏好的左右，大股东很可能倾向于聘任观点和立场与大股东接近的专家、学者作为独立董事，独立董事不一定能代表中小股东的利益。根据Wind数据，山东上市公司平均每家独立董事的人数为3.10人，与全国上市公司独立董事人数的均值基本相当。图7-3中的数据显示，共有197家公司（73.23%）聘任了3名独立董事，34家公司（12.64%）聘任了4名独立董事，10家公司（3.72%）聘任了5名独立董事。

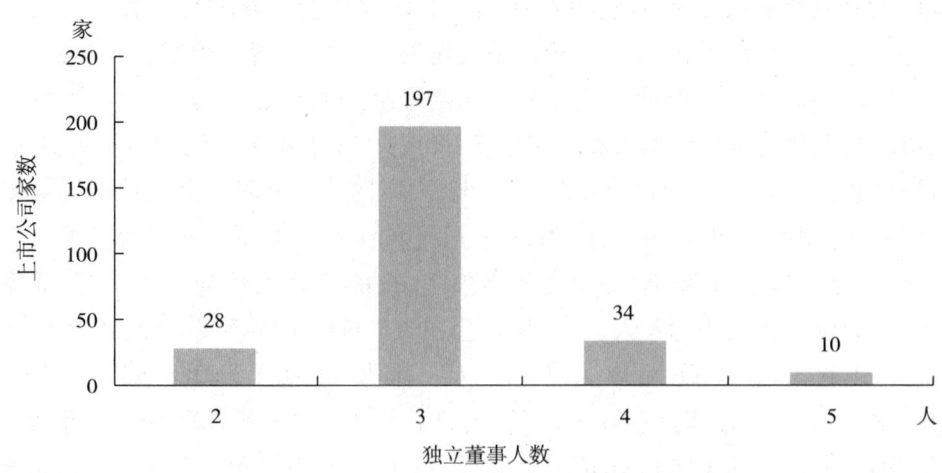

图 7-3　2021 年独立董事人数统计

（数据来源：Wind、山东省亚太资本市场研究院）

根据有关规定，上市公司独立董事占董事会成员的比例不得少于 1/3。表 7-3 中数据显示，有特锐德（300001.SZ）、数字人（835670.BJ）、建邦科技（837242.BJ）、汉鑫科技（837092.BJ）、丰光精密（430510.BJ）5 家公司的独立董事比例低于 1/3，不满足上市公司独立董事占董事会成员的比例不得少于 1/3 的规定。超过 98% 的公司满足管理规定，独立董事占比达到或超过 1/3。其中，137 家公司（50.93%）独立董事占比刚好是董事会成员总数的 1/3，127 家公司（47.21%）独立董事占比超过董事会成员总数的 1/3。

表 7-3　2021 年独立董事占比分布统计　　　　　　　　　　　单位：家，%

独立董事占比	家数	占比
50% 及以上	9	3.35
40%~50%	75	27.88
33.3%~40%	180	66.91
33.3% 以下	5	1.86

数据来源：Wind、山东省亚太资本市场研究院。

在治理结构中，所有权与经营权分离引发了委托—代理问题，产生了委托—代理成本。为了降低委托—代理问题的成本，协调公司管理团队与股东的利益就显得十分必要，股权激励计划是达成这一目标的通常做法。通过股权激励，管理团队与公司股东的利益更加一致，可以起到降低委托—代理成本的作用，弥补因监督不足而带来的损失。

如图 7-4 所示，截至 2021 年末，204 家上市公司的董事长和总经理由不同的高管担任，65 家上市公司的董事长和总经理由同一人兼任。数据表明，75.83% 的上市公司呈现出两权分离的特征，公司董事长与公司总经理由不同的高管担任，即使二人的关系再紧密，也难免会有不同的观点和立场，从而在一定程度上就是两权分离。

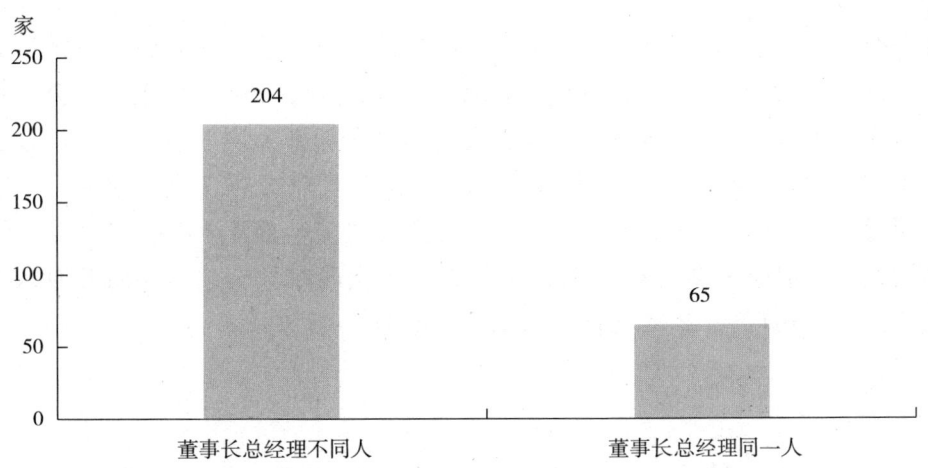

图7-4　2021年董事长、总经理是否同一人担任

（资料来源：Wind、山东省亚太资本市场研究院）

从图7-5中可以看出，2021年，共有43家山东上市公司公告实施了股权激励方案，占上市公司总数的15.99%。考虑到上市公司股权激励方案一般持续3—5年的周期，累计正在实施股权激励计划的上市公司比例可能已超过半数。可见，股权激励作为一项协调公司管理层、业务骨干与公司股东利益的工具，在实践中得到了较为普遍的认可和接受，股权激励的效果有望弥补公司治理结构、治理机制中存在的不足，降低代理成本，提升公司的经营绩效与股东回报。

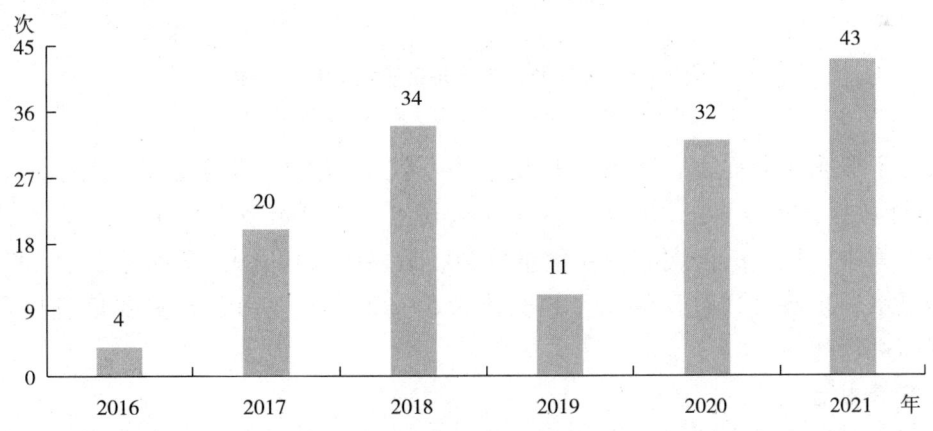

图7-5　上市公司实施股权激励次数（2016—2021年）

（资料来源：Wind、山东省亚太资本市场研究院）

2. 内部沟通

通过内部信息的沟通，降低股东与管理团队间的信息不对称，减少委托—代理

成本，对于改善公司治理绩效非常重要。内部沟通，主要体现为召开股东大会、董事会的形式。我们使用上市公司召开股东大会的次数、召开董事会的次数来衡量内部沟通的力度。

证监会对上市公司召开股东大会的次数有明确的规定——上市公司每年应当至少召开一次股东大会。根据 Wind 的统计数据，2021 年，269 家山东上市公司平均召开股东大会 3.11 次，比上年略有增加。最少的公司召开 1 次股东大会，最多的公司召开了 12 次股东大会①。其中，31 家公司满足最低监管要求，全年仅召开 1 次股东大会；78 家公司全年召开 2 次股东大会，72 家公司全年召开 3 次股东大会，44 家公司全年召开 4 次股东大会，22 家公司全年召开 5 次股东大会，全年召开股东大会次数超过 5 次的公司仅有 22 家（占 8.18%）（见图 7-6）。

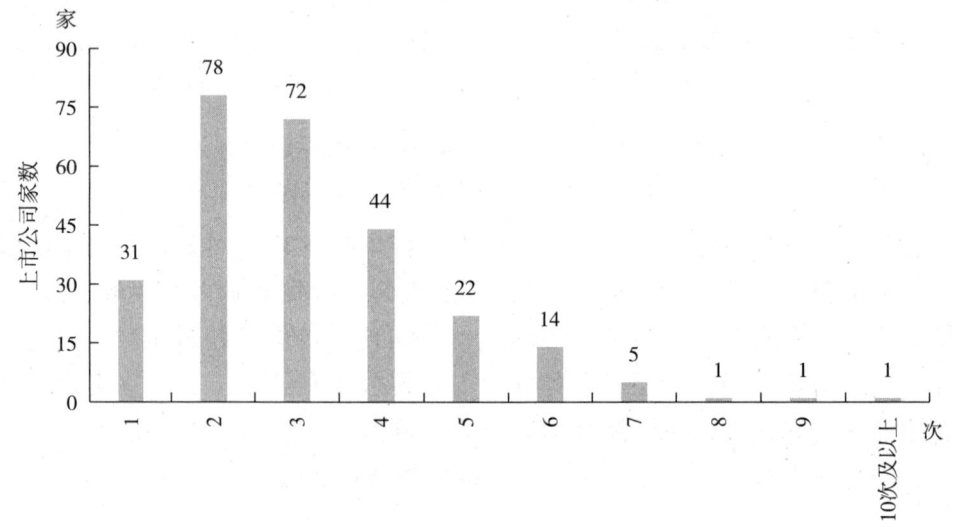

图 7-6　2021 年上市公司召开股东大会次数
（资料来源：Wind、山东省亚太资本市场研究院）

相对于股东大会而言，董事会是规模小、效率高的内部沟通和决策机制。根据 Wind 统计数据，2021 年，269 家山东上市公司平均召开董事会 9.03 次，该数值与上年持平。其中，最少的公司召开 4 次董事会，最多的公司召开 22 次董事会。图 7-7 的数据显示，多数公司召开董事会的次数为 5~13 次，上市公司重要信息更多在董事会层面进行沟通。

3. 监督机制

监督机制通常是由监事会来落实，监事会成员的组成来自两个方面，一方面是由股东大会选举监事，另一方面是由员工民主选举监事，这两部分人员共同组成了上市公司的监事会。监事会对于上市公司来说不仅是常设机构，还是法定必设机构，

---

① 山东黄金（600547.SH）在 2020 年召开了 15 次股东大会。

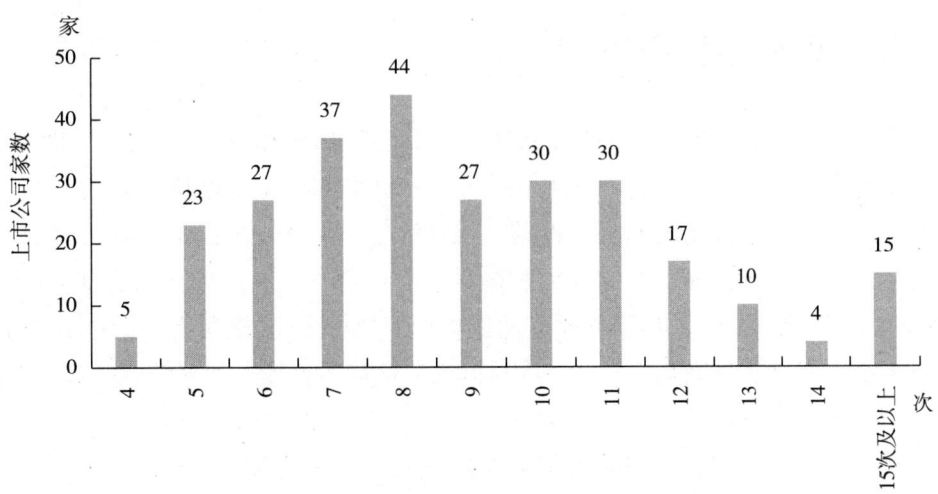

图 7-7　2021 年上市公司召开董事会次数

（资料来源：Wind、山东省亚太资本市场研究院）

监事会的人数也在《公司法》中有明确规定，即监事会的人数应该不少于三人。山东上市公司普遍满足关于监事人数的最低要求，公司监事人数为 3~8 名，监事人数最少的公司也有 3 名监事，多数公司设有 3~5 名监事。

图 7-8 中的数据表明，2021 年共有 182 家上市公司没有召开监事会，占上市公司总数的 67.66%，监事会的平均召开次数仅为 2.27 次，低于股东大会的平均召开次数。2/3 以上多数的上市公司，全年没有召开监事会，足以揭示监事会在公司治理实践中的尴尬地位，多数公司的监事会成为摆设，监事会对公司股东、高管团队、经营活动、财务信息等方面的监督作用，未能通过正式的会议文件充分体现出来。

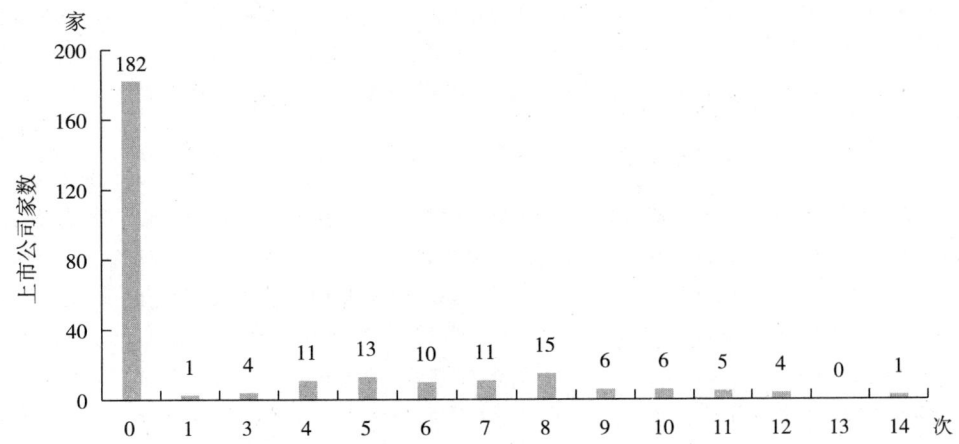

图 7-8　2021 年上市公司召开监事会次数

（资料来源：Wind、山东省亚太资本市场研究院）

7.2 信息披露违法违规问题

信息披露主要是指公众公司以招股说明书、募集说明书、上市公告书以及定期报告和临时报告等形式,把公司及与公司相关的信息向投资者和社会公众公开披露的行为。上市公司信息披露真实、准确、完整、及时、公平是资本市场健康发展的基石,也是资本市场稳健发展的前提和基础。《证券法》《上市公司信息披露管理办法》《股票上市规则》《上市公司规范运作指引》等法律法规对上市公司信息披露违法违规的情形进行了明确规定,主要包括信息披露不真实、准确、完整,信息披露不及时,信息披露不公平。

2021年,山东上市公司共发生54次信息披露违规事件,涉及31家上市公司,信息披露违规次数略低于上年(57次)。其中,金晶科技(600586.SH)有5次信息披露违规,未名医药(002581.SZ)有4次信息披露违规,中际旭创(300308.SZ)有4次信息披露违规。"未及时披露公司重大事项"是最主要的违规形式,共有37次,占全部信息披露违规事件的68.51%。26次信息披露违规是由上市公司自身造成的,17次信息披露违规是由上市公司股东引发的,8次信息披露违规是由上市公司高管导致的。最主要的处分方式是监管关注(22次)、公开批评(15次)、出具警示函(10次)(见表7-4)。

表7-4 2021年山东上市公司信息披露违规情况统计

股票代码	股票简称	公告日期	违规类型	违规主体	处罚类型
002107.SZ	沃华医药	2021-03-06	未及时披露公司重大事项	公司本身	出具警示函
300233.SZ	金城医药	2021-03-25	未及时披露公司重大事项	公司股东	监管关注
605001.SH	威奥股份	2021-03-27	未及时披露公司重大事项	公司高管	出具警示函
002111.SZ	威海广泰	2021-04-02	未及时披露公司重大事项	公司本身	监管关注
603278.SH	大业股份	2021-04-15	未及时披露公司重大事项	公司高管	监管关注
002490.SZ	山东墨龙	2021-06-03	未及时披露公司重大事项	公司本身	公开处罚,责令改正,其他
002490.SZ	山东墨龙	2021-06-03	未及时披露公司重大事项	公司高管	公开处罚,其他
002237.SZ	恒邦股份	2021-06-10	未及时披露公司重大事项	公司本身	监管关注
603021.SH	山东华鹏	2021-06-28	未及时披露公司重大事项	公司本身	监管关注
603021.SH	山东华鹏	2021-06-28	未及时披露公司重大事项	公司股东	监管关注
002193.SZ	如意集团	2021-07-29	未及时披露公司重大事项	公司本身	监管关注
600586.SH	金晶科技	2021-08-11	未及时披露公司重大事项	公司本身	出具警示函
600586.SH	金晶科技	2021-08-11	未及时披露公司重大事项	公司高管	出具警示函
603113.SH	金能科技	2021-08-25	未及时披露公司重大事项	公司本身	公开批评
603113.SH	金能科技	2021-08-25	未及时披露公司重大事项	公司股东	公开批评
600784.SH	鲁银投资	2021-08-27	未及时披露公司重大事项	公司本身	监管关注

续表

股票代码	股票简称	公告日期	违规类型	违规主体	处罚类型
600784.SH	鲁银投资	2021-08-27	未及时披露公司重大事项	公司高管	监管关注
300175.SZ	朗源股份	2021-09-03	未及时披露公司重大事项	关联方	公开谴责
002581.SZ	未名医药	2021-09-28	未及时披露公司重大事项	公司本身	出具警示函
002581.SZ	未名医药	2021-09-28	未及时披露公司重大事项	公司股东	出具警示函
002958.SZ	青农商行	2021-09-29	未及时披露公司重大事项	公司高管	出具警示函
002871.SZ	伟隆股份	2021-10-12	未及时披露公司重大事项	公司本身	责令改正
600586.SH	金晶科技	2021-10-14	未及时披露公司重大事项	关联方	公开批评
600586.SH	金晶科技	2021-10-14	未及时披露公司重大事项	公司高管	公开批评
600586.SH	金晶科技	2021-10-14	未及时披露公司重大事项	公司本身	公开批评
002581.SZ	未名医药	2021-10-14	未及时披露公司重大事项	公司本身	监管关注
300237.SZ	美晨生态	2021-10-15	未及时披露公司重大事项	公司股东	公开批评
300237.SZ	美晨生态	2021-10-15	未及时披露公司重大事项	公司本身	公开批评
002871.SZ	伟隆股份	2021-10-20	未及时披露公司重大事项	公司本身	监管关注
300175.SZ	朗源股份	2021-11-01	未及时披露公司重大事项	关联方	公开谴责
002408.SZ	齐翔腾达	2021-11-19	未及时披露公司重大事项	公司股东	公开处罚,其他
002408.SZ	齐翔腾达	2021-11-19	未及时披露公司重大事项	公司本身	公开处罚,其他
300224.SZ	正海磁材	2021-11-25	未及时披露公司重大事项	公司股东	监管关注
002094.SZ	青岛金王	2021-12-01	未及时披露公司重大事项	公司本身	公开批评
002094.SZ	青岛金王	2021-12-01	未及时披露公司重大事项	公司股东	公开批评
002726.SZ	龙大美食	2021-12-03	未及时披露公司重大事项	公司股东	监管关注
300569.SZ	天能重工	2021-12-28	未及时披露公司重大事项	公司股东	监管关注
300677.SZ	英科医疗	2021-03-29	信息披露虚假或严重误导性陈述	公司本身	监管关注
300308.SZ	中际旭创	2021-04-22	信息披露虚假或严重误导性陈述	公司股东	监管关注
300308.SZ	中际旭创	2021-04-22	信息披露虚假或严重误导性陈述	公司股东	监管关注
600319.SH	亚星化学	2021-04-23	信息披露虚假或严重误导性陈述	公司本身	公开批评
600319.SH	亚星化学	2021-04-23	信息披露虚假或严重误导性陈述	公司股东	公开批评
300308.SZ	中际旭创	2021-12-15	信息披露虚假或严重误导性陈述	公司股东	出具警示函
300308.SZ	中际旭创	2021-12-15	信息披露虚假或严重误导性陈述	公司股东	出具警示函
002537.SZ	海联金汇	2021-03-16	业绩预测结果不准确或不及时	公司本身	监管关注
300105.SZ	龙源技术	2021-04-03	业绩预测结果不准确或不及时	公司本身	监管关注
002581.SZ	未名医药	2021-07-14	业绩预测结果不准确或不及时	公司本身	监管关注
002485.SZ	*ST雪发	2021-07-23	业绩预测结果不准确或不及时	公司本身	监管关注
002485.SZ	*ST雪发	2021-07-24	业绩预测结果不准确或不及时	公司股东	出具警示函
002382.SZ	蓝帆医疗	2021-07-26	业绩预测结果不准确或不及时	公司本身	监管关注
300343.SZ	联创股份	2021-11-23	业绩预测结果不准确或不及时	公司本身	公开批评
300343.SZ	联创股份	2021-11-23	业绩预测结果不准确或不及时	公司高管	公开批评
600467.SH	好当家	2021-11-29	业绩预测结果不准确或不及时	公司本身	公开批评
600467.SH	好当家	2021-11-29	业绩预测结果不准确或不及时	公司股东	公开批评

资料来源:Wind、山东省亚太资本市场研究院。

7.2.1 上市公司信息披露不真实、不准确、不完整

信息披露真实、准确、完整原则是上市公司信息披露的首要原则。真实性要求发行人和其他信息披露义务人披露的信息必须是客观真实的,而且披露的信息必须与客观发生的事实相一致,发行人要确保所披露的重要事件和财务会计资料有充分的依据;准确性原则要求所披露信息能够准确表达其含义,不得使用广告性、恭维性的语句;完整性原则又可称作充分性原则,要求所披露的信息在数量上和性质上能够保证让投资者形成足够的投资判断意识。

相关法规

《证券法》第六十三条 发行人、上市公司依法披露的信息,必须真实、准确、完整,不得有虚假记载、误导性陈述或者重大遗漏。

《上市公司信息披露管理办法》第三条 发行人、上市公司的董事、监事、高级管理人员应当忠实、勤勉地履行职责,保证披露信息的真实、准确、完整、及时、公平。

7.2.2 上市公司信息披露不及时

相关法规

《证券法》第六十七条 发生可能对上市公司股票交易价格产生较大影响的重大事件,投资者尚未得知时,上市公司应当立即将有关该重大事件的情况向国务院证券监督管理机构和证券交易所报送临时报告,并予公告,说明事件的起因、目前的状态和可能产生的法律后果。

《上市公司信息披露管理办法》第三十条 发生可能对上市公司证券及其衍生品交易价格产生较大影响的重大事件,投资者尚未得知时,上市公司应当立即披露,说明事件的起因、目前的状态和可能产生的影响。

7.2.3 上市公司信息披露不公平

相关法规

《上市公司信息披露管理办法》第六条 信息披露义务人在公司网站及其他媒体发布信息的时间不得先于指定媒体,不得以新闻发布或者答记者问等任何形式代替应当履行的报告、公告义务,不得以定期报告形式代替应当履行的临时报告义务。

根据交易所《上市公司规范运作指引》,上市公司及相关信息披露义务人应当严格遵循公平信息披露的原则进行信息披露,不得实行差别对待政策,不得有选择性地、私下地向特定对象披露、透露或者泄露未公开重大信息。

7.2.4 公司高管信息披露问题

根据 Wind 的统计数据,2021 年,省内有中际旭创(300308.SZ)、天能重工(300569.SZ)、齐翔腾达(002408.SZ)等 22 家上市公司的高管或个人股东涉及信息披露违规,违规类型包括监管关注、公开谴责、公开批评、公开处罚、出具警示函等多种形式。

第8章 上市公司重大资产重组及风险警示案例

2021年，面对百年变局和世纪疫情，中国证监会认真贯彻党中央、国务院决策部署，坚持稳中求进工作总基调，深入贯彻新发展理念，坚持市场化法治化，抓改革、防风险、强监管、促稳定，全面提升系统党的建设质量，资本市场实现"十四五"良好开局，服务构建新发展格局和高质量发展取得新成效。强化多层次股权和债券、期货市场功能发挥，股债融资规模创历史新高，要素资源加速向科技创新领域集聚，服务实体经济实现量质双升。全面深化资本市场改革向纵深推进，全面实行股票发行注册制条件逐步具备，设立北京证券交易所，打造服务创新型中小企业主阵地迈出重要步伐。提高上市公司质量取得积极成效，高风险公司持续压降，常态化退市机制加速形成。专业机构投资力量持续壮大，市场资金结构、投资者结构明显改善。债券违约、私募基金等重点领域风险继续收敛，市场韧性和抗风险能力不断增强。资本市场双向开放和国际监管合作取得新进展。证券执法司法体制机制进一步健全，坚决查处了一批市场影响恶劣的大宗要案，首例证券纠纷特别代表人诉讼"康美案"判决落地，"零容忍"震慑更加彰显，市场生态持续优化。

2021年，上市公司资产重组过程中的违法违规行为主要表现在以下四个方面：一是虚假陈述案件数量保持高位，重大欺诈、造假行为时有发生。2021年办理虚假陈述案件163起，其中财务造假75起，同比增长8%。二是操纵市场案团伙化、职业化特征更加明显，部分案件引发市场高度关注。2021年办理操纵市场110起，同比下降26%，向公安机关移送相关犯罪41起，同比增长1.5倍。三是内幕交易多发态势趋缓，关键环节问题较为突出。2021年办理内幕交易201起，案件数量连续三年下降。四是中介机构违法案件上升，涉案主体覆盖多个领域。全年立案调查39起，较上年同期增长1倍以上。涉及会计师事务所28起，证券公司4起，资产评估机构3起，律师事务所2起，银行承销商、评级机构各1起，涵盖首次公开发行、年报审计、并购重组、债券发行、精选层转板等业务环节。

2021年，山东资本市场运行稳中向好，企业上市和直接融资成效显著，既有"量"的增加，也有"质"的提升，服务实体经济质效不断提升。山东证监系统加大检查执法力度，持续扩大现场检查覆盖面，增强问题发现能力，对重大违法行为保持"零容忍"，及时遏制清理一些苗头性风险隐患，推动形成各方归位尽责的市场生态。本章介绍了 17 家山东上市公司并购重组的案例，其中包括 7 家成功案例和 5 家失败案例，通过资产重组案例及风险案例的分析，旨在提醒投资者投资过程中风险与机遇并存，而对上市公司管理者来说应提升公司的风险防范能力和市值管理水平。

8.1 证监会召开的上市公司重组会议减少

2021 年，证监会召开重组委会议次数减少，审核的上市公司并购重组事项也大幅度减少，一方面可能受新型冠状肺炎疫情影响，另一方面，很多上市公司的重大资产重组行为还未上会就在公告草案前的初始阶段已经终止。

2021 年，证监会召开 34 次重组委会议，审核了 42 家上市公司并购重组事项。从 2016—2021 年审核情况看，2021 年重组委召开会议次数均少于前五年，2021 年审核并购重组项目数量是 2020 年的 53.16%，不足 2019 年的 50%，仅为 2016 年的 15.5%。可见，作为资本市场并购重组主要形式的上市公司重大资产重组的数量在不断下滑。

8.2 上市公司并购重组情况

2021 年，受全球新冠肺炎疫情、并购重组监管政策要求较高、全球经贸摩擦加大以及复杂的地缘政经关系影响，我国上市公司并购重组交易活跃度虽然较 2020 年有所上升，但依然维持在较低水平。根据 Wind 数据，按照上市公司首次披露日计算，2021 年全年实施重大资产重组 166 起，交易金额为 6306.8 亿元，比 2020 年分别上升 66% 和 293.4%（见图 8-1）。在这 166 起重大资产重组事件中，已经完成的有 88 起（另外还有达成转让意向 2 起，股东大会通过 2 起，进行中 2 起，签署转让协议 1 起），已经失败的有 65 起（另外有发审委未通过 2 起，证监会暂停审核 1 起），董事会预案 2 起，证监会反馈意见 1 起。全年交易金额超百亿元人民币的并购事件共 10 起，这 10 起并购事件涉及并购金额 4166.7 亿元，占全年并购金额的 66.1%，其中 *ST 大唐（600198.SH）通过定向增发，以 981 亿元人民币的价格收购大唐联诚 95.001% 股权成为 2021 年 A 股市场最大的一起并购重组事件。

从山东市场的情况来看，2021 年共有 9 家上市公司发布了资产重组公告。在这 9 次资产重组事件中，重组成功 3 次，失败 5 次，还有一次［绿能慧充（600212.SH）］正在进行中。全年除了玉龙股份（601028.SH）外，其他均为境内并购。在重组形式上，以协议收购为主，共计发生 5 次。重组的目的也较为分散，战略合作、多元化战略、横向整合、借壳上市均有发生，但以横向整合或垂直产业链为主的并购较为少见（见表 8-1）。

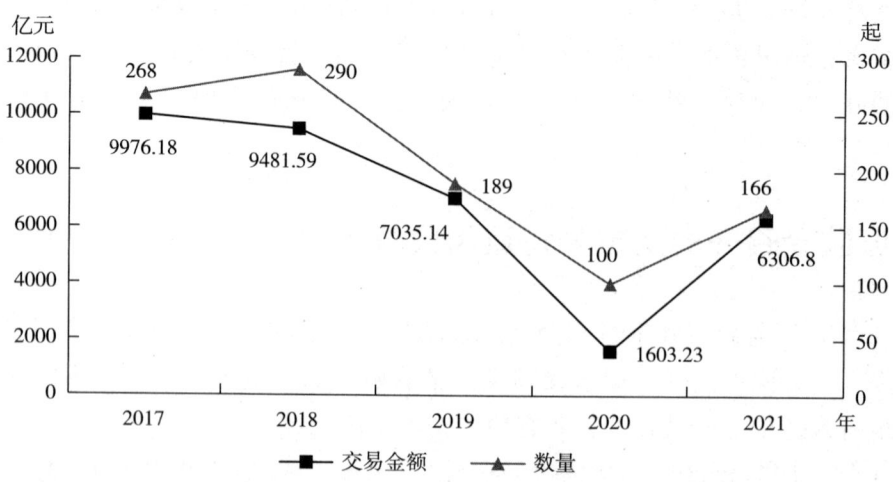

图 8-1　上市公司并购重组交易数量及交易金额（2017—2021 年）

（资料来源：Wind、山东省亚太资本市场研究院）

表 8-1　2021 年山东上市公司并购重组统计　　　　　　单位：亿元

股票代码	股票名称	参与方角色	重组进度	重组形式	重组目的	地区类型	交易额
300143.SZ	盈康生命	竞买方	完成	协议收购	横向整合	境内并购	4.50
300391.SZ	康跃科技	竞买方	完成	协议收购	战略合作	境内并购	14.10
600918.SH	中泰证券	出让方	失败	协议收购	多元化战略	境内并购	5.30
002193.SZ	如意集团	竞买方	失败	发行股份购买资产	横向整合	境内并购	
000668.SZ	荣丰控股	竞买方	完成	增资	多元化战略	境内并购	3.80
600766.SH	*ST 园城	竞买方	失败	发行股份购买资产	战略合作	境内并购	
600212.SH	绿能慧充	竞买方	进行中	协议收购	战略合作	境内并购	3.30
002890.SZ	弘宇股份	竞买方	失败	发行股份购买资产	买壳上市	境内并购	
601028.SH	玉龙股份	其他	失败	协议收购	多元化战略	出境并购	12.20

资料来源：Wind，山东省亚太资本市场研究院。

8.3　资产重组成功案例

8.3.1　盈康生命战略调整

盈康生命科技股份有限公司［以下简称盈康生命（300143.SZ）］成立于 1998 年，于 2010 年 12 月 9 日在深交所创业板挂牌上市，是国内领先的立体定向放射治疗设备综合服务商和肿瘤医疗服务运营商。盈康生命（300143.SZ）2021 年提出了"1+N"发展战略和"一体两翼"发展战略，"1"是指区域中心旗舰医院，"N"则是指卫星医院或体验中心,即在每个区域(主要是新一线城市)打造一家中心旗舰医院和若干家卫星医院或体检中心,通过区域中心旗舰医院与区域内卫星医院或体检中心的资源共享和上下联动,发挥它们的协同效应。而"一体两翼"发展战略是指从肿瘤治疗设备和肿瘤治疗服务两个维度不断推进肿瘤服务领域全产业链的发展,提升公司核心竞争力,实现公司长期健康向上发展。为此,盈康生命(300143.SZ)展开了一系列的资本重组动作。

1. 盈康生命(300143.SZ)回购公司股份

基于对盈康生命(300143.SZ)内在价值的认可和发展前景的坚定信心,建立完善的长效激励约束机制,充分调动公司员工的积极性,促进公司持续稳定健康发展,2021年2月4日,盈康生命(300143.SZ)董事会召开会议,为了实施股权激励计划和员工持股计划,决定以集中竞价的方式,用自有资金回购公司发行的部分社会公众股,回购股份的资金总额不低于人民币5000万元且不超过人民币10000万元,回购股份价格不超过人民币28元/股(均含本数)。从2021年4月1日开始,经过12次股份回购,公司通过集中竞价的方式,累计回购公司股份2509317股,占公司总股本的0.39%,最高成交价为21.81元/股,最低成交价为15.30元/股,支付的总金额为50000708.48元(不含交易费用),达到了预期目的。

2. 盈康生命(300143.SZ)收购苏州广慈

2021年5月4日,盈康生命决定购买其大股东青岛盈康医院管理有限公司(以下简称盈康医管)持有的苏州广慈100%股权,交易金额为45000.00万元。本次交易完成后,盈康生命将持有苏州广慈100%股权,苏州广慈将成为盈康生命的全资子公司。

盈康生命(300143.SZ)的主营业务为肿瘤治疗康复服务及肿瘤治疗设备的研发、生产、销售。苏州广慈的主营业务为肿瘤相关的特色医疗服务。因此对盈康生命(300143.SZ)而言,这次并购行为属于公司原有业务的扩展,有助于实现自身的业务协同,推进盈康生命(300143.SZ)在医疗服务板块"1+N"网络布局实现,进一步扩大业务规模,提升市场占有率。同时,这次交易也将向盈康生命(300143.SZ)注入优质资产,从而提高上市公司资产质量,增强上市公司的竞争实力,使得未来业绩得到有效保障。

这次交易将在提升盈康生命(300143.SZ)的盈利能力和抗风险能力的同时,提升其持续经营能力。

3. 盈康生命(300143.SZ)出售长春盈康

盈康生命(300143.SZ)的全资子公司星玛康医疗科技(成都)有限公司(以下简称星玛康)将其持有的长春盈康医院有限公司(以下简称长春盈康)100%股权和债权出售给盈康生命(300143.SZ)的控股股东——青岛盈康医疗投资有限公司(以下简称盈康医投)。股权转让价格为5218.12万元,债权转让款21748778.37元。

长春盈康现有床位数和资源无法承接盈康生命（300143.SZ）"1＋N＋n"的物联网区域旗舰医疗中心战略，尚需要长期的资金投入和能力建设，与公司现阶段快速建设"10－30－60"生态网络的目标（10家区域中心旗舰医院、30家卫星医院和60家体验中心）不契合。因此盈康生命（300143.SZ）决定把星玛康持有的长春盈康100%股权和享有的债权出售给盈康医投，由盈康医投负责长春盈康后续的经营和孵化。

4. 盈康生命（300143.SZ）出售杭州怡康

2021年8月6日，盈康生命（300143.SZ）决定向盈康医投出售其持有的杭州怡康100%股权和债权。其中本次股权转让的价格为人民币134.61万元，债权转让价格的最终价格为79968377.20元（债权对应的借款本金及利息）。

盈康生命（300143.SZ）的发展战略是围绕人民对美好生活的向往，在中国推进一流医疗资源可及，创中国肿瘤治疗康复产业生态平台。为了推进公司发展战略的落实和实施，盈康生命（300143.SZ）在积极整合符合公司发展战略定位的医疗资源的同时，也不断剥离不符合公司发展战略的资产。

作为盈康生命（300143.SZ）全资子公司的杭州怡康中医肿瘤医院有限公司（以下简称杭州怡康）同样也面临着现有床位数和资源无法承接盈康生命发展战略的局面，尚需要长期的资金投入和能力建设，盈康生命（300143.SZ）决定将其持有的杭州怡康100%股权及债权出售给控股股东盈康医投，由盈康医投负责杭州怡康后续的经营和孵化。

8.3.2　山东黄金强制收购卡帝诺公司

山东黄金矿业股份有限公司（以下简称山东黄金）是山东黄金集团有限公司控股的上市公司，成立于2000年1月，于2003年8月28日在上海证券交易所挂牌上市交易，是一家以黄金开采为主业，拥有勘探、采矿、选矿、冶炼（精炼）和黄金产品深加工、销售于一体的完整产业链的上市公司。

2020年6月18日，山东黄金（600547.SH）的境外全资子公司山东黄金矿业（香港）有限公司（以下简称山东黄金香港）与Cardinal Resources Limited（以下简称卡蒂诺公司）签署《要约实施协议》，以每股0.60澳元的价格，以场外要约收购方式，向持有卡蒂诺公司全部已发行股份的股东（不包括山东黄金香港及其关联方）发出场外附条件收购要约。2020年7月15日，卡蒂诺公司的第一大股东Nord Gold S.E.（以下简称Nord Gold，当时持有卡蒂诺公司全部已发行股份的18.71%）宣布以每股0.66澳元的价格以场内要约收购卡蒂诺公司股份。2020年7月22日，作为对Nord Gold竞争报价的反应，山东黄金香港向卡蒂诺公司发出修订要约，将本次收购要约价格提升到每股0.70澳元。2020年11月24日，由于市场上出现了高于每股1澳元的更高报价，山东黄金决定将本次收购的要约价格从每股1澳元提高至每股1.05澳元。2020年12月9日，山东黄金、山东黄金香港和卡蒂诺公司以信函协议的形式对《要约实施协议》进行第三次修订。2020年12月22日，山东黄金决定在同时满足特定条件的前提下，将本次收购的要约价格从每股1.05澳元提高至每股1.075澳元（见图8-2）。

2020年12月24日，山东黄金确认要约价格从每股1.05澳元提高至每股1.075澳元的两项前提条件均已经满足，会将本次收购的要约价格正式提高至每股1.075澳元，并有意向将要约期延长至不早于2021年1月12日。2020年12月25日，山东黄金将本次收购的要约价格从每股1.05澳元提高至每股1.075澳元，要约期限截止日延长至2021年1月12日。2021年1月12日，山东黄金决定将本次收购的要约期限截止日延长至2021年1月19日。

截至2021年1月19日，山东黄金香港已经持有卡蒂诺公司全部股份95.62%的相关权益，卡蒂诺公司在澳大利亚证券交易所与加拿大多伦多证券交易所的交易随后分别终止。对于未接受要约的股东持有的股份，山东黄金香港根据澳大利亚联邦《2001年公司法》于近日完成强制收购并实现了持有目标公司的100%股份，卡蒂诺公司成为山东黄金香港的全资子公司。

图8-2 山东黄金收购卡蒂诺公司要约报价及流程

（资料来源：山东黄金披露公告）

本次交易完成后，山东黄金将在西非加纳拥有首个黄金矿业项目，拓宽了山东黄金的海外扩张之路，提高了山东黄金在全球的黄金资源储量，为打造全球领先的黄金生产商储备资源。

8.3.3 山东钢铁为并入宝武钢铁做准备

山东钢铁股份有限公司〔以下简称山东钢铁（600022.SH）〕成立于2000年12月，前身为济南钢铁股份有限公司（以下简称济南钢铁），于2004年6月29日在上海证券交易所上市，是山东省较大的钢铁联合企业。

1. 山东钢铁股份回购

山东钢铁（600022.SH）于2020年2月6日召开第六届董事会第二十六次会议，审议通过了《关于以集中竞价交易方式回购公司股份的方案》。回购方案称基于对公司未来发展信心以及对公司价值的认可，为维护公司价值及股东权益，增强投资者信心，对本公司股票进行回购，回购后的股票拟用于实施公司股权激励计划，以有效地将股东利益、公司利益和核心团队利益结合在一起，使各方共同关注公司的长远发展，并体现公司对长期内在价值的坚定信心。山东钢铁（600022）决定从2020年2月6日至2021年2月5日以集中竞价的方式，用自有资金回购公司发行的A股股票。本次回购资金总额不低于人民币2亿元、不超过人民币4亿元，以作为公司实施股权激励的股票来源。

2021年2月9日，经过15次回购，已回购公司股份247700062股，占公司总股本（10946549616股）的2.26%，成交最低价为1.22元/股，成交最高价为1.41元/股，累计支付总金额为人民币319958380.34元，完成回购目标。

2. 山东钢铁国有股权无偿划拨

2021年7月15日，山东钢铁（600022.SH）公司发布《山东钢铁股份有限公司关于涉及山东钢铁集团有限公司战略重组的提示性公告》，公告显示，山东省人民政府国有资产监督管理委员会正在与中国宝武钢铁集团有限公司筹划对山钢集团战略重组事项。

为进一步理顺股权关系，优化股权结构，山东钢铁集团有限公司（以下简称山钢集团）拟将济钢集团有限公司（以下简称济钢集团）持有的公司股份（3312966194股，占公司总股本的30.26%）无偿划转至山钢集团。2021年8月5日，公司接股东济钢集团通知，该事项已经济钢集团董事会决议通过。

本次无偿划转前，济钢集团持有公司股份3312966194股，占公司总股本的30.26%，系公司的第一大股东；山钢集团直接持有公司股份259567756股，占公司总股本的2.37%，公司的实际控制人为山东省国资委。

本次无偿划转后，济钢集团不再持有公司股份；山钢集团将直接持有公司3572533950股，占公司总股本的32.64%；通过所属公司莱芜钢铁集团有限公司、山东金岭铁矿有限公司、山东耐火材料集团有限公司合计间接持股2008796866股，占公司总股本的18.35%。山钢集团直接和间接合计持有公司股份仍为5581330816股，占公司总股本的50.99%。山钢集团成为公司的控股股东，公司的实际控制人未发生变化，仍然为山东省国资委。

8.3.4 康跃科技谋求转型

康跃科技股份有限公司［以下简称康跃科技（300391.SZ）］成立于1963年，是一家集设计、研发、生产、销售涡轮增压器为一体的高新技术企业。2014年8月，康跃科技（300391.SZ）在深交所创业板成功上市。

1. 康跃科技谋求转型转让全资子公司香港羿珩

2020年，受新冠肺炎疫情影响，国内外经济形势和行业发展的不确定性增强，康跃科技（300391）的全资子公司香港羿珩科技有限公司出现经营亏损，而且短期内难以看到好转趋势，因此，康跃科技（300391）将香港羿珩以人民币19500万元的价格转让，把转让款用来收购其他公司。

这次转让行为有利于康跃科技（300391）应对新冠肺炎疫情带来的不利冲击，聚焦主业，优化资产结构，提高资产流动性，进而提升其抗风险能力和核心竞争力。

2. 康跃科技收购长江星进入医药行业

康跃科技的主营业务之一——公司内燃机零部件受汽车行业不景气和新能源汽车所带来的双重冲击，另一主营业务——光伏设备业务受行业竞争加剧中美贸易摩擦等影响，使公司经营业绩大幅下滑。2019年，公司全年实现营业收入72531.09万元，较上年降低17.67%，归属于上市公司股东的净利润为-66969.81万元。公司现有主营业务利润率受到挤压，盈利能力较低，市场空间有限，未来发展增长乏力，公司只有谋求转型。

因此，为了保护广大股东利益，公司正积极探索产业转型升级，通过收购长江星医药的股权，引入具有较强盈利能力和持续经营能力的医药健康类资产。医药行业具有一定的抗周期性，受宏观经济波动的影响较小，能够与现有的业务形成互补，符合公司的战略发展目标，有利于促进公司实现跨越式发展。

长江星医药通过多年积累，构筑了从中药饮片生产、空心胶囊生产和医药批发业务为一体化的医药产业链布局，在生产、管理、品牌、技术和工艺等方面均具备一定优势。受益于医药健康行业的高速发展及医药健康需求的持续增长，长江星保持良好的发展态势；2018年、2019年、2020年1—3月，长江星营业收入分别为132195.09万元、121568.98万元、24031.84万元，净利润分别为17278.31万元、20299.98万元、3605.94万元，盈利能力总体保持较快增长。因此，公司董事会决定斥资14亿元收购长江星52%的股权。

8.3.5 大业股份购并胜通钢帘线

山东大业股份有限公司［以下简称大业股份（603278.SH）］位于山东诸城，成立于2003年11月，2017年11月在上交所上市，是一家专业的橡胶骨架材料生产企业，主要从事胎圈钢丝、钢帘线及胶管钢丝的研发、生产和销售，是我国最大的胎圈钢丝生产企业。

胜通钢帘线公司也是橡胶骨架材料生产企业，其钢帘线年产能为26.5万吨，胎圈钢丝产能为5万吨，其中钢帘线年产能位居行业前列，客户涵盖国内外主要轮胎公司。收购胜通钢帘线可以完善大业股份（603278.SH）的产品线，优化其客户布局，有利于发挥规模优势并形成协同效应。

2020年12月18日，大业股份（603278.SH）董事会和股东大会通过决议，决定通过分期支付现金170000万元的方式购买山东胜通钢帘线有限公司（含山东胜通机械制造有限公司、山东胜通进出口有限公司、东营市汇通国际贸易有限公司3家全资子公司）（以下简称胜通钢帘线）100%股权。

2021年4月29日，本次交易涉及的购买胜通钢帘线股份的过户事宜已办理完毕，大业股份（603278.SH）持有山东胜通钢帘线有限公司100%的股权。收购完成后，大业股份（603278.SH）针对胜通钢帘线的生产、采购、销售和研发等方面进行了梳理、优化和整合，包括向胜通钢帘线派驻高管团队、推动员工招聘、优化团队结构、统筹材料采购、统一调度销售、加快客户开发、研发整体规划。目前，胜通钢帘线的员工数量、产能利用率、订单数量等经营指标已较前期有所改善。

顺利完成对胜通钢帘线的收购和管理整合后，大业股份（603278.SH）不但能盘活收购的胜通钢帘线的资产，而且通过与现有公司资源的整合，发挥规模效应，大业股份（603278.SH）年产能将超过40万吨，成为中国钢帘线一线厂商，从而巩固大业股份（603278.SH）在中国胎圈钢丝产业的领先地位。本次交易完成后，胜通钢帘线将成为大业股份（603278.SH）的全资子公司，大业股份（603278.SH）胎圈钢丝的年生产能力将达到43万吨，钢帘线的年生产能力将达到46.5万吨。这次收购不仅进一步巩固大业股份（603278.SH）在胎圈钢丝领域的市场地位，更使它在钢帘线领域跻身于国内一线企业。

这次收购完成后，大业股份（603278.SH）的资产总额、资产净额和收入规模等财务指标将有所提升，但营业利润、净利润等收益类指标会有所下降，资产负债率也将由66.76%提升至73.41%。这主要是因为被收购企业正处于破产重整状态，受到银行账户冻结、流动资金不足等因素影响，出现了生产效率低下、部分员工流失、产能利用率不足、客户和供应商关系疏于维护等问题，导致经营出现亏损。随着整合工作的持续推进，胜通钢帘线的生产经营将逐步恢复至正常水平，届时的资产规模、收入和盈利水平将逐步提升，资产负债率将逐步下降。

8.4 资产重组失败案例

8.4.1 山东金泰重组失败

山东金泰（600385.SH）成立于1992年6月，位于山东省济南市，2001年7月登陆上海证券交易所,最初是一家从事医药制造业的科技公司,后来因经营管理不善多次转型,目前主要从事医药制造、互联网接入服务业务和房屋出租业务。

1. 收购麦凯智造股权失败

2019年2月12日,山东金泰(600385.SH)与福建麦凯智造婴童文化股份有限公司(以下简称麦凯智造)相关股东签署了《股权收购框架协议》,山东金泰(600385.SH)拟筹划采用现金方式收购麦凯智造51%股权。山东金泰(600385.SH)与麦凯智造未能就交易的核心要素达成一致,经双方协商同意本次股权收购事项及《股权收购框架协议》于2019年8月8日确认终止。

2. 山东金泰被终止上市

为了改变流动资金不足困境,为现有医药业务以及培育和发展医药产业相关的新业务提供资金支持,尽快扭转经营不利的局面,偿还公司债务和滞纳金,化解债务包袱,降低资产负债率,优化财务结构。2021年3月4日,山东金泰(600385.SH)与收购人北京新恒基投资管理集团有限公司(以下简称新恒基投资)达成一致,决定以非公开发行的方式募集资金。

本次收购前,收购人新恒基投资直接持有山东金泰(600385.SH)25743813股股份,占公司股本总额的17.38%,是山东金泰的控股股东。收购人的一致行动人新恒基房地产直接持有公司2000000股股份,占总股本的1.35%。

按照本次非公开发行股份数量上限44432144股测算,本次收购后,收购人新恒基投资直接持有公司70175957股股份,持股比例为36.45%;一致行动人新恒基房地产直接持有公司2000000股股份,持股比例为1.04%;收购人新恒基投资及其一致行动人新恒基房地产合计持有72175957股公司股份,持股比例37.49%。本次收购后,新恒基投资仍为公司的控股股东。

发行价格为定价基准日前二十个交易日股票交易均价的百分之八十,新恒基认购款总金额=发行价格×认购股数,本次认购款项总计不超过人民币155956825.44元。

但山东金泰(600385.SH)2020年度经审计的净利润为负值且营业收入低于人民币1亿元,山东金泰(600385.SH)的股票自2021年4月27日起被实施退市风险警示。2021年度经审计的营业收入为6094.45万元,扣除与主营业务无关的业务收入和不具备商业实质的收入后的营业收入为5813.83万元,净利润为-127.80万元。经上海证券交易所上市委员会审核,决定终止山东金泰(600385.SH)股票上市。

8.4.2 汇金通放弃收购重庆江电

青岛汇金通电力设备股份有限公司[以下简称汇金通(603577.SH)]创立于2004年,是专业生产和销售输电线路角钢塔、钢管塔、变电构架等各种镀锌钢结构的高新技术企业,2016年12月22日,在上海证券交易所主板挂牌上市。

2020年，重庆江电电力设备有限公司（以下简称重庆江电）的控股股东拟通过协议转让的方式将其持有的重庆江电80%的股权转让，汇金通（603577.SH）的控股股东河北津西钢铁集团股份有限公司（以下简称津西股份）获得了这次转让机会。由于重庆江电与汇金通有直接竞争关系，根据津西股份此前作出的避免同业竞争的承诺，津西股份把这次收购机会优先提供给汇金通。

经汇金通（603577.SH）董事会研究，由于重庆江电目前处于亏损运营阶段，未来盈利状况尚存在不确定性，不符合由上市公司进行直接收购的条件。为避免投资风险，最大限度地保护汇金通（603577.SH）全体股东特别是中小股东的利益，董事会放弃了这次收购机会，但由于这次并购有较强的产业整合意义及潜在协同效应，为把握新基建给电力产业带来的战略机遇，为上市公司储备优质资源，汇金通（603577.SH）同意由其控股股东或下属子公司先行收购重庆江电80%的股权，并由控股股东在重庆江电符合注入上市公司条件后2年内且不晚于2023年12月31日注入汇金通（603577.SH）。这将有利于拓展汇金通（603577.SH）的业务领域，增加其盈利点，增强持续盈利能力，提高综合竞争力，实现发展战略。

8.4.3 龙大美食转让中和盛杰失败

龙大美食（002726，SZ），2021年12月24日由"龙大肉食"改名而来，创始于1996年，目前已发展成为"百亿营收、百亿市值"的上市公司，2014年6月登陆深圳证券交易所，致力于成为食品行业最佳供应商。

2021年11月11日，龙大美食（002726，SZ）根据战略发展需要，为使主营业务和发展战略更加清晰，更进一步聚焦食品业务，决定将持有的控股子公司青岛中和盛杰食品有限公司（以下简称中和盛杰）51%股权以人民币2996.25万元的价格转让给深圳硕海物流港有限公司（以下简称深圳硕海）。截至2021年11月11日，龙大美食共向中和盛杰提供经营借款余额44000万元、担保合同金额为60500万元。本次交易完成后，龙大美食（002726，SZ）对中和盛杰的借款将被动形成对外财务资助，提供的担保将被动形成对外担保。

2021年11月25日，龙大美食（002726，SZ）又发布公告称，为最大限度地保障广大股东尤其是中小股东的利益，降低本次交易的不确定性风险，本着对广大投资者负责的态度，公司董事会经慎重考虑和评估，决定终止本次转让控股子公司股权事项。

8.4.4 鲁信创投全资子公司终止向控股股东转让股份

鲁信创业投资集团股份有限公司［以下简称鲁信创投（600783.SH）］成立于1993年11月，是山东省鲁信投资控股集团有限公司控股的省内最大、国内具有重要影响力的专业创投机构。2010年1月，鲁信创投借壳上市，成为国内资本市场首家上市创投公司，投资范围集中于先进制造、现代农业、海洋经济等山东省优势产业以及信息技术、节能环保、新能源、新材料、生物技术、高端装备制造等国家战略性新兴产业。

2020年9月23日，鲁信创投（600783.SH）决定其全资子公司山东省高新技术创业投资有限公司（以下简称山东高新投）持有的山东省国际信托股份有限公司（以下简称山东国信）4.83%股权（共225000000股）以非公开协议的方式转让给公司控股股东山东省鲁信投资控股集团有限公司（以下简称鲁信集团），转让价格为每股2.1614元人民币，总转让价款为4.86亿元。

据悉，鲁信集团拟按照《金融控股公司监督管理试行办法》申请金融控股公司牌照。根据上述法规要求，为解决交叉持股问题，鲁信集团拟受让山东国信股权。自展开上述交易以来，双方按照签署的《股权转让协议》持续推进本次交易的相关工作，受鲁信集团申请金融控股公司牌照进度影响，相关收购条件暂未能齐备，尚未提交银保监部门审批。鉴于本次股权转让事项经公司股东大会审议已过一年，尚未有进展，根据《股权转让协议》的相关条款，鲁信创投（600783.SH）与鲁信集团于2021年11月17日签署终止协议。

8.4.5 如意集团终止重大资产重组

山东如意毛纺服装集团股份有限公司［以下简称如意集团（002193.SZ）］前身为成立于1972年的济宁毛纺织厂，1993年12月改制为股份有限公司，2007年12月在深交所挂牌上市，是一家集精纺呢绒面料及服装的设计、生产、销售于一体的大型纺织服装集团。

从2019年6月开始，如意集团（002193.SZ）拟以发行股份的方式向山东经达科技产业发展有限公司购买其持有的中国如意科技集团有限公司74.36%的股权，向北京如意时尚投资控股有限公司（以下简称如意时尚）、中国信达资产管理股份有限公司、山东经达科技产业发展有限公司购买其持有的济宁如意品牌投资控股有限公司（以下简称济宁如意品牌）60%的股权。在如意时尚完成回购光大兴陇信托有限责任公司所持济宁如意品牌40%的股权后，公司拟另行签署协议向如意时尚购买其持有济宁如意品牌40%的股权，从而最终达到持有济宁如意品牌100%股权的目的。

自本次发行股份购买资产暨关联交易预案披露以来，如意集团（002193.SZ）及相关各方就有关事项进行了沟通与协商。由于标的公司的境外经营实体较多，受境外新冠肺炎疫情影响，如意集团（002193.SZ）及各中介机构开展各项工作的难度较大。结合目前市场环境，经与交易对方友好协商，为切实维护如意集团（002193.SZ）及全体股东利益，经审慎研究，决定终止筹划本次重大资产重组事项。

附　　表

附表1　2021年山东省上市公司主要指标数据　　　　　　　单位：亿元

股票代码	股票简称	总资产	净资产	净利润	营业收入	缴纳税费	研发费用
002948.SZ	青岛银行	5222.50	333.28	29.93	111.36	17.95	—
601665.SH	齐鲁银行	4334.14	326.05	30.72	101.67	15.22	—
002958.SZ	青农商行	4304.38	350.50	30.92	102.97	17.07	—
600188.SH	兖矿能源	2886.96	964.87	185.67	1519.91	125.21	11.40
000338.SZ	潍柴动力	2770.44	1029.62	115.62	2035.48	75.91	68.88
600027.SH	华电国际	2188.60	735.66	-67.54	1044.22	46.38	0.03
600690.SH	海尔智家	2174.59	810.83	132.17	2275.56	100.68	83.57
600918.SH	中泰证券	2046.90	371.60	32.99	131.50	16.04	—
600309.SH	万华化学	1903.10	716.96	250.39	1455.38	69.99	31.68
600350.SH	山东高速	1259.06	468.04	39.18	162.04	19.31	1.36
000498.SZ	山东路桥	833.87	200.13	27.51	575.22	12.23	12.57
000488.SZ	晨鸣纸业	828.41	225.47	20.90	330.20	14.26	14.54
600547.SH	山东黄金	783.08	317.83	-1.95	339.35	12.37	3.46
600022.SH	山东钢铁	725.46	325.94	29.62	1108.51	20.41	19.98
600219.SH	南山铝业	631.78	475.24	37.19	287.25	14.67	13.74
600760.SH	中航沈飞	627.80	123.00	16.96	340.88	3.94	6.63
600223.SH	鲁商发展	614.15	65.00	3.94	123.63	17.94	1.19
002241.SZ	歌尔股份	610.79	279.31	43.07	782.21	7.48	41.70
601298.SH	青岛港	605.76	387.85	46.30	160.99	16.68	0.83
600600.SH	青岛啤酒	465.63	237.94	32.56	301.67	53.50	0.31
000977.SZ	浪潮信息	462.08	155.66	20.30	670.48	10.30	29.21
002078.SZ	太阳纸业	427.37	188.14	29.67	319.97	12.13	5.38
000951.SZ	中国重汽	354.78	149.75	16.69	560.99	22.41	6.02
601966.SH	玲珑轮胎	341.39	163.88	7.89	185.79	3.76	9.34
600060.SH	海信视像	332.62	181.79	15.95	468.01	10.02	18.51
200152.SZ	*ST山航B	326.44	-9.18	-18.14	125.15	2.08	0.25
000830.SZ	鲁西化工	321.16	180.70	46.20	317.94	24.20	10.41

续表

股票代码	股票简称	总资产	净资产	净利润	营业收入	缴纳税费	研发费用
600017.SH	日照港	292.03	147.63	8.20	65.05	2.15	0.10
600426.SH	华鲁恒升	286.53	227.05	72.54	266.36	20.18	3.68
600180.SH	瑞茂通	275.93	68.57	8.21	476.43	2.44	0.04
002589.SZ	瑞康医药	263.97	96.93	3.82	210.60	9.59	0.12
600777.SH	新潮能源	261.97	122.07	3.65	48.21	3.55	—
601058.SH	赛轮轮胎	261.73	111.37	13.42	179.98	3.66	4.81
002408.SZ	齐翔腾达	260.71	134.20	24.47	348.92	8.29	5.79
603858.SH	步长制药	239.86	144.50	12.35	157.63	23.08	4.09
300677.SZ	英科医疗	206.25	161.23	74.63	162.40	3.18	3.65
300001.SZ	特锐德	202.00	69.67	1.78	94.41	3.11	4.12
600966.SH	博汇纸业	199.14	72.67	17.06	162.76	8.49	5.56
601019.SH	山东出版	196.16	123.85	15.25	108.91	1.68	0.15
002353.SZ	杰瑞股份	195.29	128.16	16.12	87.76	6.52	3.16
002237.SZ	恒邦股份	194.12	77.73	4.27	413.83	6.85	1.35
600579.SH	克劳斯	169.96	48.55	-2.46	98.55	9.80	2.56
601366.SH	利群股份	169.50	45.20	0.80	80.84	4.04	—
002382.SZ	蓝帆医疗	169.14	105.36	11.56	81.09	3.05	4.39
601678.SH	滨化股份	168.04	102.92	16.40	92.68	12.37	0.28
601163.SH	三角轮胎	167.39	111.46	6.01	89.54	4.72	4.27
300308.SZ	中际旭创	165.65	116.03	8.87	76.95	0.94	5.41
600308.SH	华泰股份	161.84	94.32	7.73	149.03	6.61	3.48
603708.SH	家家悦	147.02	22.66	-3.54	174.33	4.05	—
002470.SZ	ST金正	141.70	40.95	-5.60	93.16	1.12	0.99
605589.SH	圣泉集团	136.47	81.22	7.12	88.25	3.73	3.61
000869.SZ	张裕A	134.72	106.93	5.07	39.53	6.60	0.11
300185.SZ	通裕重工	134.71	65.56	3.00	57.49	2.49	1.52
603113.SH	金能科技	131.23	87.53	9.35	119.76	6.66	1.62
000726.SZ	鲁泰A	129.87	83.67	3.27	52.38	1.39	2.53
603612.SH	索通发展	121.41	53.66	7.63	94.58	3.31	1.38
003022.SZ	联泓新科	120.92	65.80	11.06	75.81	4.28	2.73
600858.SH	银座股份	119.04	23.97	0.11	56.71	4.25	—
002545.SZ	东方铁塔	117.08	79.63	4.02	27.82	2.34	0.66
000423.SZ	东阿阿胶	116.28	99.95	4.39	38.49	4.26	1.48
600587.SH	新华医疗	116.14	52.68	5.56	94.82	5.59	2.96
002073.SZ	软控股份	108.67	47.21	1.26	54.55	1.38	2.21
000599.SZ	青岛双星	108.44	31.30	-3.95	39.25	0.42	2.03

续表

股票代码	股票简称	总资产	净资产	净利润	营业收入	缴纳税费	研发费用
600586.SH	金晶科技	108.24	55.58	13.35	69.22	5.35	2.00
000680.SZ	山推股份	107.46	46.99	2.11	91.60	1.93	3.40
002984.SZ	森麒麟	103.95	66.46	7.53	51.77	0.44	1.09
301035.SZ	润丰股份	103.12	50.43	8.46	97.97	1.61	3.12
300237.SZ	美晨生态	102.58	24.50	-3.87	20.76	0.80	1.14
002768.SZ	国恩股份	99.09	51.87	6.52	97.66	2.26	2.81
000957.SZ	中通客车	98.75	25.59	-2.20	45.87	0.36	2.35
300569.SZ	天能重工	98.72	38.10	3.98	40.81	2.49	1.07
000811.SZ	冰轮环境	98.64	49.56	3.14	53.83	2.23	1.90
002498.SZ	汉缆股份	93.21	65.09	7.71	89.81	3.36	4.86
600955.SH	维远股份	92.32	82.49	21.50	96.35	12.03	0.15
002283.SZ	天润工业	88.76	55.55	5.40	47.21	2.29	2.76
002242.SZ	九阳股份	85.16	42.42	7.01	105.40	3.16	3.57
605287.SH	德才股份	83.96	15.79	1.48	50.40	1.56	1.57
600960.SH	渤海汽车	82.46	52.64	-0.87	44.15	1.25	1.26
002726.SZ	龙大美食	82.33	33.91	-8.48	195.10	0.38	0.08
002254.SZ	泰和新材	81.32	45.57	11.26	44.04	1.24	1.93
000682.SZ	东方电子	80.57	42.07	4.19	44.86	2.58	3.80
600076.SH	康欣新材	80.01	48.81	0.28	12.86	0.84	0.50
002588.SZ	史丹利	79.72	51.93	4.13	64.36	1.87	2.09
300285.SZ	国瓷材料	78.79	61.36	8.45	31.62	2.13	2.06
002643.SZ	万润股份	78.76	60.29	6.90	43.59	3.33	2.95
300423.SZ	昇辉科技	77.93	41.85	2.09	27.10	1.95	1.00
600789.SH	鲁抗医药	77.90	33.99	0.83	48.91	1.56	2.54
002537.SZ	海联金汇	77.39	43.32	2.75	72.50	2.42	1.86
002083.SZ	孚日股份	77.36	37.96	2.68	51.57	1.62	0.23
000639.SZ	西王食品	77.14	44.58	2.24	63.55	1.71	1.05
002675.SZ	东诚药业	76.56	50.24	2.61	39.12	2.31	1.38
002595.SZ	豪迈科技	76.44	65.11	10.51	60.08	3.13	2.59
600336.SH	澳柯玛	75.82	26.37	2.19	86.26	3.85	2.19
688363.SH	华熙生物	75.04	57.02	7.76	49.48	5.42	2.84
000756.SZ	新华制药	73.32	36.51	3.62	65.60	1.95	3.41
600783.SH	鲁信创投	71.61	42.64	5.19	1.35	0.42	0.05
000407.SZ	胜利股份	70.38	30.22	1.09	45.48	1.22	0.26
603278.SH	大业股份	67.68	18.44	1.09	41.44	0.39	0.58
600467.SH	好当家	67.22	33.26	0.62	12.54	0.22	0.03

续表

股票代码	股票简称	总资产	净资产	净利润	营业收入	缴纳税费	研发费用
002376.SZ	新北洋	64.34	38.61	1.81	26.46	1.11	3.18
600529.SH	山东药玻	64.10	46.70	5.91	38.75	2.10	1.36
603367.SH	辰欣药业	63.64	50.56	3.34	37.83	3.93	3.34
300821.SZ	东岳硅材	62.75	51.26	11.51	43.33	1.63	2.32
600807.SH	济南高新	61.82	6.41	0.41	12.82	0.62	0.17
600727.SH	鲁北化工	61.68	32.91	6.02	45.31	2.98	0.66
603279.SH	景津装备	59.51	33.70	6.47	46.51	3.96	1.42
002746.SZ	仙坛股份	57.62	45.49	0.87	33.12	0.10	0.02
002458.SZ	益生股份	56.72	32.38	0.14	20.90	0.20	0.53
300110.SZ	华仁药业	56.42	24.43	1.34	15.61	1.83	0.64
000822.SZ	山东海化	55.71	35.19	6.05	58.51	4.30	0.03
300699.SZ	光威复材	55.59	42.65	7.56	26.07	1.94	2.32
000720.SZ	新能泰山	55.13	27.85	-0.87	41.81	3.88	—
688161.SH	威高骨科	54.03	45.38	6.91	21.54	3.69	1.21
002111.SZ	威海广泰	52.90	32.02	0.51	30.79	2.61	2.02
300233.SZ	金城医药	52.75	34.39	1.23	31.38	1.75	1.78
603639.SH	海利尔	51.40	30.40	4.50	36.99	0.68	1.63
603421.SH	鼎信通讯	51.14	32.53	1.57	28.21	1.16	3.90
300224.SZ	正海磁材	51.05	28.31	2.67	33.70	0.42	1.79
603167.SH	渤海轮渡	51.01	37.69	2.23	14.01	1.16	—
605006.SH	山东玻纤	50.82	23.58	5.46	27.49	1.72	0.97
002521.SZ	齐峰新材	50.69	35.89	1.66	37.02	1.23	1.27
301017.SZ	漱玉平民	50.03	19.14	1.14	53.22	2.25	—
688139.SH	海尔生物	49.00	36.39	8.49	21.26	1.47	2.36
688002.SH	睿创微纳	48.91	37.84	4.59	17.80	0.73	4.18
002026.SZ	山东威达	48.64	31.26	3.98	33.10	1.25	1.59
002374.SZ	中锐股份	48.56	21.62	-6.72	6.83	0.36	0.05
002193.SZ	如意集团	48.07	28.20	-0.05	6.90	0.48	0.33
000880.SZ	潍柴重机	47.01	16.91	1.37	34.11	1.77	2.43
603026.SH	石大胜华	46.90	35.78	12.99	70.56	4.40	3.19
301015.SZ	百洋医药	45.98	21.74	4.17	70.52	3.84	—
002094.SZ	青岛金王	45.69	24.48	-0.18	31.53	0.43	0.39
605001.SH	威奥股份	45.44	26.19	-2.08	6.15	0.69	0.63
603638.SH	艾迪精密	44.83	28.21	4.70	26.84	1.43	1.34
002490.SZ	山东墨龙	44.58	13.60	-3.68	37.34	0.88	0.57
603836.SH	海程邦达	43.00	24.12	7.07	119.13	2.30	0.02

续表

股票代码	股票简称	总资产	净资产	净利润	营业收入	缴纳税费	研发费用
600784.SH	鲁银投资	42.82	19.63	2.34	30.20	1.48	0.93
300391.SZ	康跃科技	42.14	16.09	1.59	23.62	0.35	0.39
002041.SZ	登海种业	42.10	33.51	2.39	11.01	0.13	0.68
300208.SZ	青岛中程	42.00	12.25	-1.39	15.86	0.14	0.04
600756.SH	浪潮软件	41.55	21.65	0.42	18.30	0.43	2.42
002270.SZ	华明装备	40.97	28.50	4.21	15.32	2.48	0.65
600229.SH	城市传媒	39.57	29.32	2.78	24.15	0.48	0.02
000915.SZ	华特达因	39.35	33.99	7.04	20.27	3.26	0.80
603967.SH	中创物流	39.00	22.04	2.48	124.14	0.90	0.03
600448.SH	华纺股份	38.52	13.57	-0.57	36.21	0.26	1.69
000668.SZ	荣丰控股	38.46	18.60	2.80	2.52	0.87	—
002234.SZ	民和股份	38.41	31.28	0.43	17.75	0.09	0.11
002088.SZ	鲁阳节能	38.22	26.35	5.34	31.64	3.07	1.34
002339.SZ	积成电子	37.81	20.64	-0.30	20.38	1.17	1.70
002481.SZ	双塔食品	37.22	27.43	2.67	21.65	1.37	0.72
603187.SH	海容冷链	37.17	23.93	2.43	26.62	0.93	0.86
002526.SZ	山东矿机	37.16	28.06	0.71	22.86	1.39	0.59
601028.SH	玉龙股份	36.49	26.64	3.61	113.52	0.38	—
300443.SZ	金雷股份	35.77	32.53	4.96	16.51	0.71	0.51
603577.SH	汇金通	35.24	17.69	0.67	24.98	0.43	0.83
002363.SZ	隆基机械	34.70	22.32	0.29	19.60	0.20	0.22
603856.SH	东宏股份	34.68	20.04	1.33	22.09	1.01	0.54
300183.SZ	东软载波	34.11	30.62	1.33	9.06	0.69	1.57
603021.SH	山东华鹏	33.96	10.81	-3.66	8.57	0.44	0.30
000655.SZ	金岭矿业	33.88	29.21	1.42	18.23	2.20	0.28
002355.SZ	兴民智通	32.84	18.98	-5.57	14.18	0.26	0.43
002469.SZ	三维化学	32.67	25.85	3.84	26.31	1.90	1.03
688556.SH	高测股份	32.35	11.54	1.73	15.67	0.61	1.17
003042.SZ	中农联合	32.21	16.27	0.99	16.25	0.28	0.74
002485.SZ	雪松发展	32.02	17.54	-4.50	20.16	0.19	0.03
002671.SZ	龙泉股份	31.63	22.14	0.13	13.76	0.68	0.13
002838.SZ	道恩股份	31.51	21.89	2.47	42.61	0.76	1.56
603217.SH	元利科技	30.73	25.73	3.60	23.43	0.44	0.88
002286.SZ	保龄宝	30.29	18.13	2.02	27.65	0.50	0.13
002891.SZ	中宠股份	30.15	19.46	1.26	28.82	0.87	0.41
300583.SZ	赛托生物	29.70	17.32	0.36	12.03	0.17	0.50

续表

股票代码	股票简称	总资产	净资产	净利润	营业收入	缴纳税费	研发费用
002379.SZ	宏创控股	29.30	13.42	-0.75	31.91	0.90	0.51
300214.SZ	日科化学	28.92	23.61	1.90	27.73	0.83	0.24
688136.SH	科兴制药	28.29	19.11	0.96	12.85	0.54	1.23
301199.SZ	迈赫股份	27.95	17.34	0.72	8.11	0.51	0.26
002581.SZ	未名医药	27.56	24.69	2.79	4.03	0.22	0.38
603586.SH	金麒麟	27.47	20.03	-0.51	13.93	0.30	0.63
603086.SH	先达股份	27.25	18.38	1.77	22.03	0.27	0.98
300918.SZ	南山智尚	27.04	16.66	1.52	14.92	1.45	0.54
300121.SZ	阳谷华泰	26.57	19.28	2.84	27.05	0.73	0.78
002086.SZ	ST东洋	26.54	4.22	-10.21	3.89	0.12	0.10
002810.SZ	山东赫达	26.36	15.48	3.30	15.60	0.92	0.71
300801.SZ	泰和科技	25.56	21.16	2.78	22.09	0.83	0.80
002580.SZ	圣阳股份	25.32	17.51	0.34	20.91	1.10	0.67
300143.SZ	盈康生命	24.73	18.06	-3.56	10.90	0.59	0.29
605198.SH	德利股份	24.64	22.26	1.60	8.72	0.26	0.12
300105.SZ	龙源技术	23.30	18.14	0.06	5.42	0.27	0.39
605100.SH	华丰股份	23.19	18.32	1.64	13.54	0.88	0.45
688190.SH	云路股份	22.98	18.32	1.20	9.36	0.18	0.53
002598.SZ	山东章鼓	22.78	10.17	1.08	16.96	0.88	0.83
002330.SZ	得利斯	22.72	14.05	0.44	31.30	0.53	0.08
300099.SZ	精准信息	22.30	19.23	1.81	7.54	0.89	0.62
688087.SH	英科再生	22.24	18.50	2.40	19.90	0.37	0.97
603739.SH	蔚蓝生物	22.22	16.86	1.50	11.51	0.63	1.01
002117.SZ	东港股份	22.12	15.82	1.89	12.01	0.80	0.74
300659.SZ	中孚信息	21.75	16.76	1.17	12.70	1.42	3.23
001207.SZ	联科科技	19.03	13.25	1.65	14.47	0.67	0.59
300343.SZ	联创股份	18.97	11.00	3.36	18.35	0.67	0.67
600319.SH	*ST亚星	18.66	2.32	1.93	1.93	0.20	0.05
600735.SH	新华锦	18.43	11.40	1.16	15.74	0.51	—
002921.SZ	联诚精密	18.35	9.30	0.71	12.11	0.38	0.28
002805.SZ	丰元股份	18.17	11.09	0.53	8.03	0.20	0.09
688663.SH	新风光	18.05	10.65	1.16	9.43	0.56	0.39
002899.SZ	英派斯	17.77	10.97	0.17	8.64	0.10	0.47
301149.SZ	隆华新材	17.40	15.38	1.94	42.75	0.40	0.07
603223.SH	恒通股份	17.40	12.82	1.14	70.82	1.45	—
688579.SH	山大地纬	17.21	12.73	1.03	6.38	0.18	1.02

续表

股票代码	股票简称	总资产	净资产	净利润	营业收入	缴纳税费	研发费用
300243.SZ	瑞丰高材	16.88	8.94	0.91	18.58	0.42	0.04
000506.SZ	中润资源	16.88	4.02	-1.37	9.06	0.37	—
300848.SZ	美瑞新材	16.88	9.64	1.19	12.98	0.19	0.56
300690.SZ	双一科技	16.17	13.27	1.49	10.02	0.92	0.33
300779.SZ	惠城环保	16.11	7.27	0.12	2.85	0.13	0.17
605567.SH	春雪食品	15.95	10.90	0.57	20.33	0.45	0.04
301188.SZ	力诺特玻	15.61	13.61	1.25	8.89	0.32	0.33
300786.SZ	国林科技	15.44	12.47	0.76	4.96	0.30	0.19
000554.SZ	泰山石油	15.09	9.25	0.08	28.00	0.49	—
603536.SH	惠发食品	14.51	6.04	-1.40	16.51	0.69	0.21
688021.SH	奥福环保	14.31	9.54	0.62	3.96	0.22	0.37
688557.SH	兰剑智能	14.29	9.28	0.81	6.04	0.50	0.62
603779.SH	威龙股份	14.29	6.90	-4.14	4.74	0.70	0.01
300594.SZ	朗进科技	14.24	9.36	0.05	6.76	0.28	0.58
301069.SZ	凯盛新材	14.23	12.75	1.93	8.80	0.60	0.43
688501.SH	青达环保	14.14	7.70	0.64	6.28	0.42	0.31
200992.SZ	中鲁B	14.00	10.96	0.37	9.34	0.08	0.01
003033.SZ	征和工业	13.83	9.45	0.79	13.62	0.06	0.55
300840.SZ	酷特智能	13.46	10.04	0.61	5.93	0.51	0.22
603029.SH	天鹅股份	13.41	7.49	0.36	5.22	0.16	0.34
300830.SZ	金现代	13.15	11.85	0.66	5.99	0.45	0.71
301022.SZ	海泰科	12.96	8.61	0.60	5.92	0.14	0.20
605016.SH	百龙创园	12.83	12.03	1.04	6.53	0.20	0.23
603798.SH	康普顿	12.61	10.89	1.05	11.08	0.98	0.39
688191.SH	智洋创新	12.49	8.17	0.70	6.56	0.45	0.69
300993.SZ	玉马遮阳	12.09	11.40	1.40	5.20	0.27	0.17
000409.SZ	云鼎科技	11.99	6.00	0.35	5.08	0.45	0.32
688677.SH	海泰新光	11.82	10.95	1.17	3.10	0.21	0.41
002655.SZ	共达电声	11.68	6.24	0.66	9.37	0.15	0.63
002107.SZ	沃华医药	11.61	9.29	1.61	9.43	1.41	0.47
300996.SZ	普联软件	11.26	9.28	1.36	5.82	0.32	0.74
300948.SZ	冠中生态	10.97	7.95	0.78	4.02	0.16	0.15
301185.SZ	鸥玛软件	10.77	9.52	0.81	2.10	0.16	0.25
000677.SZ	恒天海龙	10.65	8.43	1.55	10.68	0.52	0.02
300479.SZ	神思电子	10.48	8.03	-1.76	3.66	0.19	0.60
301020.SZ	密封科技	10.38	8.32	0.93	4.89	0.45	0.23

续表

股票代码	股票简称	总资产	净资产	净利润	营业收入	缴纳税费	研发费用
002323.SZ	*ST雅博	9.99	6.37	-9.85	1.25	0.05	0.08
002476.SZ	宝莫股份	9.92	8.40	0.18	6.57	0.11	0.22
830832.BJ	齐鲁华信	9.72	7.33	0.61	5.80	0.26	0.22
000416.SZ	民生控股	9.56	9.23	0.16	0.07	0.10	—
001219.SZ	青岛食品	9.34	8.58	0.68	4.34	0.51	0.02
300653.SZ	正海生物	9.29	7.85	1.69	4.00	0.38	0.35
002871.SZ	伟隆股份	8.90	6.46	0.61	4.15	0.12	0.24
603755.SH	日辰股份	8.24	6.61	0.81	3.39	0.34	0.11
300175.SZ	朗源股份	7.93	5.23	-1.32	2.47	0.09	—
300950.SZ	德固特	7.86	5.74	0.43	2.95	0.12	0.13
300654.SZ	世纪天鸿	7.75	5.23	0.36	4.11	0.12	0.04
688681.SH	科汇股份	7.73	5.85	0.55	3.69	0.29	0.34
688309.SH	*ST恒誉	7.58	7.02	-0.09	0.85	0.08	0.08
300321.SZ	同大股份	7.35	6.21	0.03	5.20	0.06	0.17
002890.SZ	弘宇股份	7.11	5.67	0.25	4.10	0.14	0.14
837092.BJ	汉鑫科技	6.22	3.92	0.48	2.72	0.15	0.14
600898.SH	国美通讯	6.19	2.14	-0.51	2.36	1.11	0.09
837242.BJ	建邦科技	5.61	4.21	0.41	4.81	0.17	0.11
002248.SZ	华东数控	5.28	0.63	0.12	3.15	0.08	0.13
830839.BJ	万通液压	5.28	4.16	0.43	3.36	0.13	0.15
837212.BJ	智新电子	4.52	3.74	0.57	4.52	0.22	0.15
430510.BJ	丰光精密	3.61	3.20	0.49	2.63	0.13	0.14
600212.SH	江泉实业	3.14	2.33	-0.20	2.43	0.14	—
835670.BJ	数字人	2.65	2.55	0.16	0.84	0.13	0.21
600766.SH	*ST园城	1.44	0.58	0.03	2.25	0.01	—
600385.SH	*ST金泰	1.38	0.18	-0.01	0.61	0.07	0.01

资料来源：Wind、山东省亚太资本市场研究院。

附表2　2021年山东省上市公司经营绩效得分

单位：亿元，%

股票代码	股票简称	得分	营业收入	增长	净利润	增长
600309.SH	万华化学	99.77	1455.38	98.19	250.39	140.42
000498.SZ	山东路桥	93.15	575.22	67.03	27.51	86.45
600022.SH	山东钢铁	89.15	1108.51	26.95	29.62	87.49
000830.SZ	鲁西化工	88.49	317.94	80.73	46.20	459.97
600426.SH	华鲁恒升	88.32	266.36	103.10	72.54	303.33
002241.SZ	歌尔股份	85.81	782.21	35.47	43.07	51.03

续表

股票代码	股票简称	得分	营业收入	增长	净利润	增长
600188.SH	兖矿能源	83.84	1519.91	−29.30	185.67	171.54
002408.SZ	齐翔腾达	82.81	348.92	41.34	24.47	137.89
600180.SH	瑞茂通	80.99	476.43	29.94	8.21	423.49
002078.SZ	太阳纸业	78.23	319.97	48.21	29.67	50.76
600690.SH	海尔智家	78.15	2275.56	8.50	132.17	16.73
600219.SH	南山铝业	76.40	287.25	28.82	37.19	67.46
600955.SH	维远股份	76.27	96.35	119.65	21.50	200.61
000977.SZ	浪潮信息	76.07	670.48	6.36	20.30	34.52
000338.SZ	潍柴动力	75.70	2035.48	3.07	115.62	2.55
600350.SH	山东高速	73.82	162.04	42.57	39.18	83.14
603836.SH	海程邦达	71.40	119.13	119.48	7.07	240.89
600600.SH	青岛啤酒	71.16	301.67	8.67	32.56	39.93
600060.SH	海信视像	70.50	468.01	19.04	15.95	4.57
600966.SH	博汇纸业	67.30	162.76	16.41	17.06	104.50
002254.SZ	泰和新材	66.94	44.04	80.41	11.26	291.88
601678.SH	滨化股份	66.91	92.68	43.53	16.40	222.59
600760.SH	中航沈飞	66.50	340.88	24.79	16.96	14.34
603026.SH	石大胜华	66.15	70.56	57.67	12.99	398.82
300821.SZ	东岳硅材	66.10	43.33	73.10	11.51	309.87
603612.SH	索通发展	65.61	94.58	61.65	7.63	166.99
000488.SZ	晨鸣纸业	64.85	330.20	7.43	20.90	9.62
000951.SZ	中国重汽	64.77	560.99	−6.40	16.69	−31.10
600586.SH	金晶科技	64.24	69.22	41.72	13.35	280.54
603217.SH	元利科技	64.14	23.43	91.77	3.60	128.22
688556.SH	高测股份	64.00	15.67	109.97	1.73	193.39
002237.SZ	恒邦股份	63.93	413.83	14.78	4.27	16.93
300391.SZ	康跃科技	63.65	23.62	94.48	1.59	140.35
600918.SH	中泰证券	63.43	131.50	27.02	32.99	27.82
300224.SZ	正海磁材	61.85	33.70	72.46	2.67	100.17
601298.SH	青岛港	61.36	160.99	21.78	46.30	4.74
601665.SH	齐鲁银行	61.19	101.67	28.11	30.72	20.73
300677.SZ	英科医疗	61.11	162.40	17.37	74.63	6.55
688139.SH	海尔生物	61.05	21.26	51.63	8.49	121.07
301035.SZ	润丰股份	60.45	97.97	34.39	8.46	81.79
600727.SH	鲁北化工	60.44	45.31	54.57	6.02	90.74
301149.SZ	隆华新材	60.34	42.75	77.20	1.94	81.91

续表

股票代码	股票简称	得分	营业收入	增长	净利润	增长
603967.SH	中创物流	60.15	124.14	140.86	2.48	23.29
002073.SZ	软控股份	59.52	54.55	76.99	1.26	73.15
000680.SZ	山推股份	59.09	91.60	29.05	2.11	100.44
002948.SZ	青岛银行	59.00	111.36	5.65	29.93	22.01
605006.SH	山东玻纤	58.36	27.49	37.72	5.46	216.78
000677.SZ	恒天海龙	58.30	10.68	56.93	1.55	827.39
003022.SZ	联泓新科	57.98	75.81	27.81	11.06	68.89
600587.SH	新华医疗	57.51	94.82	3.62	5.56	132.26
300121.SZ	阳谷华泰	57.44	27.05	39.21	2.84	125.73
688363.SH	华熙生物	56.73	49.48	87.93	7.76	20.24
601028.SH	玉龙股份	56.60	113.52	-4.67	3.61	208.53
002958.SZ	青农商行	56.58	102.97	7.58	30.92	3.85
002286.SZ	保龄宝	56.54	27.65	34.58	2.02	304.29
000423.SZ	东阿阿胶	55.36	38.49	12.89	4.39	971.30
603113.SH	金能科技	55.36	119.76	58.73	9.35	5.12
000726.SZ	鲁泰A	55.26	52.38	10.25	3.27	267.40
002026.SZ	山东威达	54.43	33.10	52.87	3.98	56.06
002041.SZ	登海种业	54.32	11.01	22.20	2.39	388.16
002469.SZ	三维化学	53.33	26.31	289.29	3.84	3.28
600308.SH	华泰股份	53.24	149.03	21.09	7.73	19.47
002485.SZ	雪松发展	53.15	20.16	32.15	-4.50	1269.02
002498.SZ	汉缆股份	52.89	89.81	29.19	7.71	32.31
601058.SH	赛轮轮胎	52.73	179.98	16.84	13.42	-11.75
601019.SH	山东出版	51.91	108.91	11.70	15.25	9.22
002643.SZ	万润股份	51.87	43.59	49.36	6.90	25.19
301015.SZ	百洋医药	51.58	70.52	19.94	4.17	50.59
002088.SZ	鲁阳节能	51.35	31.64	36.04	5.34	44.27
300099.SZ	精准信息	51.12	7.54	40.38	1.81	59.51
300996.SZ	普联软件	51.04	5.82	37.87	1.36	63.56
603279.SH	景津装备	50.70	46.51	39.70	6.47	25.71
300801.SZ	泰和科技	50.65	22.09	44.49	2.78	42.63
300285.SZ	国瓷材料	50.15	31.62	24.37	8.45	36.01
000811.SZ	冰轮环境	50.03	53.83	33.14	3.14	35.12
300918.SZ	南山智尚	49.70	14.92	9.88	1.52	76.70
300848.SZ	美瑞新材	49.70	12.98	71.47	1.19	16.95
603779.SH	威龙股份	49.66	4.74	20.76	-4.14	88.41

续表

股票代码	股票简称	得分	营业收入	增长	净利润	增长
002588.SZ	史丹利	49.54	64.36	4.09	4.13	52.69
001207.SZ	联科科技	49.18	14.47	45.29	1.65	36.84
002598.SZ	山东章鼓	49.15	16.96	50.21	1.08	32.63
430510.BJ	丰光精密	49.08	2.63	43.58	0.49	46.41
000599.SZ	青岛双星	48.91	39.25	-11.22	-3.95	446.51
002374.SZ	中锐股份	48.89	6.83	10.80	-6.72	270.71
002193.SZ	如意集团	48.79	6.90	-12.27	-0.05	1487.88
002353.SZ	杰瑞股份	48.53	87.76	5.80	16.12	-6.41
002476.SZ	宝莫股份	48.29	6.57	46.91	0.18	36.19
300653.SZ	正海生物	48.26	4.00	36.45	1.69	42.44
002083.SZ	孚日股份	48.15	51.57	16.36	2.68	39.31
000682.SZ	东方电子	48.09	44.86	20.62	4.19	32.16
002768.SZ	国恩股份	48.08	97.66	35.99	6.52	-12.13
600783.SH	鲁信创投	47.89	1.35	11.78	5.19	53.48
002537.SZ	海联金汇	47.85	72.50	14.64	2.75	30.02
301188.SZ	力诺特玻	47.48	8.89	34.67	1.25	37.42
600017.SH	日照港	47.25	65.05	12.79	8.20	11.81
002595.SZ	豪迈科技	47.12	60.08	13.48	10.51	4.41
300699.SZ	光威复材	47.11	26.07	23.25	7.56	18.02
002270.SZ	华明装备	46.95	15.32	12.00	4.21	43.47
000915.SZ	华特达因	46.89	20.27	11.32	7.04	32.21
600735.SH	新华锦	46.79	15.74	26.69	1.16	37.44
301185.SZ	鸥玛软件	46.63	2.10	36.05	0.81	33.47
688161.SH	威高骨科	46.60	21.54	18.08	6.91	23.07
837212.BJ	智新电子	46.58	4.52	25.22	0.57	43.71
603167.SH	渤海轮渡	46.58	14.01	20.06	2.23	39.54
300993.SZ	玉马遮阳	46.47	5.20	35.16	1.40	29.87
301069.SZ	凯盛新材	46.43	8.80	40.95	1.93	20.50
600784.SH	鲁银投资	46.40	30.20	18.90	2.34	32.42
300308.SZ	中际旭创	46.33	76.95	9.16	8.87	1.15
603858.SH	步长制药	46.22	157.63	-1.52	12.35	-32.97
300110.SZ	华仁药业	45.95	15.61	18.55	1.34	38.35
002323.SZ	*ST雅博	45.94	1.25	-0.12	-9.85	2793.74
300001.SZ	特锐德	45.80	94.41	26.48	1.78	-3.81
002810.SZ	山东赫达	45.73	15.60	19.22	3.30	29.37
300948.SZ	冠中生态	45.62	4.02	37.66	0.78	23.06

续表

股票代码	股票简称	得分	营业收入	增长	净利润	增长
688190.SH	云路股份	45.44	9.36	30.82	1.20	24.93
603278.SH	大业股份	45.15	41.44	34.81	1.09	6.18
300243.SZ	瑞丰高材	45.11	18.58	42.75	0.91	7.68
002330.SZ	得利斯	45.05	31.30	-4.59	0.44	50.96
002545.SZ	东方铁塔	44.93	27.82	4.92	4.02	29.97
002086.SZ	ST东洋	44.80	3.89	-9.11	-10.21	240.78
000869.SZ	张裕A	44.53	39.53	16.42	5.07	7.11
603639.SH	海利尔	44.37	36.99	14.62	4.50	10.60
002521.SZ	齐峰新材	44.33	37.02	31.70	1.66	2.59
600529.SH	山东药玻	44.13	38.75	13.08	5.91	4.72
603739.SH	蔚蓝生物	44.02	11.51	19.85	1.50	22.73
000756.SZ	新华制药	43.98	65.60	9.23	3.62	4.31
002283.SZ	天润工业	43.75	47.21	6.60	5.40	6.52
603187.SH	海容冷链	43.68	26.62	40.80	2.43	-10.10
688579.SH	山大地纬	43.46	6.38	28.68	1.03	13.04
002580.SZ	圣阳股份	43.28	20.91	18.69	0.34	18.04
605016.SH	百龙创园	43.28	6.53	30.77	1.04	9.35
000880.SZ	潍柴重机	43.25	34.11	3.09	1.37	24.70
605589.SH	圣泉集团	43.15	88.25	6.08	7.12	-19.90
600229.SH	城市传媒	43.12	24.15	12.05	2.78	13.99
688501.SH	青达环保	42.95	6.28	12.62	0.64	26.33
688087.SH	英科再生	42.93	19.90	17.14	2.40	10.36
837242.BJ	建邦科技	42.86	4.81	28.65	0.41	10.91
688677.SH	海泰新光	42.46	3.10	12.53	1.17	22.03
002382.SZ	蓝帆医疗	42.44	81.09	3.04	11.56	-34.45
002921.SZ	联诚精密	42.44	12.11	32.66	0.71	-0.40
000554.SZ	泰山石油	42.37	28.00	15.50	0.08	12.01
600579.SH	克劳斯	42.32	98.55	0.39	-2.46	6.95
603421.SH	鼎信通讯	42.16	28.21	34.24	1.57	-13.49
601966.SH	玲珑轮胎	42.15	185.79	1.07	7.89	-64.48
300208.SZ	青岛中程	42.11	15.86	447.79	-1.39	-64.79
603638.SH	艾迪精密	42.05	26.84	18.99	4.70	-8.98
002242.SZ	九阳股份	42.00	105.40	-6.09	7.01	-23.46
002589.SZ	瑞康医药	41.94	210.60	-22.59	3.82	-38.83
688557.SH	兰剑智能	41.86	6.04	33.66	0.81	-3.88
837092.BJ	汉鑫科技	41.82	2.72	7.01	0.48	24.83

续表

股票代码	股票简称	得分	营业收入	增长	净利润	增长
300569.SZ	天能重工	41.80	40.81	19.16	3.98	-14.34
603755.SH	日辰股份	41.59	3.39	28.57	0.81	0.05
002984.SZ	森麒麟	41.59	51.77	10.03	7.53	-23.17
603086.SH	先达股份	41.46	22.03	16.19	1.77	0.77
300214.SZ	日科化学	41.40	27.73	21.91	1.90	-8.15
300443.SZ	金雷股份	41.25	16.51	11.80	4.96	-4.95
603223.SH	恒通股份	41.24	70.82	26.55	1.14	-28.77
603798.SH	康普顿	41.20	11.08	20.46	1.05	1.20
002871.SZ	伟隆股份	41.17	4.15	20.48	0.61	5.21
002891.SZ	中宠股份	41.04	28.82	29.06	1.26	-16.46
688663.SH	新风光	41.02	9.43	11.72	1.16	8.77
300840.SZ	酷特智能	41.01	5.93	-5.25	0.61	28.90
002655.SZ	共达电声	41.00	9.37	-20.62	0.66	42.69
002117.SZ	东港股份	40.92	12.01	1.70	1.89	14.60
000506.SZ	中润资源	40.91	9.06	113.25	-1.37	-71.75
300654.SZ	世纪天鸿	40.63	4.11	15.17	0.36	7.03
002355.SZ	兴民智通	40.49	14.18	-3.19	-5.57	40.02
300830.SZ	金现代	40.46	5.99	21.36	0.66	-2.29
300786.SZ	国林科技	40.36	4.96	23.41	0.76	-5.04
301022.SZ	海泰科	40.33	5.92	30.03	0.60	-11.77
003033.SZ	征和工业	39.98	13.62	39.38	0.79	-27.62
605198.SH	德利股份	39.72	8.72	3.51	1.60	5.42
601163.SH	三角轮胎	39.68	89.54	4.91	6.01	-43.35
600027.SH	华电国际	39.38	1044.22	15.07	-67.54	-216.92
600223.SH	鲁商发展	39.38	123.63	-9.20	3.94	-38.36
688002.SH	睿创微纳	39.37	17.80	14.02	4.59	-21.49
605287.SH	德才股份	39.16	50.40	8.73	1.48	-20.54
600336.SH	澳柯玛	39.14	86.26	22.19	2.19	-50.84
688681.SH	科汇股份	39.12	3.69	10.96	0.55	-1.27
688191.SH	智洋创新	39.01	6.56	30.62	0.70	-23.55
000668.SZ	荣丰控股	38.79	2.52	130.21	2.80	-1300.56
002890.SZ	弘宇股份	38.63	4.10	0.96	0.25	5.64
600467.SH	好当家	38.62	12.54	1.91	0.62	-0.06
000639.SZ	西王食品	38.62	63.55	9.95	2.24	-33.93
003042.SZ	中农联合	38.58	16.25	3.63	0.99	-4.77
688021.SH	奥福环保	38.57	3.96	26.06	0.62	-21.15

续表

股票代码	股票简称	得分	营业收入	增长	净利润	增长
300185.SZ	通裕重工	38.53	57.49	1.07	3.00	-25.81
600319.SH	*ST 亚星	38.40	1.93	290.95	1.93	-851.97
603367.SH	辰欣药业	38.19	37.83	2.95	3.34	-23.66
002805.SZ	丰元股份	38.12	8.03	124.78	0.53	-281.68
603577.SH	汇金通	38.03	24.98	28.98	0.67	-36.93
830832.BJ	齐鲁华信	38.00	5.80	4.34	0.61	-4.65
000822.SZ	山东海化	37.78	58.51	58.66	6.05	-340.49
002376.SZ	新北洋	37.69	26.46	10.42	1.81	-25.49
600766.SH	*ST 园城	37.62	2.25	757.91	0.03	-119.25
002481.SZ	双塔食品	37.57	21.65	7.22	2.67	-24.20
000655.SZ	金岭矿业	37.51	18.23	27.03	1.42	-38.98
301020.SZ	密封科技	37.12	4.89	0.13	0.93	-8.23
200992.SZ	中鲁B	37.09	9.34	-3.30	0.37	-4.95
002363.SZ	隆基机械	37.03	19.60	22.75	0.29	-35.31
301017.SZ	漱玉平民	36.48	53.22	14.70	1.14	-47.93
002379.SZ	宏创控股	36.32	31.91	34.79	-0.75	-54.45
300950.SZ	德固特	36.24	2.95	17.57	0.43	-30.27
002107.SZ	沃华医药	36.18	9.43	-6.30	1.61	-13.42
002675.SZ	东诚药业	36.15	39.12	14.42	2.61	-49.59
301199.SZ	迈赫股份	36.09	8.11	9.96	0.72	-26.88
601366.SH	利群股份	35.92	80.84	-3.64	0.80	-43.97
300659.SZ	中孚信息	35.66	12.70	27.93	1.17	-51.65
200152.SZ	*ST 山航B	35.57	125.15	18.80	-18.14	-23.86
300183.SZ	东软载波	35.39	9.06	3.48	1.33	-28.41
688136.SH	科兴制药	35.37	12.85	5.32	0.96	-30.67
600547.SH	山东黄金	35.32	339.35	-46.70	-1.95	-107.69
300105.SZ	龙源技术	35.16	5.42	18.22	0.06	-39.29
002526.SZ	山东矿机	35.14	22.86	9.35	0.71	-39.72
605100.SH	华丰股份	35.07	13.54	-14.92	1.64	-15.37
001219.SZ	青岛食品	35.05	4.34	-9.66	0.68	-13.98
002234.SZ	民和股份	34.96	17.75	5.56	0.43	-34.44
830839.BJ	万通液压	34.87	3.36	5.58	0.43	-29.38
600789.SH	鲁抗医药	34.30	48.91	16.30	0.83	-64.25
000407.SZ	胜利股份	33.91	45.48	-1.06	1.09	-49.49
002671.SZ	龙泉股份	33.80	13.76	64.43	0.13	-113.16
603708.SH	家家悦	32.81	174.33	4.52	-3.54	-188.11

续表

股票代码	股票简称	得分	营业收入	增长	净利润	增长
300143.SZ	盈康生命	32.17	10.90	64.87	-3.56	-375.54
605567.SH	春雪食品	32.16	20.33	9.15	0.57	-61.88
002581.SZ	未名医药	32.05	4.03	45.47	2.79	-240.62
002248.SZ	华东数控	31.46	3.15	50.03	0.12	-112.21
002838.SZ	道恩股份	31.26	42.61	-3.64	2.47	-71.56
600777.SH	新潮能源	30.98	48.21	16.36	3.65	-113.75
002899.SZ	英派斯	30.96	8.64	-0.41	0.17	-55.94
603856.SH	东宏股份	30.92	22.09	-7.67	1.33	-58.23
600756.SH	浪潮软件	30.81	18.30	37.72	0.42	-148.96
300321.SZ	同大股份	30.63	5.20	27.19	0.03	-84.37
002746.SZ	仙坛股份	30.56	33.12	3.87	0.87	-75.54
002458.SZ	益生股份	30.27	20.90	19.35	0.14	-85.98
835670.BJ	数字人	29.90	0.84	-16.76	0.16	-44.93
600385.SH	*ST金泰	29.79	0.61	24.11	-0.01	-85.96
300583.SZ	赛托生物	29.71	12.03	31.69	0.36	-118.87
002470.SZ	ST金正	29.35	93.16	-0.42	-5.60	-83.36
300779.SZ	惠城环保	29.12	2.85	-12.04	0.12	-56.51
600076.SH	康欣新材	28.97	12.86	25.72	0.28	-116.92
002111.SZ	威海广泰	28.88	30.79	3.85	0.51	-86.85
002726.SZ	龙大美食	28.84	195.10	-19.05	-8.48	-187.00
300175.SZ	朗源股份	28.73	2.47	-17.14	-1.32	-49.62
600858.SH	银座股份	28.48	56.71	4.80	0.11	-102.68
300690.SZ	双一科技	28.43	10.02	-28.04	1.49	-53.53
002490.SZ	山东墨龙	28.34	37.34	24.08	-3.68	-3314.83
300594.SZ	朗进科技	28.12	6.76	15.76	0.05	-93.67
600807.SH	济南高新	28.02	12.82	17.65	0.41	-105.05
300343.SZ	联创股份	28.01	18.35	5.56	3.36	-449.47
300233.SZ	金城医药	27.83	31.38	5.96	1.23	-125.61
000720.SZ	新能泰山	27.79	41.81	8.50	-0.87	-130.78
600448.SH	华纺股份	27.62	36.21	8.41	-0.57	-411.12
603029.SH	天鹅股份	27.47	5.22	16.43	0.36	-1982.29
603536.SH	惠发食品	27.39	16.51	17.15	-1.40	-767.92
300423.SZ	昇辉科技	27.32	27.10	-35.39	2.09	-63.82
000957.SZ	中通客车	26.89	45.87	4.06	-2.20	-1033.38
603586.SH	金麒麟	26.52	13.93	8.26	-0.51	-131.10
600960.SH	渤海汽车	26.12	44.15	-5.78	-0.87	-505.07

续表

股票代码	股票简称	得分	营业收入	增长	净利润	增长
002339.SZ	积成电子	25.61	20.38	-2.26	-0.30	-144.59
000416.SZ	民生控股	25.21	0.07	-40.52	0.16	-58.38
002094.SZ	青岛金王	24.24	31.53	-21.21	-0.18	-96.92
300479.SZ	神思电子	24.13	3.66	-2.52	-1.76	-1738.44
600212.SH	江泉实业	23.50	2.43	-12.28	-0.20	-202.76
603021.SH	山东华鹏	22.17	8.57	-13.83	-3.66	-575.03
300237.SZ	美晨生态	20.39	20.76	-32.28	-3.87	-1557.22
000409.SZ	云鼎科技	20.22	5.08	-76.51	0.35	-64.90
688309.SH	*ST恒誉	18.56	0.85	-51.56	-0.09	-120.62
605001.SH	威奥股份	18.55	6.15	-47.12	-2.08	-226.90
600898.SH	国美通讯	17.97	2.36	-74.92	-0.51	-80.57

资料来源：Wind、山东省亚太资本市场研究院。

参考文献

[1] 孙国茂. 中国证券公司竞争力研究报告（2021）［M］. 北京：社会科学文献出版社，2022，10.

[2] 孙国茂. 山东省普惠金融发展报告（2020—2021）［M］. 北京：社会科学文献出版社，2021，12.

[3] 孙国茂. 山东省中小企业发展报告（2020—2021）［M］. 北京：社会科学文献出版社，2021，12.

[4] 孙国茂. 中国证券市场宏观审慎监管研究［M］. 北京：中国金融出版社，2020，06.

[5] 孙国茂，张辉，张运才. 宏观审慎监管与证券市场系统性风险测度研究［J］. 济南大学学报，2020，30（6）.

[6] 孙国茂，李猛. 宏观审慎监管下的证券公司系统重要性评价体系研究［J］. 山东大学学报（哲学社会科学版），2020（5）：131－143.

[7] 孙国茂. 山东省上市公司经营绩效及市值管理评价报告（2020）［M］. 北京：中国金融出版社，2019.

[8] 孙国茂. 抓住数字经济本质，推进证券行业数字化转型［N］. 上海证券报，2021－06－22.

[9] 孙国茂. 市值表现分化显著　龙头企业强者恒强［N］. 上海证券报，2018－01－13（006）.

[10] 山东省人民政府. 山东省国民经济和社会发展第十四个五年规划和2035年远景目标纲要［R］. 2021－04－25.

[11] 山东省地方金融监管局. 山东省"十四五"金融业发展规划［R］. 2021－08－26.

[12] 国家统计局. 2021年中华人民共和国《国民经济和社会发展统计公报》［R］. 2022－02.

[13] 山东省统计局. 2021年山东省《国民经济和社会发展统计公报》［R］. 2022－03.

[14] 中国人民银行. 2021年金融市场运行情况［R］. 2022－02－02.

[15] 中央结算公司. 2021年债券市场统计分析报告［R］. 2022－01.

[16] 国家金融与发展实验室. 2021年中国财政运行分析及2022年展望［R］. 2022－03.

[17] 新华网. 重磅解读：上市公司是推动中国经济增长的重要力量——A股上市公司（2021年）年报解读［R］. 2022－05－24.

[18] 全国中小企业股份转让系统. 2021年市场统计快报［R］. 2022－01.

[19] 中国上市公司协会发布. 中国上市公司2021年年报经营业绩快报［R］. 2022－04－30.

[20] 中国人民银行济南分行货币分析小组. 2021年山东省金融运行报告［R］. 2022－06.

[21] 北京证券交易所. 北交所、新三板2021年市场改革发展报告［R］. 2022－02－18.

[22] 中国信息通信研究院（CAICT）. 中国数字经济发展报告（2022）［R］. 2022－07.

[23] 中国上市公司协会. 中国上市公司数字经济白皮书2022［R］. 2022－07.

[24] 国家互联网信息办公室. 数字中国发展报告（2021年）[R]. 2022-07.

[25] 中国信息通信研究院（CAICT）. 中国数字经济发展白皮书[R]. 2021-04.

[26] 陈蓬, 皮永华. 上市公司市值与地区经济发展的关系研究[J]. 中国集体经济, 2022（20）.

[27] 薛华. 银行业上市公司市值管理绩效评价研究[D]. 东华理工大学, 2021.

[28] 邓浩宇, 梁朗. 技术创新、股权集中度与市值管理绩效关系研究——来自创业板的实证证据[J]. 经营与管理, 2022（6）.

[29] 鲍晓宇. 投服中心参与中小投资者利益保护的案例分析[J]. 时代金融, 2020（5）.

[30] 郑志刚. 股票策略性更名：见不得光的"市值管理"[J]. 董事会, 2022（3）.

[31] 胡敏. 混合并购对上市公司市值管理影响的研究[J]. 辽宁经济, 2020（3）：8-29.

[32] 王传红. 股权激励对市值管理效果的影响研究[J]. 现代商贸工业, 2020, 41（14）：97-98.

[33] 张喜亮. 去伪存真：中国股市的市值管理与价值管理[J]. 产权导刊, 2021（7）.

[34] 于建卫. 国企上市公司市值管理存在的问题及对策[J]. 企业改革与管理, 2020（3）：12-13.

[35] 丁振松, 齐鲁骏. 民营上市公司控制权转移、机构投资者与大股东掏空[J]. 管理现代化, 2020, 40（2）：64-66.

[36] 余宇莹. 市值管理的运用研究[J]. 上海商业, 2021（9）.

[37] 孟庆斌, 李昕宇, 张鹏. 员工持股计划能够促进企业创新吗？——基于企业员工视角的经验证据[J]. 管理世界, 2019, 35（11）：209-228.

[38] 朱骁一. 基于市值管理的公司跨行业并购与产业重组研究[J]. 中国商论, 2020（4）：49-50.

[39] 陆正华, 吴奇治. 股权激励对市值管理的影响及其作用机理——以恒瑞医药为例[J]. 财会月刊, 2019（1）：24-32.

[40] 宋岩, 宋爽. 股权质押与市值管理：基于中国沪深股市A股上市公司的实证检验[J]. 中国管理科学, 2019（6）：10-20.

[41] 柯小霞. 市值管理、大股东财务困境与掏空行为[J]. 财会通讯, 2018（9）：117-120.

[42] 陈志红, 汪官镇, 王诗雨. CEO权利与公司现金持有——基于市值管理的研究[J]. 江苏社会科学, 2019（5）：57-68, 258.

[43] 陈德棉, 何旭. 送转是为控股股东股权质押"保驾护航"吗？——基于市值管理的视角[J]. 上海金融, 2019（10）：28-35.

[44] 李晓晨. 国企改革背景下国有控股上市公司市值管理研究[J]. 法治与经济, 2020（4）：112-114.

[45] 李旎, 蔡贵龙, 郑国坚. 市值管理的综合分析框架：理论与实践[J]. 会计与经济研究, 2018（2）.

[46] 韩光强, 许媛, 史东梁. 员工持股计划对企业绩效的影响——基于创业板上市公司[J]. 商业经济研究, 2019（12）：168-170.

[47] 陆正华, 郭文生. 基于价值驱动的市值管理模式研究——杰赛科技市值管理案例[J]. 财会月刊, 2016（31）.

[48] 孙国茂. 山东省互联网金融发展报告（2016）[M]. 北京：中国金融出版社, 2016.

[49] 李文华. 我国上市公司市值管理问题探析[J]. 南方金融, 2015（5）.

[50] 余兴喜. 市值管理的产生与发展 [J]. 新理财, 2021 (7).

[51] 马靖昊. 市值管理的真伪利弊 [J]. 新理财, 2021 (7).

[52] 谢获宝, 马慧玉, 魏其芳. 市值管理对商业信用融资的治理作用——基于沪深A股上市公司的经验证据 [J]. 证券市场导报, 2021 (10).

[53] 吴梦菲, 陈辉, 顾乃康. 股权质押研究: 框架、经验、共识与展望 [J]. 金融教育研究, 2021 (1).

[54] 孙国茂. 金融创新的本质、特征与路径选择——基于资本市场的视角 [J]. 理论学刊, 2013 (6): 35-42, 127.

[55] 孙国茂. 从根本上改革股票发行制度 [J]. 理论学刊, 2014 (3): 50-60.

[56] 雷鹏, 孙国茂. 中国非正规金融的庞氏融资特征 [J]. 社会科学, 2012 (5): 69-76.

[57] 张文强, 孙国茂. 我国证券市场融资效率问题——基于有效市场理论的分析 [J]. 金融发展研究, 2016 (11): 57-63.

[58] 施光耀, 等. 2017年度A股上市公司市值管理绩效评价报告 [R]. 中国上市公司市值管理研究中心, 2017.

[59] 施光耀, 等. 2016年度中国上市公司市值管理绩效评价报告 [M]. 北京: 经济科学出版社, 2016.

[60] 曹文婷. 新三板挂牌企业市值管理的困境及对策 [J]. 财会月刊, 2020 (19).

[61] 施光耀, 高航. 苏宁: 市值奇迹是怎样炼成的 [J]. 资本市场, 2011 (12): 36-38.

[62] 施光耀, 刘国芳, 李维扬. 股权激励需谨慎前行 [J]. 资本市场, 2011 (4): 34-37.

[63] 姜东模. 由美国金融危机想到的企业价值基点 [J]. 中国管理信息化, 2010 (2): 20-23.

[64] 边艳茹. 生命周期视角下高新技术企业实施股权激励对市值管理的影响研究 [D]. 内蒙古财经大学, 2022.

[65] 张改英. 上市公司市值管理的财务分析 [J]. 全国流通经济, 2020 (17).

[66] 邓振平. 试论国有控股上市公司高管薪酬管理存在的问题与对策 [J]. 沿海企业与科技, 2010 (1): 81-84.

[67] 张修平, 李昕宇, 卢闯, 等. 资产质量影响企业权益资本成本吗? [J]. 会计研究, 2020 (2).

[68] 谭艳谷. 企业并购业务中估值问题研究 [J]. 中国国际财经 (中英文), 2018 (7).

[69] 周利. 股指期货与国企市值管理 [J]. 上海国资, 2010 (3): 64-65.

[70] 周怡坤. 上市公司市值管理浅析——从开滦股份市值管理谈起 [J]. 现代商业, 2010 (17): 196-197.

[71] 王佩, 杨继伟. 基于市值管理的管理层股权激励水平影响因素分析 [J]. 经营管理者, 2010 (10): 149.

[72] 翁世淳. 从价值创造到市值管理: 价值管理理论变迁研究评述 [J]. 会计研究, 2010 (4): 74-81, 96.

[73] 刘现伟. 以管资本为主推进国企分类监管的思路与对策 [J]. 经济纵横, 2017 (2).

[74] 史建平, 范彦君. 从盈利管理到市值管理: 打造我国优秀上市银行 [J]. 农村金融研究, 2010 (8): 11-14.

[75] 廖珂, 谢德仁, 张新一. 控股股东股权质押与上市公司并购——基于市值管理的视角 [J]. 会计研究, 2020 (10).

[76] 李旎,郑国坚,于贝贝. 市值管理与高管薪酬契约效率[J]. 财会月刊, 2019 (6).

[77] 吴笑非. 浅述上市公司市值管理[J]. 湖北农村金融研究, 2010 (8): 40 - 42.

[78] 许多,黄佳. 大型上市银行投资者关系管理的理论及实践[J]. 农村金融研究, 2010 (10): 15 - 22.

[79] 宋岩,李帅,宋爽. 股权质押与市值管理的内在机理研究——基于中介效应的检验[J]. 烟台大学学报(哲学社会科学版), 2020 (1).

[80] 刘国芳. 上市公司市值管理动因模型研究[J]. 当代经济, 2010 (24): 152 - 153.

[81] 赫然,谢运思. 市值管理:从价值创造到价值实现的统一[J]. 财政监督, 2010 (24): 47 - 48.

[82] 张庆,尉晓亮. 市值管理、融资约束与上市公司研发投入——来自通信设备制造行业的经验证据[J]. 财务研究, 2018 (6).

[83] 刘国芳. 基于EVA框架的企业价值创造[J]. 董事会, 2007 (11): 50 - 53.

[84] 巴曙松,张旭. 正在开启的战略并购之门——后股权分置时期上市公司并购活动的发展[J]. 中国金融, 2006 (19): 55 - 56.

[85] 朱保成. 供给侧结构性改革下的国有控股上市公司市值管理研究[J]. 财务与会计, 2018 (21).

[86] 李旎,蔡贵龙,郑国坚. 企业成长的螺旋:市值管理与企业投资决策[J]. 会计研究, 2018 (10).

[87] 汤谷良,李梦寒. 财务管理新模式:整合价值管理与市值管理[J]. 财务与会计(理财版), 2011 (1): 14 - 16.

[88] 张剑雄. 中国上市公司市值管理研究述评[J]. 企业家天地(理论版), 2011 (3): 68 - 69.

[89] 苏旭. 市值管理对融资约束的影响研究[D]. 中国财政科学研究院, 2021.

[90] 徐军. 市值管理优化实现股东价值[J]. 上海国资, 2011 (3): 54 - 55.

[91] 徐昭. 上市公司市值管理的有效性研究——基于企业并购绩效的实证分析[J]. 经济理论与经济管理, 2017 (1).

[92] 吴应宇,丁胜红. 企业关系资本:价值引擎及其价值管理研究——基于利益相关者理论视角[J]. 东南大学学报(哲学社会科学版), 2011 (5): 43 - 51, 127.

[93] 乔海曙,陈娟妮,徐卯晓. 基于"强银行指数"的中国银行业从"大"到"强"研究[J]. 金融论坛, 2011 (12): 17 - 28.

[94] 严复海,沈杰. 基于市值的上市公司投资者关系管理[J]. 财会通讯, 2011 (29): 27 - 29.

[95] 吕飞. 基于微观动力视角我国上市公司市值管理绩效评价的研究[J]. 武汉大学学报(哲学社会科学版), 2016 (3).

[96] 李文华. 我国上市公司市值管理问题探析[J]. 南方金融, 2015 (5).

[97] 陈芳平. 资本裂变时代的财富管理[J]. 甘肃社会科学, 2011 (6): 57 - 60.

[98] 翁世淳. 从价值创造到市值管理:价值管理理论变迁研究评述[J]. 会计研究, 2010 (4).

[99] 刘国芳. 从证券化率看宏观经济管理[J]. 经济与管理研究, 2009 (7): 25 - 30.

[100] 朱克鹏,杨涛. 上市银行应当重视并加强市值管理[J]. 新金融, 2009 (10): 33 - 36.

[101] 张济建,苗晴. 中国上市公司市值管理研究[J]. 会计研究, 2010 (4).

[102] 刘晓慧,王爱国,刘西国. 风险管控、高管激励与创新效率——基于我国创业板上市公司的实证分析[J]. 经济体制改革,2018(6):117-124.

[103] 李志斌. 我国投资者关系管理研究述评[J]. 现代管理科学,2012(1):47-49.

[104] 谢德仁,廖珂. 控股股东股权质押与上市公司真实盈余管理[J]. 会计研究,2018(8).

[105] 陈立斌. 基于市值管理的投资者关系建设[J]. 吉林工商学院学报,2015(5).

[106] 王旗. 资本品牌上市公司价值新坐标[J]. 企业管理,2012(7):4-6.

[107] 凌文. 央企控股上市公司九大热点问题研究[J]. 管理世界,2012(1):2-8.

[108] 周红燕. 我国上市公司股权激励的现状及思考[J]. 财会研究,2012(19):53-55.

[109] 李旎,郑国坚. 市值管理动机下的控股股东股权质押融资与利益侵占[J]. 会计研究,2015(5).

[110] 朱丹徽. 不同股权性质企业的市值管理行为研究[D]. 上海国家会计学院,2018.

[111] 夏鑫,吴霞,侯敏. 上市公司市值与市值管理探析[J]. 会计之友,2014(32).

[112] 徐倩. 不确定性、股权激励与非效率投资[J]. 会计研究,2014(3).

[113] 姚丽慧,康进军. 管理层股权激励的绩效评价体系研究[J]. 会计师,2018(21):45-46.

[114] 李旎,蔡贵龙,郑国坚. 企业成长的螺旋:市值管理与企业投资决策[J]. 会计研究,2018(10):66-72.

[115] 高嘉桧. 中国林业上市公司市值管理评价研究[J]. 金融经济,2013(12).

[116] 鞠娟. 公司增发与市值管理——基于中国A股上市公司的实证研究[J]. 技术经济,2015(4):81-88.

[117] 吴夕晖. 中国上市公司市值管理探讨[J]. 消费导刊,2009(5).

[118] 张子余,刘帅,张健. 论"市值管理"名义下"股价操纵"行为的治理[J]. 经济体制改革,2017(3):147-151.

[119] 吴诗怡. 上市公司并购重组中的"市值管理"——基于湘鄂情并购案的研究[J]. 财会通讯,2017(19):61-66,4.

[120] 施光耀,刘国芳. 信心至上——探寻弱市下的市值管理策略[J]. 资本市场,2008(12).

[121] 胡聪慧,于军. 送转与定向增发:基于市值管理的视角[J]. 财经研究,2016(12):84-95.

[122] 施光耀,刘国芳. 资本市场新思维:宏观市值管理[J]. 经济,2008(9).

[123] Brennan M. J, Tamarows ki C. Invest or relations, liquidity, and stock prices [J]. Journal of Applied Corporate Finance, 2000, 12 (4).

[124] Hu Min. The best position for market value management is toenhancebr and value of listed companies [N]. Journal of Economy Management, 2020.

[125] Bao D, Fung S Y K, Su L. Can shareholders be at rest after adopting clawback provisions? Evidence from stock price crash risk [J]. Contemporary Accounting Research, 2018, 35 (3): 1578-1615.

[126] Chen C, Kim J B, Yao L. Earnings smoothing: Does it exacerbate or constrain stock price crash risk? [J]. Journal of Corporate Finance, 2017, 42: 36-54.

[127] Lin Y. P. What Drives Employee Stock Options Programs? Safeguarding Human Capital and Recruiting Wanted Skills [J]. Journal of Applied Business and Economics, 2013, 14 (3): 53-69.

[128] Core J E, Guay W R. Stock option plans for non-executive employees [J]. Journal of Financial Economics, 2001, 61 (2): 253-287.

[129] Dyck A, Zingales L. Private Benefits of Control: An International Comparison [J]. The Journal of Finance, 2004, 59 (2).

[130] Jian M, Wong T J. Propping through related party transactions [J]. Review of Accounting Studies, 2010, 15 (1): 70-105.

[131] Kao L, Chiou J R, Chen A. The agency problems, firm performance and monitoring mechanisms: the evidence from collateralised shares in Taiwan [J]. Corporate Governance: An International Review, 2004, 12 (3): 389-402.

[132] Meng Q, Ni X, Zhang J. Share pledging and corporate risk-taking: Insights from the Chinese stock market [J]. Available at SSRN 3237881, 2019.

[133] Pang C, Wang Y. Stock pledge, risk of losing control and corporate innovation [J]. Journal of Corporate Finance, 2020, 60: 101534.

[134] Peng W Q, Wei K C J, Yang Z. Tunneling or propping: Evidence from connected transactions in China [J]. Journal of Corporate Finance, 2011, 17 (2): 306-325.

后　记

　　2022年是全球进入新冠肺炎疫情的第三年了，这一年对我和我的团队来说都是不堪回首。本来，年初我还乐观地认为今年会恢复2020年以前的生活状态。但随后2月末上海出现的疫情波及山东的多个城市，一切随之变化。与前两年相比，很多事情变得更加困难，包括日常生活。出行的不便、反复的核酸检测以及被隔离的体验，加之自媒体上充斥和弥漫的各种信息，让我脑海不时浮现的小说《鼠疫》中的场景挥之不去：他们在同时空闲下来，只能在死气沉沉的城市里打转，漫无目的地经过同样的街道，这些街道正是他们昔日和家人一起走过的街道。加缪描述的情形与现实是多么相像啊！我很难体会小说中奥兰城的人们当时是怎样的心境和烦恼，但我自己却经历着从未有过的焦虑和无奈——很多生活中的事情、工作上的计划和安排多无法完成，以致我不止一次想放弃这项已经做了10年的事情。

　　之所以表白自己的心情，是因为我由衷地感谢我们团队的每一个研究人员，是团队的合作精神给了我坚持的力量和勇气。万幸的是，我们在2022年初疫情暴发前召开了第一次也是今年唯一一次编写组会议，对全年的编写工作作出了安排。此后，负责联络的研究员李宗超根据编写计划为编写组成员提供了各种专业服务。编写组成员分散在北京、济南、青岛和烟台等不同城市，大多是利用业余时间参加报告编写。在半年多的时间里，大家克服了疫情期间种种以前不曾遇到的困难，按期完成了报告编写。与以往相比，2021年的报告修改和讨论只能在线上进行，这在这本报告的编写史上还是第一次，无疑给后期的报告编写工作增加了很多困难。不难想象，很多报告内容，尤其是数据与图表的处理，如果在现场讨论大家很容易理解，但在线上讨论却要花费很多时间。所以，当我看到今年报告清样，回想编写过程时，难免心中感慨万千。

　　2022年是山东省亚太资本市场研究院成立的第二年。在山东省社会科学界联合会和烟台市蓬莱区委、区政府的领导和支持下，研究院按照监管要求，正在逐步打造省级智库平台。今年除了完成《中国证券公司竞争力研究（2022）》（中国社科院蓝皮书）和《山东省上市公司研究报告（2022）》两本年度研究报告外，研究院还完成了山东省人民政府决策咨询研究重点课题"山东企业上市制约因素及应对举措研究"（21BZBJ06）"双循环发展格局下山东自贸区数字化转型战略研究""山东省金融科技与区块链技术应用研究""山东省民营及中小企业调研"和"烟台海洋金融中心建设可行性研究"等多项政府招标和委托研究课题。其中,《山东省民营及中小企业调研报告》荣获山东省工业和信息化厅优秀研究成果二等奖。这些研究成果是整个研究团队共同努力的结果。它表明山东省亚太资本市场研究院作为一家刚刚成立的省级智库机构,在服务国家战略和经济高质量发展中已经蹒跚起步,开始发挥应有的作用。

2022年的报告编写又有一些新的变化。在编写组成员上,增加了山东工商学院的白建磊和王倩怡两位副教授。在报告内容方面,我们在2021年增加了对上市公司的公司治理和经济发展贡献分析的基础上,今年又增加了第6章的内容,即全省上市公司数字化转型研究,报告共有8章。第1章"山东经济发展与金融运行情况"由李宗超编写;第2章"山东上市公司经营绩效分析"由孙国茂、魏震昊编写;第3章"山东上市公司市值管理比较与分析"由宋爽编写;第4章"山东上市公司经济发展贡献研究"由孙国茂、李宗超编写;第5章"典型上市公司经营绩效分析"由王倩怡编写;第6章"山东上市公司数字经济研究"由孙国茂、李宗超编写;第7章"山东上市公司治理研究"由刘坤编写;第8章"上市公司重大资产重组及风险警示案例"由白建磊编写。本书的框架机构和编写大纲由孙国茂提出,每一章初稿完成后由孙国茂提出修改意见,全书初稿完成后由孙国茂统稿并最终定稿。李宗超协助孙国茂对报告中的图表和一些重要数据进行了整理与核实。

编写组感谢山东社会科学院党委书记、院长袁红英女士,山东省金融学会董龙训副会长、郑录军秘书长和李菡常务副秘书长、山东省社会科学界联合会党组原副书记、副主席、一级巡视员周忠高对报告编写的关心和支持;感谢山东省发改委原副主任秦柯先生、山东省人民政府研究室赵昌军副主任、山东大学经济研究院黄少安教授、中国人民大学财政金融学院吴晓求教授和中央财经大学金融学院贺强教授、郭田勇教授对报告提出的宝贵建议。感谢中国金融出版社肖丽敏和赵晨子两位编辑在报告编辑和出版过程中所付出的辛勤劳动;感谢上海证券交易所原首席经济学家胡汝银教授多年来对编写组的学术指导;感谢烟台市蓬莱区人民政府、芝罘区人民政府对编写组和山东省亚太资本市场研究院的支持和帮助。最后,编写组要特别感谢中国上市公司协会党委书记、执行副会长柳磊先生在百忙之中为报告作序,这对编写组是莫大鼓励和鞭策。柳磊会长在序言中说,期待《山东上市公司研究报告》越编越好。编写组将不负所托,无论遇到什么困难,都将坚持这项工作,用实际行动践行习近平总书记说的"把论文写在祖国大地上"。

孙国茂
2022年9月于烟台芝罘